Schriften

des

Vereins für Sozialpolitik.

142. Band.

Untersuchungen über Preisbildung.

Abteilung B. Preisbildung für gewerbliche Erzeugnisse.

Herausgegeben von Franz Eulenburg.

Vierter Teil.

Die Preisentwicklung der Baumwolle und Baumwollfabrikate.

Verlag von Duncker & Humblot

München und Leipzig 1914.

Die Preisentwicklung der Baumwolle und Baumwollfabrikate.

Von

Dr. K. Apelt und Dr. Ernst Ilgen.

Verlag von Duncker & Humblot.
München und Leipzig 1914.

Inhalt.

Die Preisentwicklung der Baumwolle.

Von

Dr. K. Apelt, M.-Gladbach.

Inhalt.

I. Die Entwicklung der Baumwollpreise in den letzten Jahrzehnten.

Wenn wir die Preisentwicklung der Baumwolle, des wichtigsten Textilstoffes der Gegenwart, in den letzten Jahrzehnten verfolgen, so können wir unschwer feststellen, daß sich in dieser seit dem Beginne des zwanzigsten Jahrhunderts eine vollständige Änderung vollzogen hat. Es tritt von diesem Zeitpunkte an eine unverkennbare Erhöhung der Baumwollpreise hervor, während in den letzten Jahrzehnten des neunzehnten Jahrhunderts die Neigung zu einer allmählichen Verbilligung vorherrschend gewesen ist.

Diese Entwicklung läßt sich statistisch ziemlich gut nachweisen. Denn da Baumwolle ein Artikel ist, der tagtäglich börsenmäßig gehandelt wird, so bilden die Notierungen der großen Baumwollbörsen eine zuverlässige ziffermäßige Unterlage für die jeweilige Höhe der Preise. Wir stützen uns daher auch im folgenden [1], um über die Preisentwicklung in den letzten Jahrzehnten einen statistischen Anhalt geben zu können, auf die Notierungen von drei der maßgebendsten Baumwollbörsen — nämlich von New York [2], der führenden Börse für amerikanische Baumwolle, von Liverpool [3], der führenden europäischen Börse, und von Bremen [4], der führenden deutschen Börse, — indem wir die sich auf Grund dieser Notierungen ergebenden Jahresdurchschnittspreise der wichtigsten Baumwollstandardmarken für eine Reihe von Jahren nebeneinander stellen.

---

[1] Mit Zustimmung der Herren Herausgeber und Verleger der Conradschen „Jahrbücher für Nationalökonomie und Statistik" wiederhole ich hier zum Teil, wie im folgenden mehrfach, die statistischen Zusammenstellungen und Ausführungen meiner in Bd. 44 (III. Folge) S. 289 ff. dieser Jahrbücher erschienenen Arbeit „Die neuzeitliche Entwicklung der Baumwollpreise und das Baumwollpreisproblem".

[2] Nach Berechnungen des amerikanischen Zensusbureaus und Alfred B. Shepperson, Cotton facts, New York 1912, S. 19 und frühere Jahrgänge.

[3] Berechnungen der „Liverpool Cotton Association" nach dem Jahreszirkular vom 16. Sept. 1912 und früheren.

[4] Nach der offiziellen Reichsstatistik, Vierteljahrshefte zur Statistik des Deutschen Reichs 1913, Heft I, S. 5 und frühere.

Von den in der Tabelle aufgeführten Baumwollsorten ist die amerikanische Middling-Upland-Baumwolle weitaus die maßgebendste. Ihrer Preisbewegung schließen sich daher alle anderen Baumwollsorten mehr oder weniger an. Nächst der amerikanischen Baumwollfaser kommt am meisten die indische in Betracht. Eine größere Bedeutung hat auch die ägyptische Baumwolle, und zwar vor allem wegen ihrer hervorragenden Beschaffenheit, infolge der sie auch im Preise über allen anderen Sorten steht und vielfach eine gewisse Selbständigkeit behauptet. Die außer diesen Herkünften noch in der Tabelle aufgeführte brasilianische Baumwolle ist dagegen für den Handel nicht von besonderer Wichtigkeit; sie ist nur mit aufgenommen, weil für sie die Liverpooler Notierungen noch ziemlich weit zurückverfolgt werden können.

Jährliche Durchschnittspreise der Baumwolle.

Jahr[1] bzw. 10jähr. Durchschnitt	New York	Liverpool				Bremen	
	amerik. middling	amerik. middling	brasil. fair Pernam	ind.[2] good Oomra	ägypt.[3] fully good fair brown	amerik. middling	ind. good Oomra
	Cents für 1 Pfd. engl.	d für 1 Pfd. engl.				Pfg. für $^1/_2$ kg	
1791—1800	33,80	—	—	—	—	—	—
1801—1810	22,00	—	—	—	—	—	—
1811—1820	20,50	—	—	—	—	—	—
1821—1830	12,50	—	—	—	—	—	—
1831—1840	12,40	7,78	10,32	5,59	—	—	—
1841—1850	8,50	5,25	6,76	3,93	—	—	—
1851—1860	11,30	6,15	7,46	4,60	—	—	—
1861—1870	44,90	15,45	16,44	12,16	—	—	—
1871	17,00	$8^9/_{16}$	$9^9/_{16}$	$6^7/_8$	—	—	—
1872	20,50	$10^9/_{16}$	$10^3/_8$	$7^{13}/_{16}$	—	—	—
1873	18,20	9	$9^3/_8$	$6^7/_{16}$	—	—	—
1874	17,00	8	$8^1/_4$	$5^7/_{16}$	—	—	—
1875	15,00	$7^3/_8$	$7^{15}/_{16}$	$5^{35}/_{64}$	—	—	—
1876	13,00	$6^1/_4$	$6^1/_2$	$4^7/_{16}$	—	—	—
1877	11,70	$6^5/_{16}$	$6^1/_2$	$5^7/_{16}$	—	—	—
1878	11,30	$6^1/_8$	$6^{11}/_{16}$	$5^7/_{32}$	—	—	—
1879	10,80	$6^5/_{16}$	$6^{13}/_{16}$	$5^{29}/_{64}$	—	62,0	—
1880	12,00	$6^{15}/_{16}$	$6^9/_{16}$	$5^{11}/_{16}$	—	66,3	57,9

[1] Für New York Erntejahre, endend am 31. August der angegebenen Jahre; für Liverpool bis 1899 Kalenderjahre, von da ab Erntejahre; für Bremen Kalenderjahre.

[2] Bis 1870 fair surat, die im Werte etwa $^1/_4$—$^1/_2$ d unter good Oomra steht.

[3] Bis 1901 good fair brown, die dem Werte nach $^1/_4$ d unter fully good fair brown steht.

Jährliche Durchschnittspreise der Baumwolle. (Fortsetzung.)

Jahr	New York	Liverpool				Bremen	
	amerik. middling	amerik. middling	brasil. fair Pernam	ind. good Domra	ägypt. fully good fair brown	amerik. middling	ind. good Domra
	Cents für 1 Pfd. engl.	d für 1 Pfd. engl.				Pfg. für $^1/_2$ kg	
1881	11,30	$6^7/_{16}$	$6^9/_{16}$	$4^{13}/_{16}$	—	61,4	50,3
1882	12,20	$6^5/_8$	$7^1/_{16}$	$4^{53}/_{64}$	—	63,5	49,7
1883	10,60	$5^3/_4$	$5^{15}/_{16}$	$4^{35}/_{64}$	—	54,7	44,2
1884	10,60	6	$6^3/_{16}$	$4^{29}/_{32}$	—	57,7	46,9
1885	10,50	$5^5/_8$	$5^{13}/_{16}$	$4^7/_8$	—	54,8	46,5
1886	9,40	$5^1/_8$	$5^5/_{16}$	$4^{23}/_{64}$	—	48,6	40,1
1887	10,30	$5^1/_2$	$5^9/_{16}$	$4^7/_{16}$	—	52,1	41,9
1888	10,30	$5^9/_{16}$	$5^3/_4$	$4^{21}/_{32}$	—	52,9	44,1
1889	10,70	$5^{15}/_{16}$	$6^5/_{16}$	$4^{47}/_{64}$	—	56,3	44,7
1890	11,50	6	$6^5/_{16}$	$4^{25}/_{32}$	—	57,1	45,0
1891	8,60	$4^{11}/_{16}$	$5^5/_{16}$	$3^{61}/_{64}$	$5^1/_4$	44,1	38,3
1892	7,30	$4^3/_{16}$	$4^1/_2$	$3^{17}/_{32}$	$4^{15}/_{16}$	40,0	33,9
1893	8,40	$4^5/_8$	$4^3/_4$	$4^3/_{64}$	$4^{29}/_{32}$	44,0	38,3
1894	7,50	$3^{13}/_{16}$	4	$3^5/_{32}$	$4^9/_{16}$	36,2	30,3
1895	5,90	$3^{27}/_{32}$	4	$3^3/_{16}$	$5^{21}/_{32}$	36,5	29,7
1896	8,20	$4^{11}/_{32}$	$4^5/_8$	$3^{19}/_{32}$	$5^3/_4$	41,0	33,6
1897	7,30	$3^{29}/_{32}$	$4^1/_4$	$3^{21}/_{64}$	$4^{49}/_{64}$	37,6	31,8
1898	5,60	$3^5/_{16}$	$3^{11}/_{16}$	$2^7/_8$	$4^5/_{16}$	31,4	26,6
1899	4,90	$3^9/_{16}$	$3^{15}/_{16}$	$3^1/_{64}$	$5^{15}/_{64}$	33,7	27,4
1900	7,60	$4^{55}/_{64}$	$5^1/_{16}$	$4^3/_{32}$	$6^{43}/_{64}$	51,5	41,6
1901	9,30	$5^{11}/_{64}$	$5^1/_2$	$4^1/_{64}$	$6^{33}/_{64}$	44,3	34,2
1902	8,10	$4^{25}/_{32}$	$4^7/_8$	$3^{27}/_{32}$	$6^5/_{16}$	45,5	35,2
1903	8,20	5,44	5,57	$4^5/_{32}$	$8^7/_{16}$	57,4	39,2
1904	12,67	6,94	7,16	$5^1/_4$	$8^9/_{16}$	62,2	48,2
1905	9,10	4,93	5,25	$4^3/_8$	$7^3/_8$	48,6	39,4
1906	11,25	5,94	6,23	$4^3/_4$	$9^1/_4$	56,8	43,1
1907	11,48	6,38	6,97	$4^5/_8$	$10^3/_8$	60,8	41,0
1908	11,25	6,19	6,79	$4^{49}/_{64}$	$8^{13}/_{16}$	53,6	39,8
1909	10,44	5,50	5,84	$4^{45}/_{64}$	$8^7/_{16}$	59,9	46,0
1910	14,95	7,86	8,34	$6^1/_{16}$	$13^1/_8$	75,9	55,9
1911	14,56	7,84	8,27	$6^{25}/_{32}$	$10^3/_4$	67,4	57,2
1912	10,81	6,09	6,70	$5^7/_{16}$	$9^9/_{16}$	60,1	51,3

Zum Vergleich der Entwicklung der Baumwollpreise in den letzten Jahrzehnten wird es gut sein, die Zeit nach 1870 als Ausgangspunkt zu nehmen, nicht nur, weil für frühere Zeiten die Preisberechnungen sich nicht immer auf unbedingt genaue Unterlagen stützen, sondern vor allem auch, weil sich erst von da an Baumwollproduktion, Baumwollverbrauch und Baumwollhandel auf der für das heutige Wirtschaftsleben maßgebenden Grundlage entwickelt haben. Die Zeit vor 1870 kommt schon deswegen zum Vergleich mit den späteren Jahren kaum in Betracht, weil der Anfang der sechziger Jahre in den Vereinigten Staaten von Nordamerika ausgebrochene Bürgerkrieg eine vollständige Zerstörung des amerikanischen Baumwollbaues gebracht hatte. Um indessen auch einen Vergleich mit der Preisentwicklung vor 1870 zu ermöglichen, sind die Preise im zehnjährigen Durchschnitt noch soweit rückwärts angegeben, als überhaupt eine industrielle Verarbeitung der Baumwolle und Preisaufzeichnungen vorhanden sind.

Ein Vergleich der Entwicklung seit 1870 ergibt nun ohne weiteres, daß sich an den drei Börsen für alle Baumwollsorten vom Beginn der siebziger bis Ende der neunziger Jahre ein allmählicher Rückgang der Preise vollzieht, daß diese infolgedessen überall in den Jahren 1898 und 1899 ihren tiefsten Stand erreichen, daß aber von da an wieder eine beträchtliche Erhöhung erfolgt.

Da die von Jahr zu Jahr vorhandenen teilweise recht bedeutenden Preisschwankungen diesen Gang der Entwicklung nicht immer deutlich in die Erscheinung treten lassen, so wird es sich empfehlen, die Durchschnittspreise der einzelnen Jahre zum Ausgleich der jährlichen Schwankungen zu mehrjährigen Perioden zusammenzufassen.

Wir erhalten sodann folgende Entwicklung:

Jahresdurchschnitt	New York	Liverpool				Bremen	
	amerik. middling	amerik. middling	brasil. fair Pernam	ind. good Domra	ägypt.[1] fully good fair brown	amerik. middling	ind. good Domra
	Cents für 1 Pfd. engl.	d für 1 Pfd. engl.				Pfg. für ½ kg	
1871—1880	14,70	7,60	7,86	5,87	—	—	—
1881—1890	10,70	5,86	6,08	4,69	—	55,91	45,36
1891—1900	7,10	4,11	4,41	3,48	5,70	39,58	33,15
1901—1910	10,30	5,91	6,25	4,65	8,70	56,48	42,16
1901—1905	9,47	5,45	5,67	4,33	7,44	51,58	39,19
1906—1910	11,87	6,37	6,83	4,98	10,00	61,38	45,13
1911—1912	12,69	6,97	7,49	6,11	10,16	63,75	54,25

Vergleichen wir hiernach die Zeit nach 1900 mit dem Jahrzehnt 1891 bis 1900, so sehen wir deutlich die eingetretenen Preiserhöhungen, die namentlich in den Jahresdurchschnitten 1906—1910 und 1911—1912

[1] Siehe Anm. 3 auf S. 4.

kräftig hervortreten. In Prozenten macht die gegenüber dem zehnjährigen Durchschnitt 1891—1900 eingetretene Erhöhung der allgemeinen Preislage aus:

	1901—10 %	1901—05 %	1906—10 %	1911—12 %
amerik. middling in New York . .	50,2	33,3	67,1	78,6
" " " Liverpool . .	43,8	32,6	55,2	69,6
" " " Bremen . . .	42,7	30,3	55,1	61,1
brasil. fair Pernam in Liverpool .	41,7	28,6	54,9	69,8
ägypt. fully good fair brown[1] in Liverpool	52,6	30,5	75,4	75,6
ind. good Oomra in Liverpool . .	33,6	24,4	43,1	78,6
" " " " Bremen . .	27,2	18,2	36,1	63,7

Gegenüber der durchschnittlichen Preislage des Jahrzehnts 1891—1900 sind also vor allem die amerikanische und ägyptische Baumwolle im Preise bedeutend gestiegen, so daß diese 1901—05 bis zu 1/3, 1906—10 bis zu 2/3 und 1911—12 bis zu 3/4 über dem Durchschnittspreise von 1891—1900 stehen. Die indische Baumwolle ist zwar in dem Jahrzehnt 1901—10 nicht so stark erhöht wie die amerikanische und ägyptische, im Durchschnitt der beiden letzten Jahre ist jedoch auch sie in der Preissteigerung hinter diesen nicht zurückgeblieben.

Gehen wir in dem Vergleich noch weiter zurück, so können wir feststellen, daß sich das Jahrzehnt 1901—1910 wieder auf ungefähr derselben Preishöhe bewegt wie das Jahrzehnt 1881—1890, und daß die Zeiträume von 1906—1912 noch wesentlich darüber hinausgehen und schon den Durchschnittspreisen des Jahrzehnts 1871—80 nahe kommen.

II. Die Entwicklung von Produktion und Verbrauch von Baumwolle und ihr Einfluß auf die Baumwollpreise.

Um die in den letzten Jahren eingetretene Verteurung der Baumwolle erklären zu können, wird man sich zunächst die Frage vorlegen müssen, ob in der neueren Zeit zwischen Baumwollproduktion und -verbrauch, also zwischen Angebot und Nachfrage, eine derartige Verschiebung eingetreten ist, daß dadurch eine allgemeine Preiserhöhung begründet erscheint.

---

[1] Es muß hierbei berücksichtigt werden, daß infolge des Wechsels der Standardmarke (s. Anm. 3 auf S. 4) die prozentuale Steigerung um ein Geringes größer ist, als sie bei gleicher Marke sein würde.

Zu diesem Zwecke sind wir gezwungen, auf die **Produktions- und Verbrauchsverhältnisse der Baumwolle** etwas näher einzugehen.

Genaue statistische Aufstellungen über die alljährliche Baumwollernte und den dieser gegenüberstehenden Baumwollverbrauch lassen sich allerdings nicht geben, da man dabei zum Teil auf mehr oder weniger genaue Schätzungen angewiesen ist; immerhin bieten die hierfür vorhandenen Nachweisungen, die von amtlichen Stellen oder von anerkannten Autoritäten regelmäßig veröffentlicht werden, eine ausreichende Zuverlässigkeit, um sie für unsere Zwecke als Unterlage verwenden zu können.

Im folgenden bringen wir eine solche Zusammenstellung der Baumwollproduktion der Welt und der daran in erster Linie beteiligten Anbaugebiete seit 1900 nach den Berechnungen des New Yorker Commercial and Financial Chronicle, die im Baumwollhandel und in der Statistik allgemein als zuverlässig gelten[1]; dabei ist jedoch zu berücksichtigen, daß das Gewicht der Baumwollballen in den einzelnen Produktionsgebieten voneinander abweicht[2]. Um einen Vergleich zwischen Produktion und Preisen zu ermöglichen, sind dieser Zusammenstellung die jährlichen Durchschnittspreise der wichtigsten Baumwollsorten nach Liverpooler Notierungen beigefügt.

Jahr vom 1. Sept. bis 31. Aug.	Baumwollproduktion in 1000 Ballen					Jahresdurchschnittspreis in Liverpool		
	Weltproduktion	darunter						
		Ver. Staaten N.-A.	Ostindien	Ägypten	Sonstige Länder	amerik. middling	ind. good Oomra	ägypt. fully good fair brown
1900/01	15 413	10 425	3 377	711	900	$5^{11}/_{64}$	$4^{1}/_{64}$	$6^{33}/_{64}$
1901/02	16 739	10 701	4 122	864	1 052	$4^{25}/_{32}$	$3^{27}/_{32}$	$6^{5}/_{16}$
1902/03	18 513	10 758	4 183	768	2 804	5,44	$4^{5}/_{32}$	$8^{7}/_{16}$
1903/04	18 152	10 124	4 471	797	2 760	6,94	$5^{1}/_{4}$	$8^{9}/_{16}$
1904/05	20 633	13 557	4 061	843	2 172	4,93	$4^{3}/_{8}$	$7^{3}/_{8}$
1905/06	19 457	11 320	4 797	798	2 542	5,94	$4^{3}/_{4}$	$9^{1}/_{4}$
1906/07	22 476	13 550	5 197	926	2 803	6,38	$4^{5}/_{8}$	$10^{3}/_{8}$
1907/08	19 908	11 582	4 445	965	2 916	6,19	$4^{49}/_{64}$	$8^{13}/_{16}$
1908/09	22 403	13 829	4 779	910	2 885	5,50	$4^{45}/_{64}$	$8^{7}/_{16}$
1909/10	19 414	10 651	5 317	678	2 768	7,86	$6^{1}/_{6}$	$13^{1}/_{8}$
1910/11	20 739	12 132	4 587	984	3 036	7,84	$6^{25}/_{32}$	$10^{3}/_{4}$
1911/12	24 968	16 043	4 078	965	3 882	6,09	$5^{7}/_{16}$	$9^{9}/_{16}$

[1] Vgl. Jahresbericht der Handelskammer Bremen 1912, S. 33, und Statistisches Jahrbuch des Deutschen Reichs 1912, Internat. Übers. S. 24.

[2] Es betrug z. B. das Durchschnittsgewicht der Ballen 1911/12 in den Vereinigten Staaten von Nordamerika 516, in Indien und Kleinasien 400, in Ägypten 715, in Brasilien 267, in Peru 239 engl. Pfund. Übrigens weicht auch das Durchschnittsgewicht innerhalb der einzelnen Gebiete von Jahr zu Jahr ab; so betrug das Durchschnittsgewicht in den Vereinigten Staaten 1910/11 513, 1909/10 507, 1908/09 514, 1907/8 509, 1906/07 515 engl. Pfund.

Aus dieser Tabelle wird sofort in die Augen fallen, daß die Vereinigten Staaten von Nordamerika in der Baumwollproduktion ein derartiges Übergewicht besitzen, daß von dem Ausfall ihrer Ernte die Höhe des Baumwollertrages der Welt wesentlich abhängt. So sind die großen Welternten der Jahre 1904/05, 1906/07, 1908/09 und 1911/12 lediglich eine Folge amerikanischer Riesenernten, und umgekehrt haben in anderen Jahren die Rückgänge der amerikanischen Ernteerträgnisse in keinem Falle durch eine erhöhte Produktion der sonstigen Baumwollanbaugebiete einen nennenswerten Ausgleich finden können. Berechnet man unter Berücksichtigung der Verschiedenartigkeit des Ballengewichts den Anteil, den die einzelnen Baumwollbaugebiete für die gesamte Welternte liefern, so macht dieser bei den Vereinigten Staaten $^2/_3$—$^3/_4$, dagegen bei Indien $^1/_5$—$^1/_6$ und bei Ägypten $^1/_{10}$—$^1/_{20}$ des Gesamtbetrages aus, während alle anderen Länder zusammen nur etwa $^1/_7$ liefern. In Wirklichkeit ist nun aber die Überlegenheit der Vereinigten Staaten in der Baumwollproduktion noch viel größer, als sich aus dem rein ziffermäßigen Vergleich mit den anderen Anbaugebieten ergibt; denn die führende Position dieser Staaten wird noch wesentlich dadurch verstärkt, daß die von ihnen erzeugte Baumwolle auch die marktfähigste ist. Die amerikanische Baumwolle ist viel verwendungsfähiger als die indische, die wegen ihres kurzen Stapels (Faserlänge) nur für gröbere Artikel brauchbar ist, und sie ist viel wohlfeiler als die ägyptische, die zwar an Stapel und Glanz von besserer Beschaffenheit ist, dafür aber einen Preis verlangt, der nur bei einer beschränkten Zahl von Artikeln angelegt werden kann. Es kommt noch dazu, daß von den neben Amerika angeführten Produktionsgebieten nur ein Teil der erzeugten Baumwolle tatsächlich in den alljährlichen Welthandel gebracht wird, weil in vielen dieser Gebiete ein großer Prozentsatz unmittelbar von der einheimischen Bevölkerung verbraucht wird; dies ist namentlich in Indien und in China der Fall.

Die Folge dieser überlegenen Stellung der amerikanischen Baumwolle ist, daß diese auch den Preismarkt vollständig beherrscht. Tatsächlich kann man auch aus der in der Tabelle vorgenommenen Gegenüberstellung der Produktionsziffern und der Jahresdurchschnittspreise leicht ersehen, daß die allgemeine Höhe der sämtlichen Baumwollpreise fast nur von dem Ausfall der amerikanischen Baumwollernte diktiert wird. Ein Rückgang in den Erträgen der amerikanischen Ernte pflegt ohne weiteres die Baumwollpreise auf der ganzen Linie emporzutreiben, und umgekehrt bringt eine reichliche amerikanische Ernte in der Regel auch für die anderen Baumwollsorten eine Ermäßigung des Preises. Selbst die indische Baumwolle, die nach Menge neben der amerikanischen noch am ersten für eine selbständige Preisbildung in Frage käme, vermag sich diesem Einfluß nicht zu entziehen; so hat sie in den Jahren 1903/04, 1905/06 und 1909/10 der ansteigenden Richtung der amerikanischen Baumwolle folgen müssen, obwohl die Ernteerträgnisse Indiens in diesen Jahren höher gewesen sind als in den Vorjahren, und andererseits ist sie in den Jahren 1904/05 und 1911/12 trotz eines niedrigeren eigenen Ernteergebnisses mit der amerikanischen im Preise gesunken. Auch bei der ägyptischen Baumwolle läßt sich diese Preisbeeinflussung durch die amerikanischen Ernteverhältnisse verfolgen, obwohl diese als Qualitätsbaumwolle sich noch am ersten eine gewisse Selbständigkeit zu bewahren vermag.

Unter diesen Umständen beantwortet sich die Frage, ob zwischen Produktion und Verbrauch von Baumwolle eine Verschiebung eingetreten ist, im wesentlichen durch eine Untersuchung darüber, *ob sich die Produktions- und Verbrauchsverhältnisse der amerikanischen Baumwolle in den letzten Jahren geändert haben.*

Um hierauf näher eingehen zu können, ist im folgenden eine Gegenüberstellung gegeben, welche die Ernte und den Verbrauch[1] der amerikanischen Baumwolle in den einzelnen Erntejahren seit 1900 sowie die am Schlusse dieser Jahre vorhandenen sichtbaren Baumwollvorräte[1] enthält. Zum Vergleich der Entwicklung der Preise ist der Middling-Uplandpreis in Liverpool am Beginne, in der Mitte und am Ende sowie im Durchschnitt der einzelnen Erntejahre beigefügt.

Erntejahr 1. Sept. bis 31. Aug.	Ernte	Verbrauch	Ernteüberschuß	Fehlernte	Sichtbarer Vorrat am Jahresschluß	Preis[2] für Middling Upland in Liverpool			
	in 1000 Ballen					Jahresanfang d	Jahresmitte d	Jahresschluß d	Durchschnitt d
1900/01	10 425	10 310	115	—	859	$6^1/_2$	$5^{1/4}$	$5^3/_{32}$	$5^{11}/_{64}$
1901/02	10 701	10 679	22	—	793	$4^{25}/_{32}$	$4^{21}/_{32}$	$5^1/_{32}$	$4^{25}/_{32}$
1902/03	10 758	10 995	—	237	443	$5^1/_{16}$	5.46	7,—	5,44
1903/04	10 124	10 064	60	—	461	6,32	8,10	6,54	6,94
1904/05	13 557	12 433	1124	—	1594	6,60	4,14	5,91	4,93
1905/06	11 320	12 075	—	755	864	5,62	5,83	5,39	5,94
1906/07	13 551	13 090	461	—	1285	5,45	6,14	7,49	6,38
1907/08	11 582	11 888	—	306	969	7,48	5,99	5,44	6.19
1908/09	13 829	13 328	501	—	1439	5,30	5,03	6,79	5,50
1909/10	10 651	11 253	—	602	763	6,96	8,06	8,18	7,86
1910/11	12 132	12 100	32	—	823	7,86	7,72	6,77	7,84
1911/12	16 043	15 685	358	—	1359	7,16	5,91	6,40	6,09

[1] Nach der Liverpool Cotton Association, vgl. Zirkular vom 16. Sept. 1912.

[2] Bis zum 1. Oktober 1903 wurde amerikanische Baumwolle in Liverpool nach

Wie aus dieser Zusammenstellung hervorgeht, haben die amerikanischen Baumwollernten in den Jahren 1901/02, 1902/03 und 1903/04 kaum hingereicht, um den Bedarf zu decken. Infolgedessen nehmen die am Schluß dieser Jahre vorhandenen Baumwollvorräte beträchtlich ab, und die Preise werden in die Höhe getrieben, so daß schließlich im Jahre 1903/04 ein lange nicht gekannter Hochstand erreicht wird. Die reichlichere Ernte des Jahres 1904/05 bringt demgegenüber wieder eine Senkung des Preisniveaus. Dieses schwankt dann in den folgenden Jahren je nach reichlicherem oder knapperem Ausfall der Ernten und vorhandenen Vorräten zwischen einem mittleren und höheren Stande, steigt aber in den Jahren 1909/10 und 1910/11 mit einem zweimaligen unzureichenden Ausfall der Ernte auf eine außerordentliche Höhe, gegen welche erst wieder die Riesenernte des Jahres 1911/12 eine Preissenkung bringt.

Daß es sich in den Jahren 1909/10 und 1910/11 um eine sehr große Baumwollknappheit gehandelt hat, die auch nicht durch die aus dem Jahre 1908/09 übernommenen Vorräte ausgeglichen worden ist, geht daraus hervor, daß sich der Verbrauch ganz bedeutend eingeschränkt hat. Von 1908/09 auf 1909/10 ist dieser um mehr als 2 Millionen Ballen zurückgegangen, woran alle größeren Verbrauchsgebiete beteiligt sind; so ist er in England von 2 902 000 auf 2 663 000, auf dem europäischen Festland von 4 882 000 auf 4 016 000, in den Vereinigten Staaten von Nordamerika von 4 882 000 auf 4 016 000, in Japan und Mexiko von 244 000 auf 115 000 Ballen gesunken. Verstärkt ist die Baumwollknappheit in den beiden Jahren noch dadurch, daß im ersten Jahre Ägypten, im zweiten Indien einen Minderertrag aufzuweisen haben [1].

Wenn also hiernach festgestellt werden kann, daß in den letzten Jahren mehrfach ein Mißverhältnis zwischen Produktion und Verbrauch der amerikanischen Baumwolle vorhanden gewesen ist, so bliebe noch zu untersuchen, *woher es kommt, daß sich ein solches Mißverhältnis gerade in der neuern Zeit so häufig herausbilden konnte.*

Gehen wir zu diesem Zwecke zunächst auf die *Entwicklung der amerikanischen Baumwollproduktion* näher ein, so zeigt ein Blick auf die oben gegebene Tabelle, daß die Ernteerträge Amerikas fast von Jahr zu Jahr sehr bedeutenden Schwankungen unterlegen haben, daß infolgedessen größere Erträge mit geringeren Erträgen oftmals abgewechselt

---

den üblichen Bruchteilen eines d notiert, von diesem Zeitpunkte an in Hundertsteln („Punkten") eines d; auch in New York wurde die Notierung vom gleichen Zeitpunkte an in 100 Punkten eines Cent vorgenommen.

[1] S. o. Tabelle S. 8.

haben. Faßt man aber zum Ausgleich dieser Schwankungen die einzelnen Jahre zu längeren Perioden zusammen, und vergleicht man diese mit den weiter zurückliegenden Zeiträumen, so läßt sich der Gang der Entwicklung klarer erkennen.

Im Durchschnitt mehrjähriger Zeiträume hat die amerikanische Baumwollernte seit 1870[1] betragen:

Im Jahresdurchschnitt	amerikanische Baumwollernte	Zunahme		
		überhaupt	von Jahrfünft zu Jahrfünft	auf ein Jahr berechnet
	1000 Ballen	1000 Ballen	%	%
1871—1875	3 852	—	—	—
1876—1880	4 952	1 100	28,7	5,7
1881—1885	6 080	1 128	22,6	4,5
1886—1890	6 866	786	12,9	3,2
1891—1895	8 366	1 500	21,9	4,4
1896—1900	9 546	1 180	14,1	2,8
1901—1905	11 113	1 567	16,4	3,3
1906—1910	12 186	1 073	9,7	1,9
1911—1912[2]	14 088[2]	1 902[2]	—	—

Die amerikanische Baumwollproduktion ist hiernach bis in die neueste Zeit hinein ziemlich bedeutend gestiegen. Indessen ist die Zunahme, relativ berechnet, gerade in dem Zeitraum 1906/10, der auch so außerordentlich hohe Preise aufweist, viel geringer als in früheren Perioden. Hier beträgt sie im jährlichen Durchschnitt nur 1,9 %, während sie sich in den vorhergehenden Zeiträumen auf 3,3 und 2,8 % gestellt hatte und man sich in der Baumwolle verarbeitenden Industrie auf Grund langjähriger Erfahrungen daran gewöhnt hatte, einen jährlichen Zuwachs um 2 1/2 % als „normal" anzusehen.

Hätte unter diesen Umständen schon eine regelmäßige Entwicklung des Baumwollverbrauchs in jener Zeit das Gefühl einer Baumwollknappheit hervorrufen müssen, so wurde dieses noch verstärkt dadurch, daß nun in derselben Zeit der Baumwollverbrauch eine Ausdehnung zu nehmen begann, wie dies in früheren Zeiten auch nicht annähernd der Fall gewesen war.

Dies hatte die verschiedensten Gründe.

Zunächst brachte die allgemeine wirtschaftliche Entwicklung jener Jahre eine starke Vermehrung des Baumwollwarenabsatzes und da-

[1] Nach dem Chronicle s. o. Anm. 1 u. 2 auf S. 8.

[2] Zweijähriger Durchschnitt.

mit des Baumwollverbrauchs mit sich. Infolge des guten Ganges der Industrie und Landwirtschaft trat fast in allen Ländern ein erhöhter Bedarf an baumwollenen Kleidungsstoffen hervor. Vor allem aber vergrößerte sich der Kreis der Abnehmer von Baumwollstoffen gewaltig durch die in der gleichen Zeit einsetzende große Ausdehnung des Welthandels und die verstärkte Aufnahme der kolonisatorischen Tätigkeit seitens der europäischen Kulturländer. Südamerika, Afrika, Indien und China begannen bis dahin nie gekannte Mengen von Baumwollwaren aufzunehmen, und die Ausfuhrziffern von Baumwollwaren stiegen daher in fast allen europäischen Industrieländern bedeutend.

Dazu drängten aber auch die Fortschritte der Technik auf eine vermehrte Verwendung von Baumwollerzeugnissen hin. Baumwollene Stoffe kamen infolge der zunehmenden Verfeinerung in ihrer Herstellung und Ausrüstung immer mehr als Ersatz für andere Artikel in Aufnahme. Namentlich die höherwertigen Textilstoffe Seide, Wolle und Leinen wurden für die verschiedensten Zwecke mehr und mehr durch Baumwolle ersetzt oder ergänzt, da die neuzeitlich hochentwickelten Fabrikationsmethoden in der Imitation dieser Stoffe durch Baumwolle Erstaunliches zu leisten begannen. Dekorative Möbel- und Vorhangstoffe, seidenartige Plüsche und Samte, wollähnliche Decken, leinenähnliche Hemdenstoffe, „kunst"seidene Kleidungsstücke wurden von Jahr zu Jahr in umfangreicherem Maße aus Baumwolle hergestellt.

Weiter nahm der technische Bedarf der Industrie gegen früher außerordentliche Mengen von Baumwolle in Anspruch. Eine Reihe industrieller Hilfsartikel wurden nach und nach ganz oder teilweise aus Baumwolle hergestellt; einzelne moderne Industriezweige, z. B. die Kabelindustrie, fingen an, darin gewaltige Mengen zu benötigen.

Mußten also schon alle diese natürlichen wirtschaftlichen Umstände eine außergewöhnliche Steigerung des Baumwollbedarfs in den letzten Jahren zur Folge haben und in einer Zeit mehrerer knapper Baumwollernten zu einer Erhöhung der Preise führen, so trat um die Mitte des vergangenen Jahrzehnts noch ein weiterer Umstand hinzu, um ein Anschwellen der Nachfrage nach Baumwolle in früher nicht gekanntem Maße zu verursachen: die übernormale Vermehrung der Baumwollspindeln[1]. Nachdem die Baumwollspinnerei der meisten Länder in den

[1] Die im folgenden angegebenen Spindelzahlen sind entnommen Shepperson, Cotton facts 1912, S. 40 sowie den Zusammenstellungen des Internationalen Baumwollspinnerverbandes, vgl. Statistisches Jahrbuch für das Deutsche Reich 1912, Intern. Übers. 17c.

ersten Jahren des neuen Jahrhunderts eine schwere Zeit durchzumachen gehabt hatte, rief die 1904 einsetzende lebhaftere Garnnachfrage, die bis zum Jahre 1907 anhielt, in manchen Spinnereigebieten eine derartige Zuversichtlichkeit auf die weitere Entwicklung hervor, daß man zu fast planlosen Vergrößerungen und Neugründungen schritt. England, das etwa 40 % der Baumwollspindeln der Welt besitzt, erhöhte allein seine Spindelzahl im Zeitraum von wenigen Jahren von 46 auf 54 Millionen, also um 8 Millionen oder um eine Zahl, die etwa der Gesamtmenge der damals in Deutschland überhaupt nur vorhandenen Spindeln entsprach. Um ungefähr die gleiche Spindelzahl dehnte sich die Baumwollindustrie in den Vereinigten Staaten von Nordamerika aus. Auch in den Ländern des europäischen Festlandes und in Indien und Japan wurden mehrere Millionen Spindeln aufgestellt. Im ganzen läßt sich annehmen, daß in der Zeit von 1904—1908 die Zahl der Baumwollspindeln der Welt sich von etwa 113 auf 131 Millionen gehoben hat, oder jährlich um 3—4 %, während die Baumwollproduktion dieser Zunahme auch nicht in annähernden Maße zu folgen vermochte. Mußte sich auch später bei dem eingetretenen scharfen Rückgang herausstellen, daß diese starke Ausdehnung der Produktionsfähigkeit dem Garnbedarf weit vorausgeeilt war, so waren doch diese vielen neuen Spindeln nun einmal vorhanden, um zu produzieren, also um Baumwolle zu verbrauchen, auch wenn sie einen entsprechenden Absatz für ihre Erzeugnisse nicht fanden; selbst die daraufhin notgedrungen in mehreren Ländern vorgenommenen Einschränkungen vermochten daher die Garnerzeugung nicht auf das durch die tatsächlichen Verhältnisse gebotene Maß herabzusetzen. So wurde die Nachfrage nach Baumwolle auch in der niedergehenden Zeit künstlich auf einer übergebührlichen Höhe gehalten.

Daß der Baumwollverbrauch der Baumwollspindeln der Welt heute jedenfalls einen außerordentlichen Umfang annehmen kann, wenn er nicht unter dem Drucke knapper Ernteerträge oder geschäftlicher Depressionen zu Einschränkungen gezwungen ist, beweist die schlanke Aufnahme, welche die Riesenernte des Jahres 1911 gefunden hat. Der amerikanische Baumwollstatistiker Shepperson berechnet [1], daß die Baumwollindustrie der Länder, von denen zuverlässige Zahlen zu erhalten sind (Vereinigte Staaten von Nordamerika, europäische Länder, Indien und Japan), vom Jahre 1910/11 (1. Sept. bis 31. Aug.) zum Jahre 1911/12 von 15 855 000 Ballen (zu 500 engl. Pfd.) auf 17 455 000 Ballen, also um 1 600 000 oder um

[1] Cotton facts, 1912 S. 19 ff.

10,1 % gestiegen ist, und zwar in den Vereinigten Staaten von Nordamerika von 4 294 000 auf 4 983 000 Ballen (= 16,1 %), in England von 3 700 000 auf 4 136 000 Ballen (= 11,8 %), auf dem europäischen Festland von 5 460 000 auf 5 700 000 Ballen (= 4,4 %), in Indien von 1 333 000 auf 1 493 000 Ballen (= 12 %), in Japan von 1 068 000 auf 1 143 000 Ballen (= 7 %).

Zu ähnlichen Ergebnissen kommt der Internationale Baumwollspinnerverband [1], der in den letzten Jahren regelmäßige Erhebungen über den Baumwollverbrauch der ihm angeschlossenen Spinnereien, die etwa 90 % der Gesamtspindeln der Welt umfassen, angestellt hat. Nach seinen Zusammenstellungen steigerte sich der Baumwollverbrauch der betreffenden Spinnereien in den beiden letzten Jahren von 17 819 070 auf 19 831 392 Ballen, wovon die amerikanische Baumwolle mit 11 559 401 und 13 957 330 Ballen beteiligt war.

Das Jahr 1911/12 hat also eine außerordentliche Ausdehnung des Baumwollverbrauchs bewiesen, die um so bemerkenswerter ist, als die Baumwollspinnerei in einer Reihe von europäischen Industrieländern — Frankreich, Italien, Österreich und Rußland — in diesem Jahre einen sehr schlechten Geschäftsgang gehabt und daher gar nicht einmal mit voller Tätigkeit gearbeitet hat [2]. Durch die Riesenerträge der amerikanischen Baumwollernte im Jahre 1911, die 16 1/8 Millionen Ballen erbracht hat, und im Jahre 1912, die auf 14 1/4 Millionen geschätzt wird, hat daher die Preislage der Baumwolle keineswegs die Senkung erfahren, die man bei Bekanntwerden der Rekordziffern des Jahres 1911 erhofft hat. „Mit Widerstreben muß man zugeben", sagt einer der besten deutschen Kenner des Baumwollmarktes, Herr Geheimer Kommerzienrat Semlinger-Bamberg, in einem kürzlich erschienenen Artikel [3], „daß wirklich ein Quantum von annähernd 14 3/4 Millionen Ballen amerikanischer Baumwolle von der Spinnerei beansprucht wird, und daß nur eine Riesenernte von 16 oder 17 Millionen Ballen imstande ist, das peinliche Gefühl eines Baumwollmangels zu verscheuchen, um die Preise von der jetzigen auf eine vernünftigere Grundlage herabzudrücken."

Für die *europäischen Länder* ist nun die zunehmende Knapp-

---

[1] Offizieller Bericht des VIII. Internationalen Kongresses, Barcelona 1911, S. 314 sowie Leipziger Monatsschrift für Textilindustrie 1912, S. 986.

[2] Daher auch die oben angegebene verhältnismäßig geringe Zunahme des Baumwollverbrauchs auf dem europäischen Festland.

[3] Zur Lage der deutschen Baumwollindustrie, erschienen in der Leipziger Monatsschrift für Textilindustrie vom 2. April 1913.

heit an Baumwolle in den letzten Jahren noch dadurch besonders fühlbar geworden, daß die Vereinigten Staaten von Nordamerika im letzten Jahrzehnt selbst mit riesiger Schnelligkeit eine große Baumwollindustrie ins Leben zu rufen begannen, die fast von Jahr zu Jahr einen erheblich höheren Anteil der amerikanischen Baumwollernte für sich in Anspruch nahm. Von 1900 bis 1912 stieg die Zahl der Baumwollspindeln in diesem Lande von 20,2 auf 29,5 Millionen. Während der Baumwollverbrauch der amerikanischen Industrie in der Zeit von 1870—1890 nur 31—32 % und 1890—1900 auch nur 34 % der gesamten amerikanischen Ernte betragen hatte, stieg er im Jahrfünft 1901/05 auf 38,6 und im Jahrfünft 1906/10 sogar auf 40,3 % dieser Ernte; auch von den großen Erntevorräten 1911 und 1912 machte er 36,5 % aus. Dementsprechend mußten sich die Baumwollmengen verringern, welche für die Ausfuhr, d. h. im wesentlichen für die europäische Industrie, zur Verfügung standen. Noch deutlicher als in der oben gekennzeichneten verlangsamten Entwicklung der amerikanischen Baumwollproduktion spricht sich daher in den Ausfuhrzahlen die zunehmende Knappheit des Baumwollvorrats aus.

Es betrug[1] die Ausfuhr amerikanischer Baumwolle:

Im Jahresdurchschnitt	überhaupt 1000 Ballen	Zunahme überhaupt 1000 Ballen	Zunahme von Jahrfünft zu Jahrfünft %	Zunahme auf ein Jahr berechnet %
1871—1875	2666	—	—	—
1876—1880	3396	730	27,4	5,5
1881—1885	4158	762	22,5	4,5
1886—1890	4620	462	11,1	2,2
1891—1895	5588	968	21,0	4,2
1896—1900	6254	666	11,9	2,4
1901—1905	6880	626	10,0	2,0
1906—1910	7408	528	7,7	1,5
1911—1912	9068	1660	—	—

Auch hier ist es wieder der Zeitraum 1906/10, der durch geringe Zunahme auffällt; aber auch das vorhergehende Jahrfünft zeigt schon einen wesentlichen Abfall.

Verstärkt ist diese Baumwollknappheit in den europäischen Verbrauchsländern in den letzten Jahren noch dadurch, daß auch die Zufuhren aus

---

[1] Zirkular der Liverpool Cotton Association vom 16. September 1912.

anderen Gebieten sich mehrfach verringert haben. Besonders empfindbar hat es sich z. B. gemacht, daß während der knappen Erntejahre Amerikas 1909/10 und 1910/11 auch Ägypten und Indien Produktionsausfälle gehabt haben. Dann aber fällt vor allem ins Gewicht, daß Indiens Baumwolllieferungen nach Europa in den letzten Jahren an und für sich mehr und mehr eingeschränkt sind durch den gestiegenen Selbstverbrauch des Landes und durch den stärkeren Bezug Japans, das seine frühere eigene Baumwollproduktion ziemlich fallen gelassen hat und nun für seine stark entwickelte Baumwollindustrie größere Mengen aus Indien und übrigens auch aus Amerika und aus China erhält. Man schätzt z. B.[1], daß von der indischen Baumwollernte des Jahres 1912/13, die auf 4 625 000 Ballen angenommen wird, 2 650 000 Ballen durch die eigene Spinnerei aufgenommen werden und 1 150 000 Ballen nach Japan gehen; auf diese Weise stehen für Europa nur 825 000 Ballen zur Verfügung, das sind nur wenig mehr als im Vorjahr (806 000 Ballen), obwohl die Ernte 1912/13 um mehrere hunderttausend Ballen größer sein wird als im Vorjahre.

Eine Reihe von Faktoren sind es also gewesen, die dazu geführt haben, daß sich in mehreren der letzten Jahre ein Baumwollmangel oder wenigstens die Furcht vor einem Baumwollmangel bemerkbar gemacht haben und damit die Baumwollpreise in die Höhe getrieben sind. Und dennoch wird man die allgemeine Erhöhung des Preisniveaus der Baumwolle in der Neuzeit nicht ausschließlich auf die Ursache eines vorhandenen oder drohenden Baumwollmangels zurückführen dürfen. Denn diese Ursache ist wohl in den Jahren wirksam gewesen, in denen, wie 1902/03, 1903/04, 1905/06, 1907/1908, 1909/10 und 1910/11, ein unzureichender Ausfall der Ernte eine genügende Versorgung der Welt mit Baumwolle in Frage gestellt hat; daneben aber bleibt die Tatsache bestehen, daß auch in den Jahren, in denen offensichtlich ausreichend Baumwolle vorhanden gewesen ist, also in den Jahren 1904/05, 1906/07, 1908/09 und vor allem 1911/12, die Baumwollpreise sich durchweg auf einem viel höheren Stande gehalten haben als in den neunziger Jahren. Die Durchschnittspreise dieser Jahre stellen sich auf 5, ja 6 d (amerik. middling Liverpool), während in dem Zeitraum 1891—1900 kein Jahr einen Durchschnittspreis von 5 d erreicht, und fünf Jahre sogar unter 4 d bleiben. Hier also müssen bei der Preisbildung der Baumwolle noch andere Gründe mitgespielt haben. Auf diese näher einzugehen, soll Aufgabe der nächsten Abschnitte sein.

[1] Jahresbericht der Handelskammer M.-Gladbach 1912 I. Teil, S. 8.

III. Der Einfluß der Produzenten und der Produktionskosten.

Bei Untersuchung der Frage, ob auf die Preisbildung der Baumwolle in den letzten Jahren die veränderten Verhältnisse der Produzenten oder der Produktionskosten von Einfluß gewesen sind, wird man von der sich aus dem vorigen Abschnitt ergebenden Tatsache ausgehen können, daß für den Weltmarktpreis die amerikanische Baumwolle ausschlaggebend ist, daß also auch bei der Frage der Produktionsverhältnisse die in dem Anbaugebiet der Vereinigten Staaten von Nordamerika vorhandenen Zustände entscheidend sind.

Gerade in diesen aber hat sich in dem letzten Jahrzehnt eine Wandlung vollzogen, die für den Preis der Baumwolle von großer Bedeutung geworden ist; sie hat ihren Grund in der veränderten wirtschaftlichen Lage der Baumwollproduzenten und in deren Organisationsbestrebungen zum Zwecke der Erzielung höherer Baumwollpreise.

Daß die amerikanischen Farmer in absehbarer Zeit zu einem nennenswerten Faktor bei der Preisbildung der Baumwolle werden würden, galt noch vor wenigen Jahren für ausgeschlossen. Ihre allgemeine Lage schien dies gar nicht zu ermöglichen. Sie befanden sich noch von der Zeit des amerikanischen Bürgerkrieges her bis zum Ende des vorigen Jahrhunderts in äußerst dürftigen Verhältnissen. Baumwolle bauten sie meist nur, um ein Erzeugnis zu haben, das sie möglichst bald nach der Ernte zu Geld machen konnten. Solange dies der Fall war, halfen sie durch ihr Angebot selbst mit, die Preise zu drücken. Dies hat sich nun in den letzten Jahren vollständig geändert. Die Farmer der amerikanischen Südstaaten haben sich, nicht zum wenigsten gerade durch die hohen Baumwollpreise, wirtschaftlich erholt; sie haben infolgedessen auch nicht mehr nötig, ihre Baumwolle sofort zum Markte zu bringen. Dieser veränderten Lage ist man sich wohl bewußt geworden, besonders nachdem sich 1902 und 1905 zwei mächtige Farmervereinigungen (die Farmers Educational and Cooperative Union und die Southern Cotton Association) gegründet haben, die durch Errichtung von Lagerhäusern und durch Schaffung von Verkaufsbureaus und von Finanzorganisationen zur Beleihung der eingelagerten Baumwolle darauf hinzuwirken suchen, daß die Baumwolle zurückgehalten wird, wenn der Preis ihnen nicht ausreichend erscheint.

Die Bemühungen der Farmer, auf diese Weise einen Einfluß auf den Baumwollpreis auszuüben, traten zum erstenmal im Jahre 1905 nachhaltig hervor, als infolge der großen Ernte der Preis in New York auf nahezu 7 Cents gesunken war und noch weiter zu sinken drohte. Damals erhob die Southern Cotton Association die Forderung eines Mindestpreises von 11 Cents. Wenn sie diese Preisgrenze auch nicht ohne weiteres erreichen konnte, so hat doch die energische Vertretung der Forderung viel dazu beigetragen, daß die Preise auf einer Höhe gehalten wurden, wie diese unter gleichen Verhältnissen ein Jahrzehnt zuvor nicht denkbar gewesen wäre. Auch beschlossen damals die Vereinigungen, durch Verringerung der Anbaufläche im folgenden Jahre einer allzu großen Ernte und damit einem weiteren Sinken der Preise entgegenzuwirken. Zur Durchführung dieses Beschlusses bedienten sie sich der rigorosesten Mittel; unter anderem wurden von ihnen im Frühjahr 1906 vermummte Gestalten, „Nachtreiter", ausgesandt, die durch Drohungen und Tätlichkeiten auf die Pflanzer einzuwirken suchten. Zweifellos haben die Pflanzervereinigungen auf diese Weise in jenen Jahren die Preise in ihrem Sinne günstig beeinflussen können. Diese Erfolge haben sie in den nächsten Jahren zu noch anspruchsvolleren Forderungen ermutigt. So verlangten sie im Jahre 1907 „im Interesse der Erziehung der Kinder, eines menschenwürdigen Daseins" und aus anderen idealen Gründen bereits einen Preis von 15 Cents, in einer Zeit, in der der Marktpreis auf 11 Cents stand[1]. Um die Abnehmer ihrer Forderung gefügiger zu machen, drohten sie dann weiter im Nächstjahr eine Verringerung der Baumwollanbaufläche um 25 % an. Auch im Jahre 1911/12 haben die Pflanzer wieder viel von sich reden gemacht, als sich infolge der Riesenernte ein rasches Sinken der Baumwollpreise eingestellt hatte. Man erzählte von abenteuerlichen Plänen großer Finanzierungsunternehmungen, durch welche die Pflanzer in die Lage versetzt werden sollten, die Baumwolle solange vom Markte zurückzuhalten, bis sie einen angemessenen Preis erreicht hätte[2]. Auch für eine Verringerung der Anbaufläche wurde, und zwar auch mit Erfolg, wie sich nachträglich herausstellte, Stimmung gemacht[3].

Aber selbst wenn man von den zuzeiten hervorgetretenen großen Organisationsbestrebungen der Pflanzer absieht, so bleibt ihr Einfluß auf den Preis schon deswegen bestehen, weil sie infolge ihrer gehobenen wirt-

[1] Vgl. Moritz Schanz, Die Baumwolle in den Vereinigten Staaten N.-A. Bericht des V. Internationalen Kongresses der Baumwollindustrie (Paris 1908), S. 259.

[2] Nachrichten für Handel und Industrie, Berlin 1911, Nr. 147.

[3] Ebenda 1912, Nr. 16, 22, 34.

schaftlichen Lage und ihres erwachten Machtbewußtseins auf eine gewisse Preishöhe zu halten vermögen.

Eine andere Frage ist es, ob nicht eine höhere Preislage der Baumwolle mit Rücksicht auf deren heutige Produktionskosten gerechtfertigt oder notwendig ist.

Gerade über diese Frage ist in den letzten Jahren viel gestritten. Besonders von amerikanischen Beurteilern wird die Ansicht nachdrücklich vertreten, daß in großen Teilen des amerikanischen Baumwollanbaugebietes die Gestehungskosten erheblich gestiegen sind, und daß in vielen Gebieten eine Vergrößerung der Anbaufläche nur bei einem höheren Preise möglich ist. Man führt unter anderem an [1], daß nach einer im Jahre 1906 angestellten Schätzung sich bei dem unter Kultur stehenden Baumwollande die Produktionskosten folgendermaßen verteilt haben:

3	Cents	kostet	das	Pfund	bei	1 %	des	Baumwollandes
4	"	"	"	"	"	6 "	"	"
5	"	"	"	"	"	23 "	"	"
6	"	"	"	"	"	28 "	"	"
7	"	"	"	"	"	16 "	"	"
8	"	"	"	"	"	9 "	"	"
9	"	"	"	"	"	7 "	"	"
10	"	"	"	"	"	6 "	"	"
11	"	"	"	"	"	3 "	"	"
12	"	"	"	"	"	1 "	"	"

Aus dieser Aufstellung, so folgert man, gehe hervor, daß, selbst wenn der Verkaufspreis 10 Cents für das Pfund koste, ein Zehntel des Baumwollandes gerade die Produktionskosten decke. Tausende von Acres würfen auf diese Weise nicht mehr als die Zinsen und die Düngekosten ab, dem Farmer aber bleibe nichts für seine Arbeit; hätte er nicht nebenher noch Geflügel, Schweine, Kartoffeln, Bohnen und den Winter hindurch Nebenbeschäftigung, so würde er und seine Familie Not leiden oder dem Staate zur Last fallen [2].

Dem wird andererseits entgegengehalten, daß der Hauptteil der Farmer das Pfund Baumwolle zu 5—7 Cents liefern und daher auch bei einem niedrigeren Preise als 10 Cents recht gut bestehen kann, namentlich wenn man berücksichtigt, daß er an Nebenprodukten (Baum-

---

[1] Ch. W. Burkett und Hamilton Poe, Die Baumwolle, übersetzt von C. Heine, Leipzig 1908, S. 230.

[2] Ebenda S. 231.

wollsaat, Baumwollsaatöl, Baumwollsaatkuchen, Rinde, Blätter usw.) neuerdings noch eine nicht unbeträchtliche Einnahme hat.

Zugegeben wird aber von den meisten Sachverständigen, daß heute die Produktionskosten der Baumwolle gegen früher größer geworden sind. Den Grund hierfür findet man in erster Linie in den Arbeiter- und Bewirtschaftungsverhältnissen, die in der Tat von Jahr zu Jahr schwieriger geworden sind.

Die Arbeiter oder Landpächter, die bei der Bestellung und Ernte der amerikanischen Baumwollfelder in Frage kommen, sind in der Hauptsache Farbige [1]. In den östlichen Baumwollstaaten ist dies fast ausschließlich der Fall; auch in den Mittelstaaten überwiegt noch der Neger, so daß z. B. im Staate Mississippi auf einen weißen Baumwollarbeiter 7 bis 9 Farbige kommen; im Westen allerdings, besonders in Texas, herrschen die Weißen vor; unter diesen befinden sich jedoch wiederum neben den vorzugsweise aus Italien kommenden Einwanderern die aus Mexiko stammenden „Poor Whites", eine Mischung aus Weißen und Indianern, deren Leistungsfähigkeit nicht sehr hoch ist.

In dieser Zusammensetzung der Arbeiterschaft *liegt jedenfalls* das Hauptthemmnis eines ertragreicheren Baumwollbaues. Denn der Neger bildet zwar an und für sich eine billige aber auch eine durchaus unzuverlässige Arbeitskraft; er arbeitet meist nur einige Tage in der Woche, um soviel zu verdienen, daß er die übrigen Tage bummeln kann, und pflegt überhaupt aus der ihm innewohnenden Sucht nach Neuerung häufig seinen Arbeitsort zu wechseln. Besonders in der Zeit der Pflücke macht sich daher schon seit Jahren regelmäßig ein großer Arbeitermangel fühlbar, und es müssen aus diesem Grunde ständig höhere Kosten aufgewandt werden.

Diesen für eine ertragreiche Bewirtschaftung des Bodens höchst ungünstigen Arbeiterverhältnissen hat sich auch das gesamte Bewirtschaftungssystem anpassen müssen. Während noch bis zur Zeit des amerikanischen Bürgerkrieges der Baumwollbau in großen Plantagen bis zu 20000 Acres mit 1000 Sklaven und im Durchschnitt wenigstens bis zu 3000 Acres mit 100 Sklaven betrieben wurde, ist seit der Sklavenbefreiung der Kleinbetrieb mehr und mehr üblich geworden. Man mußte, um die Schwarzen zur Arbeit zu gewinnen, ein Pachtsystem einführen, das nach und nach zu einer Aufteilung des Großgrundbesitzes geführt hat. Neben vereinzelten großen Plantagen, die sich noch in den ungesunderen Lagen erhalten haben, erfolgt daher heute der Hauptteil des Baumwoll-

[1] Vgl. Moritz Schanz, a. a. O. S. 236 ff.

baues auf kleinen Negerfarmen von etwa 20 Acres mit einer Familie und einem Maultier.

Auch das hierbei meist vorhandene Pachtsystem ist nicht dazu angetan, die Baumwolle zu einem Preise zu liefern, der zur Ertragsfähigkeit des Bodens im Verhältnis steht. Besonders ausgebildet ist in den Südstaaten das „Halbscheidsystem", dessen Wesen in einer Teilung des Ernteertrags zwischen Farmbesitzer und Neger besteht. Der Farmbesitzer selbst führt die Bücher und liefert Grund und Boden, Hütte, Maultier, Geräte und die halbe Saat gegen die Hälfte der Ernte; für die andere Hälfte eröffnet er dem Halbscheidpächter einen Kredit in seinem Laden, in welchem dieser seine Kleidung, seinen Lebensunterhalt usw. selbstverständlich zu gehörigen Preisen kaufen kann und muß. Dieses System, das darauf ausgeht, den Neger in dauernder Schuldenlast zu halten, um ihn damit auch seßhaft und den Anordnungen des Farmers gegenüber fügsam zu machen, erhöht natürlich die allgemeinen Unkosten bedeutend. Der Staatssekretär Dernburg ist bei seiner Untersuchung dieser Verhältnisse an Ort und Stelle zu der Überzeugung gelangt, daß auf diese Weise in vielen Fällen allein die Zinslast, die auf 1 Pfund Baumwolle ruht, auf 1/4—1/3 vom Wert zu berechnen ist, und daß, selbst wenn man die Unkosten für Saatgut in Abzug bringt, in Louisiana und im östlichen Süden ein Baumwollpreis unter 10 Cents für das Pfund überhaupt keinen Reingewinn mehr abwirft[1].

Die Arbeiterfrage hat sich in den letzten Jahren nun noch dadurch verschlimmert, daß auch die farbige Bevölkerung nicht mehr in dem Maße zur Verfügung steht wie früher. Die in den Südstaaten entstandenen industriellen Werke der Eisen-, Petroleum-, vor allem aber der Baumwollindustrie ziehen einen großen Teil dieser Bevölkerung infolge höherer Bezahlung von dem Baumwollbau ab. Weiter locken die jetzt vorhandenen großen Städte den in seiner Freizügigkeit nicht mehr beschränkten Neger an, und endlich schreitet die natürliche Zunahme dieses Stammes unter dem Einfluß der fortgesetzten Degeneration infolge des Alkoholgenusses und der Zügellosigkeit und Sorglosigkeit seines Lebens nicht mehr in der Weise wie früher fort[2]. Alle Versuche, diese in den Arbeitsverhältnissen liegenden

---

[1] Dernburg, Baumwollfragen. Vortrag, gehalten auf Veranlassung des Deutschen Handelstags, S. 5. Berlin 1910.

[2] Nach Berechnungen des Statistikers Walter F. Wilcox hat die Vermehrung der Neger bis zum Abschluß der Vereinigten Staaten gegen den Negerimport 76,8 v. H. in der 20jährigen Periode betragen, in den nächsten 20 Jahren dagegen 62,2, in den folgenden 54,6, in den folgenden 48,2 und in den Jahren 1880—1900 sogar nur 34,2 v. H., vgl. Dernburg, a. a. O. S. 6.

Schwierigkeiten dadurch zu beheben, daß man weiße Einwanderer in größerem Maße nach den Südstaaten der Union lenkt, oder daß man die Menschenarbeit durch maschinelle Arbeit ersetzt, haben bisher noch wenig Erfolg gezeigt. Eine stärkere Heranziehung von weißen Arbeitern scheitert zum Teil an dem in Amerika ausgeprägten Widerwillen der weißen Bevölkerung, mit den Negern zusammen auf dem Felde zu arbeiten, zum Teil auch an dem Widerstand der Eingesessenen gegen jede Einwanderung von Fremden, die man in der Presse als „Abschaum der Menschheit", als „gottlos", als „Lohndrücker" schildert und gegen die man sogar die Gesetzgebung anruft[1]. Andererseits wird die Einführung maschineller Vorrichtungen einen größeren Erfolg zur Beseitigung der Arbeiterschwierigkeiten nur haben, wenn die Tätigkeit des Pflückens nicht mehr mit der Hand geleistet zu werden braucht. Nach langen Versuchen will man jetzt allerdings eine Pflückmaschine erfunden haben, die in der Ersparnis von Menschenkräften Hervorragendes leistet; indessen kann diese schon ihres sehr hohen Preises wegen zunächst nur auf großen Plantagen Verwendung finden[2]. Ob daher durch sie eine wesentliche Behebung der Arbeiterschwierigkeiten in den nächsten Jahren eintreten wird, muß abgewartet werden.

Außer den schwierigen Arbeiterverhältnissen hat in den letzten Jahren noch *eine Reihe von anderen Umständen* für den Baumwollbau *verteuernd gewirkt*. Darunter ist zunächst zu nennen die *allgemeine Steigerung der Preise für Lebensmittel und alle möglichen Gebrauchsartikel*, die bekanntlich gerade in den Vereinigten Staaten von Nordamerika einen größeren Umfang angenommen hat. Für den Baumwollbau tritt dazu die *steigende Tendenz der Landpreise*, die vielerorts eingetreten ist, des weiteren auch des *künstlichen Düngers*, der mehr und mehr verwendet werden muß[3].

Schließlich kommt noch hinzu, daß durch das *Auftreten des Baumwollrüsselkäfers* in einem großen Teil des Baumwollanbaugebietes der Vereinigten Staaten in den letzten Jahren häufig erhebliche Schädigungen und infolgedessen Produktionsausfälle und Erhöhungen der Unkosten hervorgerufen sind. Der Baumwollrüsselkäfer, der, anscheinend

---

[1] Schanz, a. a. O. S. 237.

[2] Nach einer Beschreibung dieser von dem Amerikaner Campbell erfundenen Maschine in der Kölnischen Zeitung vom 18. Januar 1912 (Nr. 62) kostet die Maschine etwa 20000 Mk.; dabei berechnen sich aber die Kosten für Pflückarbeit nur auf 50 Pfg. für den Zentner, während ein Handpflücker durchschnittlich 3 Mk. für den Zentner erhält.

[3] Vgl. Schanz, a. a. O. S. 236.

aus Mexiko eingeschleppt, zuerst im Jahre 1892 im südlichen Texas erschien, hat seine Verwüstungen nach und nach auf ein immer größeres Gebiet erstreckt. Im Jahre 1910 hat man berechnet [1], daß von der Gesamt-Baumwollanbaufläche der Vereinigten Staaten von 670 000 Quadratmeilen schon 254 000 durch ihn verseucht sein sollen, und daß sich der bis dahin angerichtete Schaden auf 250 Millionen $ beläuft. Man hat damals die Befürchtung ausgesprochen, daß der Käfer nach seinem bisherigen Vordringen in 10—15 Jahren über das ganze Baumwollgebiet verbreitet sein werde. Allerdings hat man in den letzten Jahren weniger von so großen Schädigungen gehört wie in dem Jahrzehnt 1901/10, so daß vielleicht die früher wegen der Weiterausdehnungen der Zerstörungen gehegten Befürchtungen sich nicht bewahrheiten werden.

Inwieweit durch alle diese Erschwerungen und Kostenerhöhungen der Produktion eine Erhöhung des Baumwollpreises in den einzelnen Jahren bedingt gewesen ist, läßt sich schwerlich feststellen. Wesentlich aber ist dabei, daß die amerikanischen Produzenten sich dessen bewußt geworden sind, daß sie bei ihrer heutigen wirtschaftlichen Lage und unter dem zunehmenden Schutze ihrer Organisationen höhere Preise fordern und durchsetzen können, und daß sie unter dem Einflusse dieses Machtbewußtseins zweifellos in den letzten Jahren mehrfach begonnen haben, die Preise in ihrem Sinne zu beeinflussen.

IV. Der Einfluß der Spekulation.

Außer den Produzenten der Baumwolle ist in den letzten Jahren noch eine andere Interessentengruppe wesentlich mit am Werke gewesen, um, wenigstens zeitweise, eine Preiserhöhung herbeizuführen, die Gruppe der Spekulanten, und namentlich der amerikanischen Großspekulanten.

Wohl kaum ein anderes der großen Welthandelsgüter ist in der neuesten Zeit so sehr Gegenstand spekulativer Betätigung geworden wie die Baumwolle, und sicherlich haben bei keinem anderen die durch spekulative Eingriffe hervorgerufenen Preisausschreitungen solchen Umfang angenommen wie bei ihr.

Nachfolgende Gegenüberstellung, welche die niedrigsten und höchsten Jahrespreise der amerikanischen Middling Upland Baumwolle nach den Notierungen der New Yorker Baumwollbörse seit 1901 enthält, gibt ein

[1] Die Baumwollfrage, a. a. O. S. 20.

Bild von der Größe der in den letzten Jahren vorgekommenen Schwankungen:

Kalenderjahr	Niedrigster Preis Cents	Höchster Preis Cents	Unterschied zwischen niedrigstem und höchstem Preis %
1901	7 13/16	12,00	53,6
1902	8 3/16	9 7/8	20,6
1903	8,85	13,70	54,8
1904	6,85	17,25	151,8
1905	7,00	12,60	80,0
1906	9,60	12,25	27,6
1907	10,60	13,55	27,8
1908	9,00	12,25	36,1
1909	9,25	16,10	74,1
1910	13,60	19,75	45,2
1911	9,20	16,15	75,5
1912	9,35	13,40	43,3

Im Durchschnitt des ganzen Zeitraums von 1901/12 stellen sich hiernach die jährlichen Preisunterschiede auf 57,5 %; demgegenüber betrugen diese im Zeitraum 1891—1900 nur 39,7 % und in den beiden Jahrzehnten zuvor nur 29,6 und 31,9 % [1]. Auch an den Baumwollbörsen Liverpool und Bremen, die der New Yorker Börse in der Preisbildung zu folgen pflegen, haben sich die Preisschwankungen in den letzten Jahren wesentlich vergrößert, und zwar nicht allein bei der amerikanischen Baumwolle, sondern auch bei der ägyptischen und indischen, die sich der Preisgestaltung der amerikanischen meist ohne weiteres anschließen müssen [2].

Daß die Baumwolle solche erhebliche Preisschwankungen fast von Jahr zu Jahr aufzuweisen hat und infolgedessen gerade auch der Spekulation besonderen Anreiz zur Betätigung bietet, hat die verschiedensten Gründe.

Diese liegen zunächst in den eigenartigen Produktions- und Absatzverhältnissen der Baumwolle.

Alljährlich ist der Ertrag der Baumwollernte schon dadurch auf eine große Unsicherheit gestellt, daß er im wesentlichen nur von einem Wirtschaftsgebiet mit denselben klimatischen Verhältnissen, Arbeitsbedingungen usw. abhängig ist. Während z. B. Getreide und andere Feldfrüchte in allen

[1] Vgl. hierüber meine ausführlichen statistischen Zusammenstellungen in den Jahrb. f. Nat. u. Stat. a. a. O. S. 294 ff. und 305 ff.

[2] Ebenda S. 295.

Teilen der Welt in so großen Massen gebaut werden, daß bei einer Mißernte in einem Gebiet die Erträge anderer Gegenden herangezogen werden können, ist für die Baumwolle das Wirtschaftsgebiet der amerikanischen Südstaaten fast allein maßgebend. Dies ist um so gefährlicher, als die Baumwolle noch dazu eine Pflanze ist, deren Gedeihen mehr als das eines anderen Anbauproduktes durch Wetter und sonstige äußere Einflüsse bedingt ist. Die Baumwollpflanze, die im Frühjahr (März bis Mai) ausgesät wird und im Herbst erntereif ist, kann in keinem Stadium ihrer Entwicklung Frost vertragen, ihr Wachstum hängt sehr viel von guter Witterung und regelmäßigen Regenfällen ab, und sie braucht während ihrer 6 bis 7 monatlichen Reifezeit eine hohe Temperatur; außerdem kann sie stark unter Insektenschädigungen leiden. Schon verhältnismäßig geringfügige Ereignisse bringen auf diese Weise unter Umständen eine überraschende Wendung in den Aussichten der Baumwollernte. Der plötzliche Eintritt eines Frostes, eines Sturmes, einer Überschwemmung, das Ausbleiben von Regen oder warmem Wetter, das starke Auftreten des schädlichen Baumwollkäfers vermögen stets einen großen Teil der gesamten Welternte in Frage zu stellen. Desgleichen kann eine von den Farmern aus eigenem Antriebe oder auf gemeinschaftlichen Beschluß hin vorgenommene Vergrößerung oder Verminderung der Anbaufläche alljährlich eine erhebliche Erhöhung oder Ermäßigung des Baumwollertrages hervorrufen, und endlich wird das Ernteergebnis noch im letzten Stadium jeweils durch die Zahl der bei der Pflückarbeit vorhandenen Arbeitskräfte stark beeinflußt.

Alle diese Umstände weiß sich die Spekulation, die sich namentlich an der New Yorker Börse hervorragend mit Baumwolle beschäftigt, andauernd zunutze zu machen. Ihr kommt dabei besonders zustatten, d a ß e s f a s t d a s g a n z e J a h r h i n d u r c h a n e i n i g e r m a ß e n s i c h e r e n U n t e r l a g e n ü b e r d a s v o r a u s s i c h t l i c h e E r n t e e r g e b n i s f e h l t. Denn die Berichte, die regelmäßig amtlicher- oder privaterseits über Größe der alljährlichen Anbaufläche, Witterung, Stand der heranwachsenden Pflanzen und deren mutmaßliches Erträgnis verbreitet werden, können diesen Mangel keineswegs beseitigen; sie dienen im Gegenteil vielfach mehr dazu die Spekulation anzureizen als sie fernzuhalten. Das ist vor allem bei den Berichten des amerikanischen Ackerbauamtes der Fall [1], das zunächst während der Zeit des Wachstums der Baumwolle durch sein Wetterbureau regelmäßige wöchentliche Nachrichten über Regenfall, Temperatur und Stand

[1] Vgl. dazu Moritz Schanz, a. a. O. S. 233 ff. sowie meine Ausführungen in Conrads „Jahrbüchern“ a. a. O. S. 308 ff.

der Kultur usw. herausgibt und sodann durch sein seit 1862 bestehendes „Statistisches Bureau" jährlich sieben Berichte über den Stand der Baumwollpflanzungen im Vergleich zu früheren Jahren und über die Aussichten der heranwachsenden Ernte veröffentlicht. Der erste dieser Berichte gibt eine Schätzung der Größe der mit Baumwolle bestellten Ackerfläche, fünf an den ersten Tagen der Monate Juni bis Oktober erscheinende Veröffentlichungen berichten über den Stand der Pflanzungen, und der Dezemberbericht bringt eine Schätzung der zu erwartenden Gesamternte. Bei den fünf Monatsberichten gilt die Zahl 100 als „Normalzustand" und die veröffentlichten Vergleichszahlen bezeichnen, wenn höher, eine hervorragende, wenn unter 100, eine entsprechend mangelhafte Entwicklung der Pflanzen. Alle diese Berichte stützen sich auf die regelmäßigen Ermittlungen von zahlreichen besonderen Beamten und bezahlten Korrespondenten, aus deren Angaben in Washington der Durchschnitt gezogen wird. Man hat gerade diese Berichte in Fachkreisen vielfach angegriffen, zunächst weil das ganze Verfahren, bei dem lediglich aus einer großen Summe von Berichten der Durchschnitt gezogen wird, nichts weiter sei als ein Ratespiel, dann aber auch, weil sich die mit der Sammlung und Zusammenstellung betrauten Beamten keineswegs als zuverlässig erwiesen haben, und schließlich weil die gesamten Veröffentlichungen augenscheinlich zu sehr durch das Interesse der Baumwollpflanzer beeinflußt werden. Letzteres ergibt sich auch schon aus der Tatsache, daß die monatlichen Schätzungsberichte bisher die Normalzahl „100" noch nie erreicht haben, und daß die Ernteschätzung im Dezember meist recht erheblich hinter der tatsächlichen Ernte zurückbleibt[1]. Man ist nun in den letzten Jahren in Erkenntnis der Unzulänglichkeit der Ackerbauberichte dazu übergegangen, neben ihnen „Entkörnungsberichte" herauszugeben, die im Zensusamt zusammengestellt werden und Angaben über die in bestimmten Zeiträumen entkörnte Baumwolle enthalten. Diese Berichte, die sich viel mehr als jene auf tatsächliche Unterlagen stützen und daher auch wertvoller sind, kommen aber erst nach Beginn der Ernte in Frage und bilden auch dann immer noch einen zweifelhaften Maßstab für die Gesamternte, weil die

[1] So betrug in 1000 Ballen

	die Dezemberschätzung des Ackerbauamtes	die Ernte nach endgültiger Ermittlung des am. Zensusamtes
1908	12 920	13 433
1909	10 088	10 446
1910	11 426	12 022
1911	14 885	16 109

Höhe der Entkörnung namentlich in den ersten Monaten je nach früherem oder späterem Beginn der Ernte oder je nach rascheren oder langsamen Baumwollzufuhren seitens der Pflanzer sehr verschiedene Ergebnisse haben kann.

Jedenfalls ist der Spekulation trotz oder vielfach gerade infolge dieser Berichte ein großer Spielraum zur Betätigung gelassen, den sie in den letzten Jahren an der New Yorker Börse denn auch weidlich ausgenützt hat. Was ihr an amtlichen Berichten für ihre Zwecke noch fehlt, wird durch private Berichte und Schätzungen ergänzt. Täglich wimmelt es daher am New Yorker Baumwollmarkt von Alarmnachrichten, die dazu dienen sollen, die Preise nach der einen oder anderen Richtung zu beeinflussen. Nirgends in der Welt wird z. B. soviel mit Wetterberichten operiert wie an der New Yorker Baumwollbörse.

Diese Alarmnachrichten sind aber schließlich noch die harmlosesten von den Mitteln, mit denen die Spekulation arbeitet. In den letzten Jahren hat man sogar Beamtenbestechungen zum Zwecke der Fälschung der Regierungsberichte oder zur vorherigen Mitteilung dieser Berichte und vollständige Kompagniegeschäfte zwischen einflußreichen Regierungsbeamten und Spekulanten entdeckt. Im Jahre 1905 kam es infolgedessen zu einem öffentlichen Skandal, der mit Entlassung und Bestrafung eines Teiles der Beamten endete.

Hat schon auf Grund aller dieser Verhältnisse die Spekulation am New Yorker Markt in den letzten Jahren eine weit intensivere Tätigkeit als früher zur Beeinflussung der Baumwollpreise ausgeübt, so ist noch ein Umstand hinzugekommen, der es den spekulativen Machenschaften zeitweilig ermöglicht hat, den Preisstand der Baumwolle auf eine Höhe zu bringen, die für den gesamten Baumwollverbrauch die ärgsten Gefahren nach sich gezogen hat. Es ist dies die in mehreren Jahren vorhandene Baumwollknappheit, welche die amerikanische Großspekulation zu mehrfachen Versuchen angereizt hat, den ganzen Baumwollmarkt zu „cornen“.

Der erste dieser Versuche knüpft an den Namen des New Yorker Baumwollmaklers Daniel Sully an und stellt ein so gewaltiges Unternehmen dar, wie es in der Spekulationsgeschichte der letzten Jahrzehnte wohl seinesgleichen nicht hat und früher bei einem Welthandelsartikel von der Bedeutung der Baumwolle überhaupt nicht für möglich gehalten wäre. Sully hatte, als der sehr knappe Ausfall der Ernte 1903/04 zur ziemlichen Gewißheit geworden war, gegen Schluß des Jahres 1903 begonnen, Baumwolle in größeren Mengen aufzukaufen. Sein Plan, durch diese Entnahmen den Markt von Baumwolle zu entblößen, war anfänglich von großem Glück begünstigt, besonders da Ende 1903 und Anfang

1904 die Baumwollzufuhren so langsam erfolgten, daß sich immer weitere Kreise in Befürchtung eines später eintretenden Baumwollmangels beeilten, sich mit Baumwolle einzudecken. Auf diese Weise konnte Sully die Preise in wenigen Wochen ungeheuer in die Höhe treiben. Es wurde für Upland Middling notiert:

	New York	Liverpool	Bremen
am 1. November 1903 . .	10,15 Cents	5,78 d	54¾ Pfg.
„ 1. Dezember 1903 . .	12,50 „	6,74 „	60¾ „
„ 2. Januar 1904 . . .	13,20 „	6,88 „	66¾ „
„ 2. Februar 1904 . . .	17,25 „	8,96 „	85¼ „

Mit diesen letzten Notierungen war eine Preishöhe erreicht, wie man sie seit dem amerikanischen Bürgerkriege nicht mehr erlebt hatte. Nach dem 2. Februar fand zwar wieder ein stärkerer Preisrückgang statt, demzufolge die Preise bis zum 10. Februar auf 14,25 Cents in New York, 6,94 d in Liverpool und 67 Pfg. in Bremen sanken; dieser aber war in der Hauptsache nur eine Folge von Abmachungen zwischen den Hauptführern der New Yorker Hausse- und Baisseparteien, auf Grund deren am 2. Februar eine Abrechnung der gegenseitigen Verpflichtungen vorgenommen worden war. Als nun gerade auf diesen Preisrückgang hin die Verbraucher wieder mit reichlicheren Entnahmen von Baumwolle hervortraten, wurde Sully ermutigt, sein Spiel fortzusetzen, und tatsächlich gelang es ihm auch, durch weitere Aufkäufe die Preise bis Mitte März noch einmal annähernd auf den vorherigen Hochstand zu bringen, nämlich auf 16,65 Cents in New York, 8,78 d in Liverpool und 82 Pfg. in Bremen. Dann aber versagte ihm die Kraft durchzuhalten. Er konnte seinen Verpflichtungen nicht mehr nachkommen und stellte am 18. März seine Zahlungen ein. Damit erfolgte auch der Zusammenbruch dieses ungeheuren Spekulationsunternehmens, und die Preise gingen fast ebenso sprunghaft abwärts, wie sie vorher emporgegangen waren.

Die Gründe für den Zusammenbruch des Sullyschen Unternehmens lagen vor allem darin, daß die Verbraucher nach und nach der Fortsetzung der durch die Spekulation emporgetriebenen Preisrichtung zu trauen aufhörten und infolgedessen mit ihren Baumwolleinkäufen zurückhielten. Dies war besonders der Fall bei dem wichtigsten Teil des europäischen Baumwollverbrauchs, den englischen Spinnern, die einerseits mit der ausgesprochenen Absicht, einen Druck auf die Preise auszuüben, andererseits auch mit Rücksicht auf ihren durch den russisch-japanischen Krieg verringerten Absatz von Baumwollwaren nach Ostasien eine allgemeine Betriebseinschränkung ins Werk setzten. Da zudem auch der reichlichere

Ausfall der indischen Baumwollernte einen Teil des Verbrauchs vom amerikanischen Markte abzog, so fand Sully schließlich nicht mehr genug Mitläufer, um den Corner erfolgreich durchhalten zu können. Die sich damit für ihn ergebende Notwendigkeit, andauernd große Mengen Baumwolle aufzukaufen, um den Preis auf der Höhe zu halten, verlangte aber derart gewaltige Mittel, daß dies selbst in Amerika über den Kreis des Möglichen hinausgehen mußte. Eine Zeitlang versuchte Sully zwar noch sich dadurch über Wasser zu halten, daß er öffentlich als Käufer auftrat, im stillen aber wieder Baumwolle verkaufte, bis auch dieses durchschaut und dadurch sein Sturz um so schneller herbeigeführt wurde.

Ist damit auch ein Spekulationsversuch von riesenhaften Dimensionen im letzten Grunde gescheitert, so hat dieser doch dazu beigetragen, die Baumwollpreise monatelang auf einer ganz abnormen Höhe zu halten.

Mit mehr Glück als Sully ist es dann aber einer späteren Spekulation gelungen, mehrere große Corner auf dem amerikanischen Baumwollmarkte durchzuführen. Das war namentlich in den Jahren 1909/10 und 1910/11 der Fall, als die zweimaligen knappen Ernten die Gefahr einer Baumwollnot fast in greifbare Nähe brachten. Unter richtiger Ausnutzung der Verhältnisse vermochte Ende des Jahres 1909 der sogenannte Chikagoer Weizenkönig Patten in New York die Preise bis auf 16,10 Cents hinaufzutreiben. 1910 kam es fast das ganze Jahr hindurch zu ähnlichen Treibereien, bei denen neben Patten vor allem der Spekulant Scales tätig war. Diese Machenschaften erreichten im Augustcorner ihren Höhepunkt, bei dem die in die Enge getriebenen Tiefspekulanten Preise bis zu 20 Cents zahlen mußten, während gleichzeitig die Septemberposition einen Stand von nur 14 Cents beibehielt[1]. Auf der New Yorker Börse führte der Schlußtag des Augusts zu den erregtesten Szenen, die sogar zu Tätlichkeiten ausarteten, und das verwegene Vorgehen der New Yorker Haussefführer rief selbst in Amerika eine allgemeine Entrüstung hervor, so daß man hier ein Einschreiten der Gerichte gegen einen derartigen Mißbrauch des Terminmarktes verlangte.

Vielleicht wäre es angesichts des knappen Ertrags der Ernte 1910/11 gegen Schluß dieses Erntejahres noch zu größeren Eingriffen der Speku-

---

[1] Diese Spekulation zeitigte sogar die merkwürdige Erscheinung, daß die europäischen Baumwollbörsen dem Hochgang der Preise nicht folgten, und daß die europäischen Spinner von den amerikanischen Treibereien insofern Nutzen ziehen konnten, als die amerikanischen Haussefführer große Mengen guter Baumwolle, die dem New Yorker Vorrate entnommen waren, nach Liverpool, Bremen und Havre sandten, um sie dort wesentlich unter Marktwert abzustoßen.

lanten gekommen, wenn nicht das Jahr 1911/12 eine so gewaltige und so frühzeitig auf den Markt gelangende Ernte geliefert hätte, daß dadurch eine auf Erschöpfung der Weltvorräte um diesen Zeitpunkt gehende Spekulation zunichte gemacht worden wäre.

V. Die Aussichten der künftigen Preisentwicklung.

Sind die Umstände, die zu der hohen Preislage der Baumwolle in den letzten Jahren geführt haben, nur als vorübergehende Erscheinungen anzusehen, oder wird mit ihnen auch in Zukunft gerechnet werden müssen? Diese Frage ist zweifellos für die Beurteilung der künftigen Preisentwicklung der Baumwolle von größter Bedeutung.

Bei ihrer Beantwortung wird man davon ausgehen müssen, daß die große Steigerung des Baumwollbedarfs, die in den letzten Jahren einen Hauptanstoß zu dem Mißverhältnis zwischen Produktion und Verbrauch von Baumwolle und damit zu den hohen Preisen gegeben hat, aller Wahrscheinlichkeit nach auch in der nächsten Zukunft anhalten wird. So lange sich nicht eine gleich billige und verwendungsfähige Textilfaser finden läßt wie die Baumwolle — und hierzu scheinen trotz der häufig auftauchenden sensationellen Nachrichten vorläufig wenig Aussichten zu bestehen —, wird man damit zu rechnen haben, daß dieselben Gründe, welche eine so rasche Vermehrung des Baumwollbedarfs in den letzten Jahren veranlaßt haben, auch in der Folgezeit wirksam sein werden. Denn es läßt sich mit Sicherheit annehmen, daß der Bedarf an baumwollenen Kleidern und an anderen baumwollenen Gegenständen des persönlichen Gebrauchs ebenso wie die industrielle Verwendung baumwollener Erzeugnisse mindestens in gleichem Maße wie bisher fortschreiten werden. Vor allem wird mit der weiteren Ausdehnung der Kultur und der allgemeinen Hebung des Wohlstandes in vielen Ländern der Erde der Absatz baumwollener Kleidungsstücke noch einer bedeutenden Steigerung fähig sein. Man denke allein daran, welche ungeheuren Mengen solcher Artikel nötig sein werden, wenn die europäische Kultur in derselben Weise wie bisher in den noch wenig erschlossenen Ländern vorwärts dringt. Von den 1500 Millionen Menschen der Erde sind zurzeit nur 500 Millionen regulär bekleidet, 750 Millionen dagegen nur zum Teil und 250 Millionen überhaupt noch nicht bekleidet. Und für den weitaus größten Teil dieser bisher nur wenig oder nicht bekleideten Menschen kommt als Bekleidungsstoff fast ausschließlich Baumwolle in Frage, nicht nur weil sie von allen Textilstoffen der wohlfeilste ist, sondern vor allem auch wegen der klimatischen Verhältnisse, die in den betreffenden Gegenden herrschen. Allein der Übergang Chinas zur europäischen Kleidung, so langsam er sich vorläufig auch noch vollziehen mag, wird gewaltige Massen baumwollener Kleider erfordern. Man hat berechnet, daß dieses Land, richtig zivilisiert, mit seiner Bevölkerung von mehr als 400 Millionen Menschen allein die derzeitige Baumwollernte der ganzen Welt in Anspruch nehmen werde, und ein Chinese konnte eines Tages einem amerikanischen Senator erklären: „Wenn mein Volk die Baumwolle so verwendete, wie die Amerikaner es tun, und jeder Chinese sein Hemd um einen Zoll verlängerte, würde die ganze Baumwollproduktion der Südstaaten hierzu nötig sein“ [1].

Vergegenwärtigt man sich, in welchem Maße unter den im letzten Jahrhundert verwandten Textilstoffen gerade die Baumwolle, „King Cotton“, ihre Herrschaft ausgedehnt hat, so wird man bei den heutigen Entwicklungsmöglichkeiten eine Grenze noch nicht absehen können. Nach einer überschlägigen Berechnung betrug der Verbrauch der wichtigsten Textilstoffe:

	am Beginn des 19. Jahrhunderts [2]	in den achtziger Jahren [2]	in der Gegenwart
Baumwolle	108 Mill. kg	über 2000 Mill. kg	über 4000 Mill. kg
Wolle . .	222 „ „	nahezu 850 „ „	1200 „ „
Flachs . .	285 „ „	640 „ „	7—800 „ „
Hanf . .	286 „ „	450 „ „	5—600 „ „
Jute . .	?	400 „ „	1600 „ „

Muß man also darauf gefaßt sein, daß der Baumwollbedarf der Welt mindestens in der bisherigen Weise fortschreitet, so wird man sich auf der anderen Seite fragen müssen, ob die Baumwollproduktion sich dauernd so steigern läßt, daß nicht noch häufig ein solches Mißverhältnis zwischen Produktion und Verbrauch eintritt, wie wir es in dem ersten Jahrzehnt des neuen Jahrhunderts erlebt haben.

Die Beantwortung dieser Frage wird davon abhängen, ob es möglich und wahrscheinlich ist, daß der Baumwollbau in den heutigen Anbaugebieten wesentlich vermehrt oder in neuen Gebieten in größerem Umfange heimisch gemacht werden kann. Nach beiden Richtungen hat man in den letzten Jahren Anstrengungen gemacht. Welchen Erfolg diese auf die

[1] Die Baumwollfrage, Denkschrift des Reichskolonialamtes, S. 6. Jena 1911.

[2] Apelt, Die Konsumtion der wichtigsten Kulturländer, S. 197 ff. Berlin 1899.

Dauer haben werden, darüber gehen jedoch die Ansichten der einzelnen Sachverständigen für die verschiedenen Gebiete weit auseinander.

Lebhaft umstritten ist vor allem die Frage, ob das bisherige große Anbaugebiet der Vereinigten Staaten von Nordamerika seine Produktion dauernd derartig weiter steigern kann, daß der Baumwollverbrauch auch in Zukunft vorzugsweise von dort gedeckt werden kann und muß.

Daß die Möglichkeit einer solchen Produktionssteigerung in den Vereinigten Staaten noch in gewaltigem Umfange vorhanden ist, scheint keinem Zweifel zu unterliegen. Nach den Berechnungen von Moritz Schanz[1] stellen die für den Baumwollbau geeigneten Gebiete dieser Staaten im ganzen eine Bodenfläche von etwa 700 000 englischen Quadratmeilen dar, wovon nur ungefähr der 15. Teil unter Baumwollkultur ist. Diejenigen Farmen, welche Baumwollbau als Hauptkultur betreiben, umfassen 106 000 Quadratmeilen, wovon auch erst die eine Hälfte bestellt, während die andere Hälfte noch mit Wald bestanden ist. Allein diese Farmen könnten, wenn sie ganz mit Baumwolle bepflanzt würden, ohne die geringste Kulturverbesserung 25 Mill. Ballen erzeugen. Da in den Vereinigten Staaten außerdem weit mehr als doppelt so viel Land zur Verfügung steht, so wäre nach Schanz' Ansicht eine Ernte von 60 bis 70 Mill. Ballen, nach Ansicht amerikanischer Beurteiler eine solche von 80 Mill. Ballen wohl möglich. Besonders in den bevorzugten Baumwollanbaugebieten ist noch reichlich Boden vorhanden. So sind von den 20 Mill. Acres des Mississippideltas 16 Mill. Acres kultivierbar, tatsächlich aber erst 5 Mill. Acres bestellt, und der Staat Texas allein besitzt Land genug, um jährlich 30 Mill. Ballen erzeugen zu können. Dazu sind auch in den meisten Anbaugebieten, besonders im Süden, die Arbeitsmethoden noch so einfach, daß schon eine stärkere Ausnutzung des Bodens zu einer erheblichen Steigerung des Baumwollertrages führen würde. Demgegenüber wird aber darauf hingewiesen, daß der raschen Ausdehnung des Baumwollanbaues in den Vereinigten Staaten vor allem die oben geschilderte Schwierigkeit der Arbeiterverhältnisse[2] entgegensteht, daß auch an und für sich eine dauernde Aufrechterhaltung des bisherigen Zustandes, wonach Amerika infolge seines Produktionsmonopols die Preise diktiert, den Baumwollverbrauchern gar nicht erwünscht sein könne. Denn solange diese Monopolstellung des einen Wirtschaftsgebietes vorhanden sei, werde man weiter mit allen den nachteiligen Einflüssen auf den Baumwollpreis rechnen müssen, die sich im

[1] a. a. O. S. 229.

[2] Vgl. S. 24 u. fg.

Laufe der letzten Jahre fühlbar gemacht haben, da dann die Gefahr fortgesetzt schwankender Ernteerträge, preiserhöhender Eingriffe der organisierten Pflanzer und großer Preistreibereien der Spekulation bestehen bliebe.

Von diesem Gesichtspunkte aus ist in den letzten Jahren in den Kreisen der Baumwollverbraucher eine Bewegung entstanden, welche den Baumwollbau in außeramerikanischen Gebieten zu fördern sucht, um ihn damit auf eine breitere Grundlage zu stellen und so die Möglichkeit zu schaffen, daß bei dem Versagen eines Produktionsgebietes ausreichende Baumwolle aus anderen Gegenden herangezogen werden kann.

Größere Hoffnungen hat man in dieser Beziehung neuerdings besonders auf Indien gesetzt. Indien, das alte Baumwolland, hat für den Anbau einen sehr geeigneten Boden. Da von diesem erst etwa $4^1/_2$ % mit Baumwolle bebaut ist, da ferner eine genügende Bevölkerung vorhanden ist, so hofft man in Fachkreisen hier auf eine baldige starke Steigerung des Baumwollertrages, nachdem nunmehr die englische Regierung und die 1902 gegründete British Cotton Growing Association ihr Augenmerk auf diesen wichtigen Zweig der indischen Volkswirtschaft gerichtet haben. Der Sekretär des internationalen Baumwollspinnerverbandes Arno Schmidt, der im Jahre 1909 Indien bereist hat, glaubt nach den Versicherungen vieler Fachleute annehmen zu können, daß Indien seine sich heute etwa auf 4 Mill. Ballen stellende Baumwollproduktion in 4—5 Jahren auf 10 Mill. Ballen steigern könnte[1], und englische Sachverständige sind sogar der Überzeugung, daß Indien in verhältnismäßig kurzer Zeit 12 Mill. Ballen zu liefern vermöchte[2]. Das wäre also eine Baumwollproduktion, die der heute von den Vereinigten Staaten von Nordamerika gelieferten Menge schon recht nahe käme. Diesen optimistischen Ansichten gegenüber muß aber berücksichtigt werden, daß nach den bisherigen Erfahrungen die indische Bevölkerung wenig Neigung hat, den Baumwollanbau zu vermehren und intensiver zu betreiben. Der relative Baumwollertrag ist hier viel kleiner als anderswo. Während z. B. in Amerika auf einen Acker ein Ertrag von 200 Pfd. gerechnet werden kann, macht dieser in Indien nur 60—90 Pfd. aus. Man hofft jedoch, daß diese Verhältnisse sich ändern, wenn für eine planmäßige Verteilung besseren Saatgutes, für Ausdehnung der Bewässerung, für Befreiung der kleinen Pflanzer aus den Händen der wucherischen Geldgeber und für Errichtung von Ankaufsmärkten gesorgt wird. Damit glaubt man auch die Qualität der Baumwolle heben zu können, da diese

[1] Bericht des VII. internationalen Baumwollkongresses (Paris 1910), S. 119.
[2] Bericht des VIII. internationalen Baumwollkongresses (Barcelona 1911), S. 27.

bisher, vor allem wegen des kurzen Stapels, nur für gröbere Garne und Mischgarne in Betracht kommt [1]. In den letzten Jahren werden infolgedessen schon von der British Cotton Growing Association Anstrengungen gemacht, um die langstapelige Baumwolle zum Anbau zu bringen [2].

In dem nächstgroßen Anbaugebiet der Baumwolle, Ägypten, ist augenscheinlich eine größere Vermehrung des Baumwollertrags nur durch Überwindung erheblicher Schwierigkeiten möglich. Hier ist der Baumwollanbau in seiner räumlichen Ausdehnung an das Bewässerungsgebiet des Nils gebunden und daher die zur Verfügung stehende Anbaufläche von vornherein beschränkt. Merkwürdigerweise ist in den beiden letzten Jahrzehnten auch der relative Ertrag der ägyptischen Baumwollfelder ständig zurückgegangen. Obwohl sich die Anbaufläche in den letzten 15 Jahren noch um zwei Drittel vermehrt hat, ist im Baumwollertrag nur eine Zunahme von 20 % eingetreten. Man hat diese Ertragsabnahme durch die verschiedensten Gründe zu erklären gesucht, so durch Verschlechterung der Saat, durch zunehmenden Umfang der Insektenschädigungen, durch Erschöpfung und zu starke Bewässerung des Bodens, durch Einfluß des Assuan-Dammes, der die befruchtenden Teile des Nilwassers zurückhalte, mit mehr Wahrscheinlichkeit ferner durch den Übergang vom drei- zum zweijährigen Fruchtwechsel, schließlich auch damit, daß die Grundwasserhöhe des ganzen Deltas durch die Erhöhung des Niveaus der Bewässerungskanäle so weit gestiegen sei, daß die Pfahlwurzel der Baumwolle nach einer gewissen Wachstumsperiode einen Boden erreiche, der stagnierend, undurchlässig und unventiliert ist [3]. Die englische Regierung hat aber neuerdings unter Lord Kitchener energische Untersuchungen und Belehrungen der Baumwollpflanzer angestellt, um den Ertrag wieder zu heben, so daß die Aussichten jetzt hoffnungsvoller beurteilt werden [4]. Große Hoffnungen setzt die englische Regierung auch auf die Einführung

[1] Als Lieferant von Baumwolle für diese Zwecke hat Indien schon heute große Bedeutung, besonders auch für Deutschland, das im Gegensatz zu England infolge seiner verhältnismäßig stark entwickelten Grob-, Abfall-, Vigogne- und Imitatgarnspinnerei viel indische Baumwolle bezieht. Nach der Verbrauchsstatistik des internationalen Baumwollspinnerverbandes machte z. B. im Erntejahr 1911/12 der Verbrauch von indischer Baumwolle in Deutschland 224 116 Ballen oder 13 % (im Jahre 1910/11 sogar 22 %) des Gesamtverbrauchs aus, während der Verbrauch Englands an indischer Baumwolle sich nur auf 39 957 Ballen oder 1 % des Gesamtverbrauchs stellte.

[2] Nachrichten für Handel, Industrie und Landwirtschaft, Berlin 1912, Nr. 1.

[3] Vgl. Bericht des VIII. internationalen Baumwollspinnerkongresses (Barcelona 1911), S. 163.

[4] Arno Schmidt, Die Baumwollkultur in Ägypten, S. 57. Manchester 1912.

des Baumwollbaues im ägyptischen Sudan, doch müssen hier erst die nicht geringen Schwierigkeiten der Bewässerung und stärkeren Besiedelung des in Frage kommenden Landes überwunden werden.

Läßt sich nun über die drei großen Anbaugebiete der Vereinigten Staaten, Indiens und Ägyptens hinaus noch eine wesentliche Vermehrung des Baumwollanbaues und damit eine Erbreiterung der Weltproduktion erreichen?

Zweifellos liegt noch für weite Länderstrecken die Möglichkeit eines größeren Baumwollanbaues vor; in den meisten Gebieten aber stehen der raschen Ausdehnung mehr oder weniger große Schwierigkeiten entgegen.

Nach ihren klimatischen Verhältnissen kommen für den Baumwollbau vor allem große Teile Asiens, Süd- und Mittelamerikas und Afrikas in Frage. In Europa wären auch wohl die südlichen Staaten in der Lage, Baumwolle zu pflanzen, doch erscheint hier bei der sonstigen ertragreicheren Verwendung des Bodens ein stärkerer Anbau vollständig ausgeschlossen.

Innerhalb Asiens hat zunächst China jetzt schon eine bedeutende Baumwollproduktion; diese wird auf ungefähr 1 200 000 Ballen [1] geschätzt, wovon etwa 225 000 Ballen ausgeführt werden, und zwar ausschließlich nach Japan. China könnte sicherlich seine Baumwollproduktion noch erheblich steigern, da es nach seiner Bodenbeschaffenheit und nach seinem Klima hierzu sehr wohl in der Lage wäre, indessen macht dies die große Genügsamkeit seiner Bevölkerung vorläufig nicht sehr wahrscheinlich. Auch Japan kann als Baumwollieferant für Europa nicht gezählt werden, da seine eigene Produktion in den letzten Jahren auf ein geringes Maß herabgesunken ist, und infolgedessen die schnell emporgewachsene Baumwollindustrie gezwungen ist, den Rohstoff aus China, Indien und Amerika einzuführen. Wichtiger sind dagegen in den letzten Jahrzehnten die mittelasiatischen Länder geworden, von denen vor allem Turkestan und Transkaspien unter energischer Förderung der russischen Regierung eine schon recht umfangreiche Baumwollerzeugung aufzuweisen haben. Rußland deckt damit bereits mehr als die Hälfte seines Baumwollbedarfs; so wurden von den russischen Spinnereien 1910 11 240 000 Pud dieser Baumwolle verarbeitet, während die Menge der von ihnen sonst verarbeiteten Baumwolle sich auf 10 846 000 Pud belief [2]. Von anderen asiatischen Staaten könnten Kleinasien, das jetzt in der ziliziſchen Ebene jährlich etwa 60 000 Ballen liefert, Persien und Mesopotamien gute Baumwolländer werden, wenn die politischen und

[1] Die Baumwollfrage, S. 68.

[2] Berichte über Handel und Industrie, Berlin (Reichsamt des Innern) 1912, Bd. 16, Heft 5, S. 501.

wirtschaftlichen Verhältnisse dieser Staaten eine systematische Aufnahme des Baumwollanbaues möglich machten.

In Mittel- und Südamerika würden die meisten Staaten für den Baumwollbau eine hervorragende Rolle spielen können. Hier haben besonders Mexiko, Brasilien und Argentinien große Ländereien, die für den Baumwollanbau geeignet wären. Es fehlt aber überall an einer geeigneten Bevölkerung, genügendem Kapital und ausreichenden Verkehrswegen. In Mexiko reicht infolgedessen der heutige Baumwollanbau noch nicht einmal aus, den Bedarf der eigenen Industrie, der sich auf etwa 150 000 Ballen stellt, zu decken; in Brasilien vermag der Baumwollbau wegen des lohnenderen Kaffee- und Zuckerrohrbaues, in Argentinien wegen des ertragreicheren Getreidebaues und der Rindviehzucht nicht aufzukommen, obwohl gerade das wirtschaftlich aufstrebende Argentinien im Norden sehr gute Vorbedingungen für ausgedehnte Baumwollanpflanzungen hätte, und man daher den Plan, hier ein zweites Nordamerika in bezug auf Baumwollbau entstehen zu lassen, schon mehrfach in Erwägung gezogen hat[1]. Ähnlich liegen die Verhältnisse in Kolumbien, Venezuela, Bolivia, Peru, Chile und Paraguay.

Mehr Erfolg verspricht man sich neuerdings von der systematischen Förderung des Baumwollbaues in den afrikanischen Kolonien der europäischen Kulturländer. Das große kolonialpolitische Interesse, mit dem sich besonders England, Deutschland und Frankreich, dann auch Spanien, Portugal, Belgien und Italien um die wirtschaftliche Erschließung dieses Erdteils bemühen, hat hier die Bestrebungen zur Einführung der Baumwollkultur wesentlich unterstützt. Namentlich haben sich dabei auch große wirtschaftliche Organisationen unter Aufbringung erheblicher Geldmittel mit der Förderung dieser Bestrebungen befaßt. England hat vor allem in seinen west- und ostafrikanischen Kolonien, Deutschland in Togo, Kamerun, Deutsch-Südwest- und Deutsch-Ostafrika, Frankreich in Algier, am Senegal, im Sudan, in Dahomey, Neukaledonien und Madagaskar Versuche unternommen, um die Baumwolle heimisch zu machen. Das planmäßige Vorgehen, das dabei überall eingeschlagen ist, läßt wohl erwarten, daß die Bemühungen allmählich günstige Ergebnisse zeitigen werden. Übertriebenen Hoffnungen freilich, etwa nach der Richtung, daß es in kurzer Zeit gelingen könnte, auf einem dieser Gebiete einen Baumwollbau groß zu ziehen, der auf dem Weltmarkt eine Rolle spielen könnte, darf man sich dabei nicht hingeben. Denn abgesehen davon, daß in dem regenarmen Afrika der Baum-

[1] Die Baumwollfrage, S. 73.

wollanbau meist nur an bestimmte Gegenden gebunden ist, kann hier schnellere Ausdehnung auch erst erwartet werden, wenn die jetzt zumeist noch recht bedürfnislose und daher wenig arbeitslustige Negerbevölkerung mehr für den Baumwollbau nutzbar gemacht werden kann. Immerhin hat sich der Ertrag in den englischen, deutschen, italienischen und französischen Kolonien im Laufe der letzten Jahre auf 80 000 Ballen [1] gesteigert. Ist dieser Ertrag auch gegenüber einem Weltbaumwollbedarfe von 20 Millionen Ballen verschwindend klein, so wird er doch auf die Dauer die Mengen mit vergrößern helfen, die aus außeramerikanischen Gebieten kommen, und von diesem Gesichtspunkte aus wird man ein weiteres zielbewußtes Vorgehen der europäischen Staaten auch im Interesse einer gesunden Preisentwicklung der Baumwolle nur begrüßen können.

Wenn man hiernach heute die Produktionsmöglichkeiten der Baumwolle in allen den vorerwähnten Ländern übersieht, so wird man kaum in der Lage sein, ein auch nur annäherndes Urteil darüber abzugeben, welchen Gang die Entwicklung in den nächsten Jahren nehmen wird und kann. Überall hängt sie von so viel verschiedenartigen Faktoren ab, daß Umstände, die heute noch als zufällig oder unbedeutend angesehen werden, einen weittragenden Einfluß gewinnen können. Noch vor zwei Jahren hätte z. B. kaum jemand an eine so gewaltige Steigerung der amerikanischen Baumwollproduktion gedacht, wie sie mit den Ernten 1911/12 und 1912/13 eingetreten ist. Wie aber auch immer die Baumwollproduktion sich in den nächsten Jahren gestalten mag, so viel scheint sicher zu sein, daß wir für absehbare Zeit kaum erwarten dürfen, wieder auf die Dauer so niedrige Baumwollpreise zu erhalten wie in dem Jahrzehnt 1890—1900. Denn auch eine noch ansehnlich gesteigerte Produktion wird nach den Erfahrungen der letzten Jahre bei der heutigen Verbrauchsentwicklung schlank aufgenommen werden. Zudem werden wir, solange nicht durchgreifende Änderungen im Baumwollbau kommen sollten, damit rechnen müssen, daß die maßgebendsten Produzenten die Baumwolle nicht zu einem so niedrigen Preise wie früher abgeben, und daß es in vielen Gebieten geradezu des Anreizes eines höheren Preises bedarf, um die gewünschte Steigerung der Produktion hervorzurufen. Daß wir unter diesen Umständen auch noch für eine Reihe von Jahren auf Eingriffe spekulativer Preistreibereien gefaßt sein müssen, darf kaum zweifelhaft erscheinen.

[1] Vgl. Eingabe des Deutschen Kolonialwirtschaftlichen Komitees an den Reichstag vom 11. Januar 1913.

Die Preisentwicklung der Baumwollfabrikate seit 1890.

Verlauf und Ursachen.

Von

Ernst Ilgen.

Inhalt.

Erster Teil.

Technologische und handelstechnische Einleitung; Darstellung der Preisentwicklung in der Baumwollindustrie 1890—1912.

Der Verlauf des Wirtschaftslebens findet seinen sichtbaren Ausdruck in der Entwicklung der Preise. Eine Darstellung der Preisgestaltung bietet ein Bild der wechselnden wirtschaftlichen Verhältnisse und bildet die notwendige Unterlage zum Studium der verschiedenen Momente, welche auf die Konjunktur eingewirkt haben.

Stellt man es sich zur Aufgabe, die Preisentwicklung in einer bestimmten Industrie in ihrem zeitlichen Verlauf näher zu untersuchen, so kann es sich nicht darum handeln, möglichst viele Preise mannigfacher Rohstoffe und Fabrikate zur Darstellung zu bringen. Die Untersuchung würde dadurch zu sehr in die Breite gehen, an Übersichtlichkeit verlieren. Die Beschränkung auf die Verfolgung der Preise weniger dafür aber typischer Warengattungen wird dagegen ein deutliches Bild der Bewegung des Preisniveaus liefern.

Bei der Wahl dieser Preise kommt nur die Gesamtheit der Artikel in Betracht, welche dem Massenkonsum dienen, folglich jahraus jahrein in wenig veränderlicher Menge und gleichmäßiger Beschaffenheit hergestellt werden. Aus ihnen sind einige wenige Artikel herauszugreifen, welche einen einheitlichen Marktpreis haben; ihre Preisgestaltung läßt sich in Zusammenhang bringen mit all den Momenten, welche im Laufe der Jahre für die betreffende Industrie von Bedeutung waren, somit die Preisentwicklung beeinflußten.

Die Baumwollindustrie stellt neben einer Reihe Spezialprodukte, welche dem Wechsel der Mode unterworfen sind und der Befriedigung individueller Bedürfnisse dienen, eine Anzahl Stapelartikel her, Standardqualitäten genannt. Bei der Darstellung der Preisentwicklung in der Baumwollindustrie handelt es sich nun darum, die Preise dieser Waren in ihrem Werdegang, vom Rohstoff angefangen, über die Viertels- und Halbfabrikate bis zum Fertigfabrikat festzustellen.

Der Rohstoff für die Baumwollindustrie, die Baumwolle, ist eine Pflanzenfaser, welche von einer malvenartigen Pflanze stammt; sie wächst als Strauch 1—2 m, als Baum bis 6 m hoch. Der wissenschaftliche Name ist Gossypium. Die Baumwollstaude entwickelt weiße Blüten, aus denen Samenkapseln hervorgehen, die 3—5 Fächer enthalten, von denen jedes eine Anzahl mit Haaren bekleideter Samenkörner umschließt. Wenn die Kapseln reifen, springen sie auf und die Samenhaare quellen in Büschelform aus ihnen hervor. Diese gelblich-weißen Samenhaare sind die Spinnfasern.

Die deutsche Baumwollindustrie bezieht den Rohstoff aus den Vereinigten Staaten, Ostindien und Ägypten. Sie bedient sich dabei vorwiegend der Vermittlung der Bremer Baumwollbörse, der bedeutendsten Baumwollbörse des Kontinents. Daneben wird amerikanische Baumwolle auch über Antwerpen, ostindische seit Eröffnung der Tauernbahn auch über Triest eingeführt.

Am wichtigsten ist die amerikanische Baumwolle; man unterscheidet bei ihr mehrere Unterarten[1]:

1. Sea Island als die feinste Qualität, welche die größte Faserlänge, Stapel genannt, besitzt und sich infolgedessen vorzüglich zur Herstellung feiner zarter Garne eignet;

2. Texas-Baumwolle, etwas geringer;

3. Gulf-Baumwolle, gewachsen am mexikanischen Golf, wieder geringer;

4. Upland (Oberland) auch bloß americans geheißen, die gewöhnliche Mittelsorte. Aus ihr wird die große Masse der mittleren und gröberen Garne hergestellt.

Jede Unterart zerfällt wieder nach Stapellänge, Reinheit und Farbe in eine Reihe von Qualitäten, zu deren Unterscheidung sich der Handel einer feststehenden Skala bedient[2]. Die Standardqualität bildet Upland middling (Bezeichnung der Qualität, „mittlere Klasse"). Sie wird an allen bedeutenden Baumwollbörsen notiert; für Deutschland sind die in Bremen täglich notierten Lokopreise in Pfennigen à ½ kg maßgebend.

Ostindische Baumwolle, welche wegen ihres kurzen Stapels nur zur

[1] Nach Kühlmann, Der Terminhandel in nordamerikanischer Baumwolle, Leipzig 1908, S. 5.

[2] Näheres siehe Sonndorfer, Technik des Welthandels, 1912, Teil II, S. 103 ff.

Herstellung gröberer Garne Verwendung findet, notiert die Bremer Baumwollbörse nur nominell, d. h. es finden an der Börse keine oder nicht nennenswerte Umsätze statt, so daß eine tatsächliche Unterlage für die Preisfeststellung fehlt. Die nominellen Notierungen richten sich einfach nach den Preisen auf der großen Baumwollbörse in Liverpool. Zur Verfolgung der Preisentwicklung möge Oomrawuttee good 1890 – 1901 dienen, ab 1902 fully good, eine Klasse höher, um die im Laufe der Jahre erfolgte Verschlechterung der ostindischen Baumwolle auszugleichen.

Ägyptische Baumwolle, welche einen außerordentlich feinen langen Stapel aufweist, dient deswegen zur Herstellung von Garnen für Spezialzwecke; die Darstellung ihrer Preisentwicklung kann daher übergangen werden.

Die Baumwollspinnereien stellen aus der Baumwolle Garne in verschiedener Stärke und Qualität her, entsprechend den verschiedenen Verwendungsarten. Zur Bezeichnung der Stärke der Garne dient ein eigener Maßstab, die Feinheitsnummer. Die Nummer bezeichnet die Anzahl Längeneinheiten, welche auf eine Gewichtseinheit entfallen. Je nach der Wahl der Längen und Gewichtseinheit unterscheidet man die englische und französische (metrische) Nummerierung. Die englische Nummer herrscht in England sowie in ganz Deutschland vor, außer im Elsaß, wo die französische Nummer gilt.

Die englische Nummer gibt an, wieviel hanks = Schneller = 840 yards = 763 m auf ein Pfund englisch = 453,6 g entfallen. Die französische Nummer basiert auf dem Schneller von 1000 m und 1/2 kg. Je feiner das Garn ist, desto größer die Anzahl Schneller pro Pfund, desto höher die Nummer. Die Nummer der hier behandelten Garne ist die englische.

Die Qualität der Garne muß sich darnach richten, ob sie im nächsten Stadium der Verarbeitung, dem Weben, als Ketten- oder Schußgarn dienen sollen. Zur Verwendung als Kettengarn muß das Garn fest, hart gedreht sein. Schußgarn muß locker, weich gedreht sein. Dementsprechend erfolgt die Herstellung von Schußgarn und Kettengarn auf verschiedenem Wege.

Kettengarn wird auf der Ring- oder Flügelspinnmaschine, auch Water-Maschine genannt, hergestellt; das Ausspinnen und Aufwickeln des Fadens geschieht hier gleichzeitig; Schußgarn dagegen wird auf der Mulemaschine, auch Selfaktor genannt, erzeugt. Der Prozeß des Ausspinnens und Drehens des Fadens geht hier dem Aufwickeln voraus. Das Garn wird auf der Maschine auf Papphülsen (Copse) gesponnen und in den Handel gebracht. Schußgarn auf Copsen heißt im Handel: Pincops; Kettengarn: Warpcops. Kettengarn führt, wenn gebündelt, den Namen

Watergarn; wenn es als fertige Kette in den Handel gebracht wird, Warp. Schußgarn heißt auch Mulegarn.

Die Garne bilden die Viertelsfabrikate. Vielfach sind in der Baumwollindustrie Spinnerei und Weberei in einem Unternehmen vereinigt (sogenannten „Spinnwebereien"). Die Spinnerei liefert hier der Webabteilung das Garn. Von den Spinnwebereien sind zu unterscheiden die reinen Webereien. Sie beziehen ihr Garn von den Spinnereien durch Vermittlung von Garnagenten, Kommissionshäusern, welche meist mehrere Spinnereien vertreten. Der Handel in Baumwollgarn hat sich der geographischen Dezentralisation der deutschen Baumwollindustrie angepaßt und sich in mehreren, inmitten der einzelnen Industriegebiete gelegenen Orten niedergelassen. Hier entstanden infolgedessen die sogenannten Garnbörsen, welche in regelmäßigen zeitlichen Abständen Preisnotierungen nach Umfragen bei den am Handel beteiligten Firmen veröffentlichen. Garnbörsen befinden sich in Mülhausen für Elsaß, in Stuttgart und Augsburg für das übrige Süddeutschland, in Chemnitz für Sachsen, in München-Gladbach für Rheinland-Westfalen.

Zur Verfolgung der Preisentwicklung sollen die Notierungen der Garnbörsen von Stuttgart und München-Gladbach dienen.

Im Garnhandel haben sich an den Börsenplätzen feste Lieferungsbedingungen „Konditionen" herausgebildet; in Stuttgart lauteten sie 1890—1906 folgendermaßen: Preise ab Fabrik, d. h. der Käufer hat Spesen und Fracht ab Bahnhof des Produktionsortes zu tragen; Preis netto (ohne Skontogewährung) gegen Dreimonatstratten oder Kasse (sofortige Barzahlung) mit 1¼ % Antizipation (Skonto). Ab 1906 lauten die Bedingungen im Stuttgarter Garnhandel: Ab Fabrik Ziel 30 Tage vom Tage der Faktura an gerechnet mit 2 % Kassaskonto oder mit Genehmigung des Verkäufers 3 Monate netto.

In München-Gladbach lauten die Bedingungen: Ab Spinnerei, 90 Tage netto oder 30 Tage Kassa 2 %.

Standardtypen sind die Garne Nr. 20, 36 und 42 in Stuttgart, Nr. 8 Mule und 20 Water in München-Gladbach. Ihre Preise werden regelmäßig notiert und zwar beziehen sie sich in Stuttgart auf 1 kg, in München-Gladbach auf 1 Pfd. englisch (453,59 g, seit 1910 notiert Cops Nr. 8 I a für ½ kg). In der Untersuchung sollen vornehmlich die Stuttgarter Preise à ½ kg als Unterlage dienen. In jeder Nummer wird gewöhnlich Schuß und Kette hergestellt, entsprechend der Verwendung in der Weberei; nur Nr. 36 ist immer Kette, 42 immer Schuß.

Im süddeutschen Garnhandel werden die zu Webereizwecken zusammengehörigen Qualitäten Ketten- und Schußgarn miteinander genannt und geschrieben; z. B. „20/20"; „36/42". Die erste Zahl bezeichnet die Nummer des Kettengarns, die zweite die des Schußgarns. Dementsprechend werden auch die Preise zusammen für die zusammengehörigen Garne notiert, so in Augsburg. Die Stuttgarter Notierung allerdings unterscheidet getrennt bei jeder Nummer Warpcops (Kette) und Pincops (Schuß).

Bei Garn 36/42 ist der Preis deshalb trotz verschiedener Nummern derselbe, weil 36 als Kettengarn fester gedreht werden muß und daher mehr Arbeitslohn kostet. Dadurch werden die an und für sich höheren Kosten der höheren Nummer wieder ausgeglichen. Bei Nr. 20/20 dagegen kostet 20 Kette pro Kilogramm 2 Pf. mehr als Schuß. Die Stuttgarter Preise sind in Spannrahmen notiert (z. B. 36/42: 218 bis 222 Pf. pro Kilogramm) mit der Bemerkung „je nach Lieferzeit und Qualität". Die Garne 20/20 und 36/42 werden auf Copsen geliefert, ebenso Mule 8 Ia; Water 20 wird gebündelt = ohne Copse geliefert.

Die Weberei verarbeitet das Garn zu Geweben, den Halbfabrikaten, von verschiedener Qualität, je nach der Nummer der verwendeten Garne sowie nach der Webart.

Wie in Garnen, so gibt es auch in Geweben sogenannte Standardqualitäten; sie entsprechen den Garnstandardtypen. Die gangbarsten Standardqualitäten sind: 92 cm breiter glatter Kattun oder Croisé 19/18 fädig (19 Fäden Kette 18 Fäden Schuß im Geviert auf 1/4 Zoll französisch), aus Garn 36/42 (36 Kette 42 Schuß) und 88 cm breiter Cretonne 16/16 aus 20/20.

Die beiden Qualitäten sind sogenannte Rohgewebe, d. h. sie sind aus unveredeltem = ungebleichtem und ungefärbtem Garn erzeugt. Sie stammen aus der Rohweberei; ein anderer Zweig der Baumwollweberei, die Buntweberei, stellt bunte, gemusterte Gewebe aus veredeltem, d. h. gebleichtem, gefärbtem und bedrucktem Garn her; die Buntweberei gehört nicht in den Rahmen der Arbeit.

Der Handel mit Rohgeweben wird, wie der Garnhandel, als Kommissionshandel — oft in Verbindung mit diesem in einer Firma — betrieben und hat sich ebenfalls inmitten der Industriegebiete konzentriert. Er versorgt den Baumwollwarengroßhandel, welcher dann auf seine Rechnung die Rohware im Lohn veredeln läßt, d. h. durch Bleichen, Färben und Bedrucken in konsumreife Fertigfabrikate verwandelt.

Die beiden obengenannten Standardqualitäten werden an der Stuttgarter Industrie- und Handelsbörse notiert, in Pfennigen pro Meter; die

Konditionen lauten: ab Fabrik 2% Skonto bei Zahlung innerhalb 30 Tagen oder 3 Monate netto.

Die Darstellung der Preisentwicklung der Fertigfabrikate stößt auf Schwierigkeiten, weil die Ware durch die verschiedenartige Weiterbearbeitung mehr und mehr individualisiert wird, so daß generelle Typen, Standardartikel mit einheitlichem Marktpreis, fehlen. Für die Erfassung der Preise der veredelten Ware im Großhandel und Detailverkauf stehen lediglich private Preisangaben zur Verfügung, welche nicht die allgemeine Geltung besitzen können wie die Börsenpreise für Garne und Rohgewebe.

Die Darstellung der Preisentwicklung in der Baumwollindustrie ist mit der Betrachtung der Preise allein nicht vollständig.

Bei der parallelen Darstellung der Preise von Baumwolle, Garne und Gewebe tritt die Gestaltung des Preisabstands zwischen Baumwolle und Garn einerseits, Garn und Gewebe andererseits, nicht hervor. Auf diesen Abstand, der „Spinn-“ bzw. „Webmarge-“ heißt, kommt aber viel an; er muß daher für die wichtigeren Qualitäten berechnet und untersucht werden, denn eine bloße Betrachtung der Rohstoff-, Garn- und Gewebepreise allein würde ein sehr ungenaues Bild der Preisentwicklung geben.

Die Berechnung der Garn- oder Spinnmarge geschieht durch einfache Subtraktion des Baumwollpreises vom Garnpreise (à 1/2 kg). Die so gewonnene Marge ist die Rohmarge, d. h. berechnet zwischen 1/2 kg Rohbaumwolle und 1/2 kg Garn. (Über die Berücksichtigung des Umstandes, daß man, um 1/2 kg Garn herzustellen, mehr als 1/2 kg Rohbaumwolle braucht, siehe später.)

Schwieriger gestaltet sich die Ermittlung der Webmarge, weil sich hier nicht vergleichbare Größen gegenüberstehen. Das Garn notiert in Kilogramm, das Gewebe in Meter. Es muß hier zunächst die Menge und der Geldwert des Garns im Meter Gewebe ermittelt werden; die Differenz zwischen dem Garnwert und dem Gewebepreise bildet die Webmarge.

Die Begriffe Spinnmarge und Webmarge bedürfen einer näheren Erläuterung. Die Spinnmarge ist die Spannweite, der Abstand zwischen dem Baumwollpreis und dem Garnpreis, bezogen auf die gleichen Gewichtseinheiten Baumwolle und Garn (Kilogramm oder 1/2 kg oder Pfund englisch). Sie enthält die Kosten der Werterhöhung, welche 1 Pfd. Rohbaumwolle bei seiner Verspinnung zu Garn erfährt. Die Kosten sind, kurz genannt, folgende: Fracht und Spesen des Baumwollbezugs, der Abfallverlust beim Verarbeiten (siehe später), Spinnkosten und Verkaufsspesen des Garns. Daneben soll die Marge normalerweise auch einen Gewinn lassen, soll also größer sein als die Gesamtgestehungskosten.

Schematisch dargestellt ist:

Gesamtgestehungskosten
+ Nettogewinn } Marge = Bruttogewinn.

Die Bezeichnung Garn- oder Spinnmarge für den Abstand zwischen Baumwolle- und Garnpreis ist in neuerer Zeit häufiger anzutreffen, als die Bezeichnung „Spinnlohn“, welche dasselbe bedeutet. Häufig bezeichnete man wohl auch den Abstand zwischen den Kosten eines Pfunds Reinbaumwolle (einschließlich Fracht und Spesen der Rohbaumwolle) und dem Verkaufspreis des Garns (abzüglich Verkaufsspesen) als Spinnlohn, der dann nur die eigentlichen Spinnkosten umfaßte.

Der Begriff Spinnlohn stammt wohl aus den älteren Zeiten der Baumwollspinnerei, wo noch vielfach im Lohn, statt wie jetzt, auf eigene Rechnung gesponnen wurde. „Reiner Spinnlohn“ ist der Betrag des Arbeitslohnes pro 1/2 kg Garn bei Verspinnung des Vorgarns in Feingarn.

Ein Kalkulationsbeispiel (entnommen dem Handelskammerbericht Augsburg 1902 S. 173, unter Veränderung des dort eingesetzten Garnpreises von 64 Pf. auf 74 Pf.) möge das Verhältnis von Spinnmarge und Spinnlohn bzw. die Gestaltung der Gesamtgestehungskosten veranschaulichen:

Preise:

Upland middling	45 Pf.	(1/2 kg)
Garn 20/20	74 „	(1/2 „)
Also Marge	29 „	(1/2 „)

Kalkulation:

45 Pf.	Baumwollpreis fr. W.
1,5 „	Fracht und Spesen zur Spinnerei
5 „	Abgang an Baumwolle (11%)
51,5 Pf.	Kosten des Pfunds Reinbaumwolle
16 „	Spinnkosten
67,5 Pf.	Gesamtkosten des 1/2 kg Garns
74 „	Verkaufspreis des Garns
2 „	ab Verkaufsprovision
72 Pf.	Erlös
67,5 „	Kosten
4,5 Pf.	Gewinn pro Pfund.

In diesem Fall betrugen also die Marge 29 Pf., die eigentlichen Spinnkosten 16 Pf., Fracht, Spesen, Abfall und Provision zusammen 8,5 Pf.; die Gesamtgestehungskosten beliefen sich somit auf 24,5 Pf., so daß bei einer Marge von 29 Pf. ein Gewinn von 4,5 Pf. sich ergibt.

Über den Begriff Abfallverlust ist folgendes zu sagen: Aus 1/2 kg Rohbaumwolle amerikanischer Herkunft gewinnt man nur ungefähr 450 g reines Garn, da die Baumwolle unreine Beimischungen, wie Blätter, Staub, mißgebildete oder zu kurze Fasern enthält, welche beseitigt werden müssen; auch der Produktionsprozeß selbst führt Verluste herbei. Im vorliegenden Beispiel ist ein Abfallverlust von 11 % angenommen; das ergibt bei einem Baumwollpreis von 45 Pf. für das 1/2 kg Rohbaumwolle ungefähr 55 g Wert 5 Pf. Der Abfallverlust ist eine schwankende Größe, abhängig von der Beschaffenheit der Baumwolle, welche von Ernte zu Ernte wechselt, der maschinellen Ausstattung des Betriebs und dem technischen Geschick und Ausbildungsgrad des Betriebsleiters und seiner Organe. Bei amerikanischer Baumwolle beträgt der Abfall 10—15 %, bei ostindischer 20—25 %. Bei der Berechnung der Marge aus einem halben Kilogramm Rohbaumwolle und einem halben Kilogramm Garn ist der Abfallverlust nicht in Anschlag gebracht; dafür erscheint er als Kostenfaktor in der Kalkulation und so gleicht sich die Vernachlässigung aus.

Für die Begriffe Webmarge oder Weblohn gilt sinngemäß das bei der Spinnerei Gesagte. Die Webmarge schließt in sich die Webkosten, Fracht und Spesen beim Garnbezug, Verkaufsspesen des Rohgewebes und den eventuellen Gewinn.

Nachfolgend ein Beispiel für die Berechnung der Webmarge, welche etwas komplizierter ist als die der Garnmarge:

Garn	20/20	notiert	6. November	1911	78 Pf.	(1/2 kg)
Cretonne	16/16	„	6. „	1911	27 „	(Meter)

100 m erfordern 26,5 Pfd. à 78 Pf.
  1 m 0,265 Pfd.

$$0{,}265 \text{ Pfd. kosten } \frac{265 \cdot 78}{100} = 20{,}7 \text{ Pf.}$$

(Geldwert des Garns im Meter Gewebe).

Webmarge: 27 — 20,7 Pf. = 6,3 Pf.

Die Marge zwischen 18/19 fäd. Kattun und Garn 36/42 berechnet sich folgendermaßen:

36/42 notiert 6. November 1911 94 Pf. ($^1/_2$ kg)
Kattun 19/18 notiert 6. November 1911 $21^1/_4$ Pf. (Meter)
60 m erfordern 10 Pfd. Garn à 94 Pf.
1 m „ 0,167 Pfd.

0,167 Pfd. kostet $\frac{167 \cdot 94}{100} = 15{,}7$ Pf.

(Geldwert des Garns im Meter Gewebe).

Webmarge: 21,25 — 15,7 Pf. = 5,55 Pf.

(Mit Hilfe dieser Ansätze konnte eine Tabelle des Garngeldwerts im Meter für die verschiedenen Garnpreise hergestellt werden, aus welcher sich die betreffende Marge durch Subtraktion vom Gewebepreis direkt ablesen ließ.)

Die Bremer Baumwollpreise werden täglich notiert, die München-Gladbacher Garnpreise wöchentlich, die Stuttgarter Börse notiert alle vierzehn Tage. Aus räumlichen wie aus sachlichen Gründen, vor allem der Übersichtlichkeit wegen, darf sich die Darstellung nicht in eine wahllose chronologische Aufzählung möglichst vieler Preise 1890—1912 verlieren, sondern muß unter Benützung einer beschränkten Anzahl typischer Preise in großen Strichen die Richtung der Preisentwicklung zu zeichnen versuchen.

Zur Berechnung der Garn- und Gewebemargen wurden nach Möglichkeit entweder am gleichen Tag notierte oder wenige Tage auseinanderliegende Preise benützt.

Man nennt diese so ermittelte Marge die „Tagesmarge“; bei ihrer Berechnung ist die zeitliche Verschiebung, die darin liegt, daß vom Einkauf der Baumwolle bis zur Herstellung des Garns einige Zeit vergeht, nicht berücksichtigt. Nun ist aber zu bedenken, daß Art und Dauer dieses Zeitraums sehr unbestimmt ist und bei Ermittelung der Marge sehr schwer in Rechnung gestellt werden kann, besonders, weil Beendigung des Produktionsprozesses und Garnverkauf nicht zeitlich zusammenfallen müssen. Der Spinner verfährt beim Baumwolleinkauf und Garnverkauf ohne Rücksicht auf die Dauer des Produktionsprozesses, je nach seiner subjektiven Meinung von der Marktlage, je nach der Preiserwartung.

Am häufigsten ist wohl der Fall, daß er sich bei günstiger Preislage der Baumwolle, z. B. am Anfang einer reichlich ausgefallenen Ernte, auf lange hinaus mit Rohstoff deckt, in der Hoffnung, später das Garn zu gestiegenen Preisen absetzen zu können (Spekulation à la hausse).

Bei Unsicherheit des Rohstoff- und Garnmarktes wie bei schlechten Absatzverhältnissen wird er von der Hand in den Mund kaufen, d. h. Baumwolle erst dann kaufen, sobald er Garn verkauft hat. In diesem

Falle ist die zeitliche Verschiebung durch die Dauer des Produktionsprozesses bedeutungslos für die erzielte Marge.

Erwartet er aber einen Preisfall der Baumwolle, z. B. bei in Aussicht stehender reichlicher Ernte, und ist eine rege Nachfrage nach Garn auf spätere Termine vorhanden, dann gibt er sein Garn blanko ab, d. h. ohne schon die zur Lieferung nötige Baumwolle zu besitzen (Spekulation à la baisse). Er rechnet auf einen späteren Preisfall der Baumwolle. Wie sich später zeigen wird, ist dieser Fall durchaus nicht selten, ja das einzig mögliche bei starker Garnnachfrage (z. B. 1906/07).

Das Ideal ist es natürlich, den Baumwolleinkauf und Garnverkauf möglichst auf einen Zeitpunkt zusammenzulegen, um jedes Preisrisiko auszuschalten. In der Praxis ist dies jedoch nicht immer möglich. Bei geringer Entfernung des Produzenten von den Hafenplätzen, wie z. B. in England (Manchester, Lancashire) oder auch in Rheinland-Westfalen ist es leicht, das Prinzip sofortiger Deckung in Baumwolle durchzuführen. Anders aber, wo die Baumwolle noch einen langen Weg auf den Schienen zurücklegen muß, wie z. B. nach Schlesien, Süddeutschland, dem Elsaß. Viel hängt auch davon ab, ob man jederzeit lieferbare Standardqualitäten (middling) verspinnt, oder ob man Spezialsorten verwendet, die oft nicht jederzeit zu kaufen sind. Weiß[1] faßt die Schwierigkeiten sofortiger Deckung folgendermaßen zusammen:

„.... denn erstens sind nicht jedem Spinner feste Offerte seitens der überseeischen Ablader genau in dem Zeitpunkte vorliegend, wo er gezwungen ist, dem Garnkäufer die Order zu bestätigen und zweitens müssen hochklassige Baumwollsorten in den ersten Monaten jeder Ernte gekauft werden, solange die Auswahl möglich ist und nicht immer liegt der Markt so, daß auch das gesponnene Garn sofort für die ganze Saison zur Zeit des Baumwolleinkaufes Absatz findet."

Das Verfahren beim Baumwolleinkauf und Verkauf von Baumwollgarn ist also je nach der Marktlage und je nach den individuellen Ansichten der Produzenten sehr verschieden. Es wäre demnach zu schematisch, angesichts der Mannigfaltigkeit der Verhältnisse bei Berechnung der Marge einfach einen dreimonatlichen Baumwollvorrat anzunehmen, d. h. die Marge zwischen einem Garnpreis und dem Baumwollpreis vor drei Monaten zu berechnen. Demgegenüber ist die Berechnung der Tagesmarge vorzuziehen. Sie bietet noch am ehesten ein Bild der wirklichen Verhältnisse, sie kann als mittlere, durchschnittliche Marge gelten. Jeder vorsichtige Produzent

[1] Textiltechnik und Textilhandel, Leipzig-Wien 1906, S. 139.

wird durch vorsichtigen Baumwolleinkauf und Garnverkauf zum mindesten die Tagesmarge zu erhalten suchen; dies wird ihm am sichersten gelingen, wenn er so viel, als es die Verhältnisse zulassen, auf spekulatives Vorauskaufen von Rohstoff verzichtet und möglichst Garnverkauf und Baumwolldeckung gleichzeitig vornimmt.

Der Spinner, der heute Garn, sei es sofort lieferbar, oder auf späteren Termin verkauft, erhält einen Preis dafür auf Basis der heutigen Baumwollnotierung und eine den heutigen Marktverhältnissen entsprechende Marge; ob er wirklich das Garn aus Baumwolle zu diesem Preis hergestellt hat oder herstellen wird, hängt von seinen geschäftlichen Operationen ab, die von Fall zu Fall verschieden sein können. Für Verkäufer wie Käufer sind lediglich die Tagespreise maßgebend, somit auch die Tagesmarge.

Bei der Ermittelung der Margen wurde, da wie geschildert, die Stuttgarter Preise Spannrahmenpreise sind, ein mittlerer Garn- und Gewebepreis angenommen. Folgende Margen wurden fortlaufend berechnet:

Upland middling . . .	20/20 Garn
" " . . .	36/42 " [1]
Oomrawuttee good . . .	8 Mule I a
20/20 Garn	Cretonne 16/16
36/42 "	Kattun 19/18

Die Preisentwicklung.

Nach diesen einleitenden Betrachtungen möge zur Darstellung der Preisentwicklung 1890—1912 selbst übergegangen werden.

Der Zeitraum 1890—1899 gehört einer Entwicklungsreihe von mehreren Jahrzehnten an, die durch fallende Güterpreise charakterisiert sind. Als Beginn der Ära der fallenden Preise bezeichnet man im allgemeinen das Jahr 1873 [2]; in der Baumwollindustrie beginnt das Sinken der Preise schon etwas früher.

[1] Diese Berechnung ist nicht ganz genau, da man 36/42 Garn im allgemeinen nur aus höherwertiger Klasse als middling herstellen kann, z. B. aus fully middling oder good middling; letztere Klasse ist gewöhnlich 2—4 Pf. teurer als middling. Um diesen Betrag wäre jedesmal die Marge zu vermindern. Um die wechselnde Größe der Marge zu zeigen, ist jedoch die berechnete Marge Upland middling-36/42 völlig genügend und wird auch von Praktikern verwendet (vgl. die Preistabellen der Handelskammerberichte Augsburg und München-Gladbach).

[2] Eulenburg, Die Preissteigerung des letzten Jahrzehnts, Leipzig 1912 S. 17—19.

Die durchschnittlichen Jahrespreise für Baumwolle, Garne und Gewebe waren[1]:

Jahr	Baumwolle Pence, Pfd. engl.	Baumwolle ½ kg Pf.	Garn 36/42 Pf.	Gewebe 19/18 Pf.
1866	15½	145,5	227,1	55,4
1868	10½	98,5	140,7	36,4
1870	9 15/16	92,2	143,5	35,4
1873	9	84,5	137,7	28,1
1875	7⅜	69	124,4	30,2
1878	6⅛	58	95,1	20,6
1879	6 5/16	59,5	95,5	20,7
1880	6 15/16	65	108,5	23
1883	5¾	54	102,2	22,1
1884	6	56,2	98	21,7
1885	5⅝	52,5	94	22,1
1887	5½	51,6	90,3	21,3
1890	6 5/16	59,1	95	22,6

Die Margen sanken ebenfalls, sie betrugen für 36/42 und 19/18 berechnet aus obigen Preisen:

Jahr	36/42	19/18
1866	81,6	17,5
1868	43,3	12,9
1870	51,3	11,5
1873	53,2	5
1875	55,4	9,5
1878	37,1	4,8
1879	36	4,8
1880	43,5	5
1883	48,2	5
1884	41,7	5,4
1885	41,5	6,5
1887	38,7	6,2
1890	36	6,75

(Vgl. Anhang Tabelle I und II.)

Vom Jahre 1890 an, dem Ausgangspunkte der Arbeit, sei die Preisentwicklung etwas ausführlicher dargestellt. Die Mitte des Jahres 1890 zeigte folgenden Preisstand:

---

[1] Graßmann, Die Entwicklung der Augsburger Industrie, Augsburg 1894 Tabelle S. 89.

Upland[1]	61 Pf.	$^1/_2$ kg
Oomra[1]	46 „	$^1/_2$ kg
20/20[2]	86—89 Pf.	$^1/_2$ kg
36/42[2]	99—101 Pf.	$^1/_2$ kg
Mule 8 Ia[3] . . .	67 Pf. Pfd. engl.	
19/18 fäd. Kattun[2] .	24—$24^1/_2$ Pf.	Meter
Cretonne 16/16[2] . .	$28^1/_2$—$28^3/_4$ Pf.	Meter

Die Margen betrugen:

Upland 20/20	27 Pf.
„ 36/42	39 „
Oomra 8	21 „
36/42 19/18 fäd.	$7^1/_2$ Pf.
20/20 16/16 fäd.	$5^1/_4$ „

(eigene Berechnungen auf Grund der obigen Notierungen).

Anmerkung: Cretonne 16/16 fädig kostet mehr als Kattun 19/18 fädig, obwohl letztere Qualität dichtere Fadenstellung hat und aus feinerem Garn hergestellt ist. 16/16 enthält jedoch (siehe Beispiel zur Berechnung der Webmarge) pro Meter schwereres Garn, was für den Preis den Ausschlag gibt.

Die Preise bewegten sich nun im Verlaufe des zweiten Halbjahres 1890 und im Jahre 1891 stetig abwärts, bis sie ungefähr Mitte 1892 auf ihrem Tiefpunkt angekommen waren[4]. So notierte Ende Januar 1891 middling $48^3/_4$ Pf., Oomra $41^1/_2$ Pf., 20/20 81—84 Pf., 36/42 91—93 Pf., 8 Ia 63 Pf., 19/18 20—$20^1/_4$ Pf., 16/16 $25^1/_2$—26 Pf. Die Garnmargen waren bis 1891 etwas gestiegen. Sie betrugen Anfang 1891 $34^1/_4$, $43^1/_4$, $21^1/_2$ Pf., die Gewebemargen sanken dagegen auf $4^3/_4$ bzw. $3^3/_4$ Pf.

Mitte Mai 1892 erreichten die Preise ihren Tiefpunkt. Middling stand auf 38 Pf., Oomra auf 32 Pf., 8 Ia auf 49 Pf., 20/20 auf 64—67 Pf., 36/42 auf 69—71 Pf., 19/18 auf 17—$17^1/_2$ Pf., 16/16 auf 22—$22^1/_2$ Pf. Die Garnmargen waren seit Anfang 1891 gefallen und betrugen Oktober 1892 $25^1/_2$, $30^1/_2$, $14^1/_2$ Pf. Die Gewebemargen waren dagegen bis Ende 1892 gestiegen und betrugen $7^3/_4$ bzw. $6^1/_4$ Pf.

---

[1] Nach den loco Notierungen der Bremer Baumwollbörse, mitgeteilt in den „Wochenberichten", Handelsteil der Leipziger Monatsschrift für Textilindustrie, Jahrgänge 1890—1912.

[2] Nach den Notierungen der Stuttgarter Börse, ebenda mitgeteilt.

[3] Nach den Notierungen der München-Gladbacher Börse, ebenda mitgeteilt.

[4] Da die Preise und Margen immer in derselben Reihenfolge wie für 1890 zitiert sind, wurden die näheren Benennungen auf das Notwendigste beschränkt.

Bis Anfang 1893 zogen die Preise wieder an. Middling stieg auf 50 Pf., Oomra auf 43½ Pf., 20/20 auf 73—77 Pf., 36/42 auf 88—91 Pf., 8 I a auf 60 Pf., 19/18 fäd. auf 21¼—22 Pf., 16/16 auf 25¾—26¼ Pf. Die Margen betrugen 25, 40, 16½, 6¼ Pf., 6¼ Pf. Sie waren also gestiegen. Von da an begann wieder eine rückläufige Bewegung, welche Anfang 1895 ihren Tiefpunkt hatte: am 16. Februar 1895 erzielte middling 26¾ Pf., Oomra 24½ Pf., 20/20 58—62 Pf., 36/42 68—70 Pf., 8 I a 50 Pf., 19/18 15¾—16¼ und 16/16 21½—22 Pf. Die Margen zeigen eine entgegengesetzte Tendenz: sie nehmen zu und halten sich längere Zeit auf beträchtlicher Höhe. Ende 1893 betrugen sie 33½, 46½, 27½, 8½ und 7¼ Pf. Im Jahre 1894 hielten sie sich ständig einige Pfennige unter diesen Spannungen, nur die Gewebemargen sanken stärker auf 4½ bzw. 5¾ Pf.

Das Jahr 1895 brachte in seinem weiteren Verlauf steigende Preise; middling hob sich bis Anfang Oktober auf 46 Pf., Oomra auf 38 Pf., 20/20 auf 70—74 Pf., 36/42 auf 86—88 Pf., 8 I a auf 61 Pf., 19/18 auf 21½—22 Pf., 16/16 auf 24¼—24¾ Pf. Nach diesem vorübergehenden Anstieg verfolgen die Preise wieder eine nach unten gerichtete Tendenz und behalten sie bei bis zum Jahre 1899. Ende Dezember 1896 war middling auf 37½ Pf., Oomra auf 34¼ Pf., 20/20 auf 64—68 Pf., 36/42 auf 80—81 Pf., 19/18 auf 17—17½ Pf., 16/16 auf 22¼—22¾ Pf. angelangt. Die Margen gestalteten sich 1895 und 1896 verschieden. 20/20 wies sinkende Tendenz auf, von 31½ Pf. anfangs 1895 bis 28 Pf. 1896. 36/42 schwankte um 40 Pf. herum, 8 I a sank von 26 Pf. auf 20 Pf.; die Gewebemargen stiegen im Gegensatz zu den Garnen von 4½ bzw. 5¾ Ende 1894 auf 7 und 6¾, waren jedoch bis Ende 1896 wieder auf 4 bzw. 5 Pf. gesunken.

Die nach unten gerichtete Preisbewegung dauerte an bis Anfang 1899. Die zu dieser Zeit notierten Preise standen, wenigstens was Garne und Gewebe anbetrifft, noch unter den schon sehr niedrigen Preisen Anfang 1895. Ende 1897 kostete middling 30 Pf., Oomra 25¾ Pf., 20/20 55—59 Pf., 36/42 66—67 Pf., 8 I a 49 Pf., 19/18 15½—16 Pf., 16/16 20¾ bis 21 Pf.

Im Jahre 1898 sanken die Preise weiter und erreichten im November den niedrigsten Stand mit 28 Pf. für middling, 24 Pf. für Oomra, 51—53 Pf. für 20/20, 62—63 Pf. für 36/42, 46 Pf. für 8 I a, 15¼—15½ Pf. für 19/18 und 19½—20 Pf. für 16/16.

Mit diesen Preisen war das Ende der seit 1890 fallenden Preisbewegung erreicht. Es beginnt eine Ära der steigenden Preise, die bis in die jüngste Gegenwart sich erstreckt. Schon 1899 stiegen die Preise etwas an. Anfang Dezember notierte middling bereits 40¾ Pf., Oomra

$32^3/_4$ Pf., 20/20 63—65 Pf., 36/42 76—77 Pf., 8 Ia 54 Pf., 19/18 fäd. $18^3/_4$—19 Pf., 16/16 23—$23^1/_4$ Pf.

1900 erreichten sie im September einen vorläufigen Höhepunkt: middling stand auf $63^1/_2$ Pf., Oomra auf $44^1/_4$ Pf., 20/20 auf 79—81 Pf., 36/42 auf 92—94 Pf., 8 Ia auf 67 Pf., 19/18 auf 22—$22^1/_2$ Pf., 16/16 auf 26—$26^1/_2$ Pf. Der Rest des Jahres brachte wieder sinkende Preise, die bis Dezember 1901 andauerten.

Die Garnmargen setzten ihre seit 1895 sinkende Tendenz fast ununterbrochen fort. September 1897 betrugen sie 23, 34, 22 Pf. 1898 schwankten sie um diese Ziffern herum, gingen 1899 im September auf 20, 30, 17 Pf. herunter, sanken September 1900 auf ganz niedrige Beträge, nämlich 14, 27, 18 Pf., behaupteten aber für den Rest des Jahres und Anfang 1901 einen Stand von 25, 39 und 26 Pf.

Die Gewebemargen zeigten die entgegengesetzte Tendenz wie die Garnmargen. Sie stiegen bis 1900. Mitte 1897 waren sie auf ihrem niedrigsten Stand angekommen, nämlich $3^1/_2$ und $4^3/_4$ Pf., hoben sich schon März 1898 auf $5^1/_2$ bzw. $6^1/_4$ Pf., schwankten 1899 zwischen 5 bzw. $5^3/_4$ und $6^1/_4$ bzw. $6^1/_2$ Pf. und erreichten Mai 1900 ihren Höhepunkt mit $7^3/_4$ bzw. $6^1/_2$ Pf.

Das Jahrzehnt 1900—1910 hat einen anderen Charakter als das vorhergehende: Das Preisniveau zeigte unverkennbare Tendenz nach oben zu streben. Die steigende Preisrichtung beginnt in der Baumwollindustrie schon Ende 1898 und Anfang 1899 und nimmt seit 1900 einen entschiedenen Fortgang. Die allgemeine Preissteigerung hatte 1896 begonnen, also zu einer Zeit, wo die Baumwollindustrie mit ihren Preisen noch nicht das Minimum erreicht hatte.

Das erste Jahr des neuen Jahrzehnts, 1901, ist das Jahr einer rückläufigen Preisbewegung: middling fiel von 51 Pf. am Jahresanfang auf $38^1/_2$ Pf. gegen Schluß. Ostindische von 42 auf $35^1/_4$ Pf., 20/20 von 76—78 auf 63—65 Pf., 36/42 von 90—91 auf 71—73 Pf., 8 Ia von 61 auf 51 Pf., 19/18 von 20—$20^1/_4$ auf 16—$16^1/_4$ Pf., 16/16 von $24^1/_4$—$24^3/_4$ auf $20^1/_2$—$20^3/_4$ Pf.

Die Margen, welche sich 1900 verschieden verhalten hatten, indem die Garnmargen gesunken, die Gewebemargen gestiegen waren, bewegten sich 1901 in paralleler Richtung abwärts und erreichten ihren Tiefpunkt Mitte des Jahres mit $16^1/_2$, $27^1/_2$, 15, $4^1/_4$ und $3^3/_4$ Pf. 1902 brachte noch keine großen Veränderungen. Middling stand Ende Dezember auf $43^1/_2$ Pf., Oomra auf $36^1/_4$ Pf., 20/20 auf 67—69 Pf., 36/42 auf 78 79 Pf., 8 Ia auf 51 Pf., 19/18 auf $18^1/_2$—$18^3/_4$ Pf., 16/16 auf $23^1/_2$—$23^3/_4$ Pf.

Die Margen stiegen etwas an. Sie betrugen Ende 1902 22½, 34½, 14¾, 5½, 5¼ Pf.

1903 brachte stark steigende Preise. Ebenso das 1. Quartal 1904, das ein Maximum der Preise aufwies. Middling erreichte am 2. Februar 1904 den Höchstpreis von 85¼ Pf., Oomra kam auf 61 Pf., zur selben Zeit notierten 20/20 105—106 Pf., 36/42 123—125 Pf., 8 Ia 80 Pf., 19/18 25¾—26¼ Pf., 16/16 32¾—33¼ Pf.

Die Margen beliefen sich Ende 1903 auf 28¾, 45¾, 19½, 5½, 4¾ Pf.

Der weitere Verlauf des Jahres 1904 zeigte einen starken Preisfall: Anfang 1905 notierte middling 36¼ Pf., Oomra 33½ Pf., 20/20 69—71 Pf., 36/42 82—83 Pf., 8 Ia 58 Pf., 19/18 18—18¼ Pf., 16/16 23¼—23½ Pf.

Die Garnmargen stiegen dagegen an; sie betrugen Anfang 1905 33¾, 45¾, 24½ Pf. Die Gewebemargen gingen zurück auf 4¼, 4¾ Pf.

Anfang 1905 war ein Tiefpunkt der Preise erreicht; von da an treffen wir bis 1907 auf stark steigende Preise und ein gleichmäßig hohes Preisniveau der Baumwolle. Middling hatte schon Ende 1905 einen Preis von 60 Pf. erreicht und sank 1906 nur vorübergehend auf 50 Pf. Anfang 1906 waren die Preise folgende: middling 60¾ Pf., Oomra 46 Pf., 20/20 87—89 Pf., 36/42 99—101 Pf., 8 Ia 64 Pf., 19/18 24—24½ Pf., 16/16 29¾—30¼ Pf. August 1907 erreichten die Preise ihren Höhepunkt: middling 67 Pf., Oomra 41 Pf., 20/20 109—112 Pf., 36/42 130—132 Pf., 8 Ia 80 Pf., 19/18 30—30½ Pf., 16/16 34¾—35¼ Pf.

Die Margen vergrößerten sich seit 1905 beträchtlich; die Garnmargen blieben zwar bis Mitte 1906 ziemlich auf dem Stand des Jahres 1905; die Gewebemargen waren jedoch bis 1906 auf 8¾ bzw. 7½ Pf. gestiegen. Nun vergrößerten sich auch die Garnmargen rasch, sie betrugen schon Ende 1906 39¾ bzw. 59¾ Pf. und erreichten Ende 1907 ein Maximum, nämlich 20/20 49 Pf., 36/42 69 Pf., 8 Ia 35¼ Pf. Die Gewebemargen blieben bis Mitte 1907 ungefähr auf dem Stande des Jahres 1906 und gingen dann zurück Ende 1907 auf 7½ und 5½ Pf.

Das Jahr 1908 brachte durchwegs fallende Preise. Anfang 1909 war ein Minimum: middling notierte 47½ Pf., Oomra 38¾ Pf., 20/20 72—74 Pf., 36/42 86—88 Pf., 19/18 18½—19 Pf., 16/16 24—24½ Pf. Doch schon in den ersten Monaten des Jahres 1909 erholten sich die Preise wieder. Middling stieg bis Ende 1909 auf 79 Pf., Oomra auf 55¾ Pf., 20/20 notierte 98—100 Pf., 36/42 111—113 Pf., 19/18 25—25½ Pf., 16/16 31½—32 Pf.

Der hohe Preis der Baumwolle steigerte natürlich den Garnpreis; er war Ende 1910 wieder auf 102—105 Pf. für 20/20, für 36/42 auf 115—117 Pf., für 8 Ia auf 80 Pf., für 19/18 auf $24^1/_2$—25 Pf., für 16/16 auf $31^1/_2$—32 Pf. angekommen.

Die Margen verließen ihren Höchststand Ende 1907 sehr rasch. Ende 1908 betrugen sie nur noch $27^1/_2$, $41^1/_2$, $4^1/_4$ und $4^3/_4$ Pf. 1909 fielen sie auf $20^1/_2$ bzw. $31^1/_2$ Pf. Die Gewebemargen stiegen auf $6^1/_2$ bzw. $5^1/_2$ Pf. Bis Mitte 1910 sanken die Margen auf $16^1/_4$, $29^1/_4$, $14^1/_4$, $4^3/_4$ und $4^1/_4$ Pf.; gegen Schluß erholten sie sich wieder und stiegen auf $27^1/_2$, $40^1/_2$, $17^3/_4$, $5^1/_4$ und $4^1/_2$ Pf.

Verfolgen wir die Preisentwicklung der Baumwollfabrikate bis in die jüngste Gegenwart, so bemerken wir, daß die seit einer Reihe von Jahren nach oben strebende Preisentwicklung ihr Ende noch nicht erreicht hat. Die Baumwolle hielt sich bis ins 3. Quartal 1911 auf der Höhe des Vorjahres, um dann vorübergehend zu sinken; die Garne und Gewebe gingen mit dem Rohstoff. Middling notierte im Juni 1911 $80^1/_4$ Pf. und Dezember 47 Pf.; 20/20 zu den gleichen Zeitpunkten 102—104 und 77—79 Pf., 36/42 117—119 und 93—95 Pf., 19/18 $24^1/_2$ und $21^1/_2$ Pf., 16/16 $31^3/_4$ und 27 Pf.

Im Jahre 1912 stiegen die Preise wieder an, wie die folgenden Notierungen für Ende August zeigen: middling $60^1/_2$ Pf., Oomra $53^1/_2$ Pf., 20/20 86—89 Pf., 36/42 104—106 Pf., 8 Ia 73 Pf., 19/18 $24^1/_4$—$24^3/_4$ Pf., 16/16 $30^1/_4$—$30^3/_4$ Pf. Seitdem sind die Preise noch etwas in die Höhe gegangen, so daß am Jahresende die Notierungen lauten: middling $66^3/_4$ Pf., Oomra 56 Pf., 8 Ia 76 Pf., 20/20 94—97 Pf., 36/42 111—113 Pf., 19/18 $25^1/_2$—$25^3/_4$ Pf., 16/16 $31^1/_2$—$31^3/_4$ Pf. Die Margen stiegen seit 1910 wieder an und standen Ende 1911 auf $30^3/_4$, $46^3/_4$, $5^3/_4$ und $6^1/_2$ Pf. 1912 bewegten sie sich ein Geringes unter diesen Beträgen; sie standen im August auf $27^1/_2$, $44^1/_2$, $19^1/_2$, $6^3/_4$ und $7^1/_2$ Pf.

Wir sind am Ende der Betrachtung der Preisentwicklung der Baumwolle und der Baumwollfabrikate angelangt. Der Charakter derselben ist schon in der Darstellung angedeutet worden. Bis 1899 weist die Preislinie nach unten, seit dieser Zeit verläuft sie nach oben. Es gilt dies sowohl für den Rohstoff, als auch für Garn und Gewebe.

Die Entwicklung der Preise in jedem der beiden Abschnitte vollzog sich unter vorübergehenden Schwankungen und Abweichungen von der allgemeinen Entwicklungslinie, welche jedoch den allgemeinen Charakter der beiden Epochen nicht verwischen können.

Sowohl vor 1900 gab es Perioden steigender Preise (vergleiche 1892 und 1895) als auch nach 1900 Perioden fallender Preise (vgl. 1900/1901, 1904, 1908, 1911). Aber diese abweichenden Preisrichtungen sind nur episodisch. Sie unterbrechen die allgemeine Tendenz vorübergehend, ändern sie jedoch nicht dauernd.

Die Verschiedenheit des Preisniveaus vor und nach 1899 ist beträchtlich. Die amerikanische Baumwolle erreichte vor 1900 einen Preis von 60 Pf. nur 1890, in den folgenden Jahren hielt sie sich meist innerhalb 35—50 Pf. (1891, 1893, 1896); 1894, 1898 und 1899 sank ihr Preis sogar unter 30 Pf. Die ostindische Baumwolle wies eine ähnliche Bewegung auf. Ihr Höchstpreis betrug 46 Pf. (1890), ihr niedrigster $24^1/_2$ Pf. (1898). In den übrigen Jahren schwankte sie zwischen 25 und 40 Pf.

Die drei Garnsorten, deren Preisentwicklung wir verfolgten, zeigen folgendes Bild: Die höchsten Preise erreichten sie 1890 mit 86—89 Pf. für 20/20, 99—101 Pf. für 36/42 und 67 Pf. für 8 Ia. Am niedrigsten standen sie 1898, nämlich 20/20 auf 51—53 Pf., 36/42 auf 62—63 Pf., 8 Ia auf 46 Pf. Im großen ganzen bewegten sie sich zwischen 65 und 70, 80—90, 50—60 Pf.

Das durchschnittliche Preisniveau der beiden Gewebesorten betrug 18—20 Pf. bei 19/18 bzw. 20—23 Pf. bei 16/16. Hohe Preise waren 1890 zu verzeichnen mit 24—$24^1/_2$ bzw. $28^1/_2$—$28^3/_4$ Pf., niedrige Preise 1897 und 1898 mit $15^1/_2$—16 bzw. $20^3/_4$—21 Pf.

Von 1900 an ändert sich das Bild; besonders seit 1902 tritt die steigende Tendenz stärker hervor. Middling erreichte Anfang 1904 den Höchstpreis von $85^1/_4$ Pf.; der niedrige Preis von 36 Pf. Ende 1904 war ganz vorübergehend. Seit 1905 sank middling nicht mehr unter 45 Pf.; 1910 verharrte sie ständig nahe bei den gefürchteten Preisen von 1904.

Seit 1899 kostet Baumwolle fast stets doppelt soviel als in den vorhergehenden Jahren. Zu dem Preise, welchen man jetzt für Baumwolle allein anlegen muß, konnte man 1892, 1894—1899 fast immer Garn 20/20 und mehrmals (1894 und 1898) auch 36/42 erhalten. Aus diesem Vergleich geht die große Verschiedenheit des Preisniveaus vor und nach 1900 am besten hervor.

Für ostindische Baumwolle gilt das bei der amerikanischen Baumwolle Gesagte. Ihr Höchstpreis betrug 1904 $59^1/_2$ Pf., seitdem sank sie selten unter 40 Pf. und stand meist über 50 Pf.

Was die Garne betrifft, so ist auch bei ihnen die Preishöhe seit 1899 eine andere. Seit 1903 kostet das Pfund 20/20 selten weniger als 70 Pf., 36/42 selten weniger als 80 Pf., 8 Ia selten unter 65 Pf. Seit 1907 bis jetzt sind Preise von 85—105 Pf. für 20/20, 90—120 Pf. für 36/42, 70—90 Pf. für 8 I a regulär. Das durchschnittliche Preisniveau ist also weit höher als vor 1900; Preise, die in den 90er Jahren ein Maximum bildeten, sind jetzt regelmäßig.

Die Gewebe zeigen das gleiche Bild wie die Garne. Ihre Höchstpreise seit 1900, nämlich 1907 30—30½ bzw. 34¾—35¼ Pf. — kommen 1890 — 1899 nicht vor und betragen das Doppelte der niedrigsten Preise vor 1900; ihre durchschnittliche Preishöhe steht ständig über den Gewebepreisen vor 1899; Preise von 20—21 Pf. für 19/18 bzw. 25—26 Pf. für 16/16, die vor 1899 selten vorkamen, bilden seit 1900 eine normale Preislage.

Es war leicht, aus der Preisentwicklung 1890—1912 eine bestimmte Richtung herauszulesen; schwieriger ist es, zu entscheiden, wie sich die Garn- und Gewebemargen innerhalb des untersuchten Zeitraums verhielten. Die Entwicklung der Garn- und Gewebemargen zeigt einen steten, mehr oder weniger raschen Wechsel von Höhe- und Tiefpunkten, wie es bei den Preisen auch der Fall ist. Während aber bei diesen trotzdem eine nach unten bzw. nach oben gerichtete Tendenz deutlich hervortritt, läßt sich dies bei den Margen nicht behaupten. Bezieht man die Entwicklung der Margen etwa seit den 60er Jahren in die Betrachtung ein, so kann man deutlich eine bis in die 90er Jahre sich erstreckende, trotz mancher Schwankungen sinkende Tendenz wahrnehmen. Was die Entwicklung der Garnmargen seit 1890 betrifft, so läßt sich im Gegensatz zur vorhergehenden Epoche eine bestimmte Entwicklungsrichtung nicht mehr wahrnehmen. Die Marge schwankt wie früher, weist jedoch in ihrer zeitlichen Gestaltung weder nach oben noch nach unten. Im einzelnen waren Minima der Margen 20/20 und 36/42 — die Marge Oomra 8 I a kann hier außer acht gelassen werden; 8 I a ist nicht in dem Maße Standardartikel als 20/20 und 36/42 —: 1892 25½ bzw. 30½ Pf., 1899 20 bzw. 30 Pf., 1900 14 bzw. 27 Pf., 1901 16½ bzw. 27½ Pf., 1909 20½ bzw. 31½ Pf., 1910 16¾ bzw. 29¼ Pf. Die niedrigsten Margen sind demnach 1899—1901 wahrzunehmen. Die Maxima betrugen 1891 34¼ bzw. 43¼ Pf., 1893 33½ bzw. 46½ Pf., 1895 32¼ bzw. 42¼ Pf., 1904 35 bzw. 47 Pf., 1909 49 bzw. 69 Pf. Die Maxima seit 1900 stehen bedeutend höher als vor 1900.

Die Gewebemargen zeigen 1890—1912 durchgehend einen von Schwankungen durchbrochenen gleichmäßigen Verlauf ohne eine besonders hervortretende Entwicklungsrichtung.

Minima kamen vor: 1891 4¼ bzw. 3¾ Pf., 1897 3¾ bzw. 4¾ Pf., 1901 4¼ bzw. 3¾ Pf., 1904 4¼ bzw. 4¾ Pf., 1910 4¾ bzw. 4¼ Pf.

Maxima wurden erreicht 1892 $7^3/_4$ bzw. $6^1/_4$ Pf., dann 1894 $8^1/_2$ bzw. $7^1/_4$ Pf., 1900 $7^3/_4$ bzw. $6^1/_2$ Pf., 1907 $8^1/_2$ bzw. $7^1/_2$ Pf. Seit 1901 waren Margen unter $4^1/_4$ Pf. nicht mehr wahrzunehmen. Ein Vergleich der Tendenz der Garn- und Gewebemargen ergibt, daß ihre Bewegung nach oben oder nach unten nicht immer parallel verläuft, daß die Minimal- und Maximalspannungen zeitlich oft auseinanderfallen. 1890/91 z. B. stiegen die Garnmargen, dagegen sanken die Gewebemargen. Ebenso war es 1904. Dagegen divergierten in umgekehrter Richtung die Margen 1892, 1895 und 1898—1900, d. h. ein Sinken der Garnmargen traf zusammen mit einem Steigen der Gewebemargen. Die Minima der Garn- und Gewebemargen trafen zusammen 1901 und 1910, die Maxima 1893 und 1907. 1892 und 1900 dagegen erreichten die Garnmargen ein Minimum, die Gewebemargen ein Maximum.

Damit wäre die Entwicklung der Preise und Margen 1890—1912 in ihren Hauptzügen dargestellt und gewürdigt. Weitere Aufgabe ist es, die Ursachen dieser Entwicklung zu untersuchen.

Zweiter Teil.

Die Ursachen der Preisentwicklung.

A. Die Baumwolle.

Die Untersuchung der Preisentwicklung der Baumwolle seit 1890 im ersten Teil der Arbeit ergab, daß die Baumwollpreise von 1890 bis ungefähr Mitte 1899 einen im Vergleich zu früheren Jahrzehnten niedrigen Stand hatten, ja sinkende Tendenz aufwiesen, besonders in den letzten Jahren vor der Jahrhundertwende. Seit 1900 bewegen sich nun die Baumwollpreise in steigender Richtung und halten seit einigen Jahren Höhen ständig inne, wie sie vor 1900 nur vorübergehend vorkamen Sowohl die amerikanische wie die ostindische Baumwolle zeigen diese Preisentwicklung, auch die Preise der anderen auf dem Weltmarkt quantitativ minder wichtigen Provenienzen ergeben das gleiche Bild. Die Vereinigten Staaten liefern weitaus den größten Teil des Bedarfs des Welthandels, 1908 ungefähr 66 %, während auf Ostindien ungefähr 15 %, Ägypten 7 % und Rußland 4 % treffen; Deutschland und England allein beziehen in noch höherem Maße amerikanische Faser: sie verarbeiten 70—80 % amerikanische Baumwolle, 13—15 % ostindische, 6—8 % ägyptische. Bei der überragenden Bedeutung der nordamerikanischen Baumwollproduktion für den Weltmarkt ist die Preisbildung sämtlicher Provenienzen stark abhängig von der Preisgestaltung der amerikanischen Baumwolle. Aus diesem Grunde ist eine eingehende Berücksichtigung der Ursachen der Preisentwicklung der amerikanischen Baumwolle in erster Linie geboten, während die übrigen Provenienzen kürzer behandelt werden können.

Produktion und Verbrauch.

Die Baumwollerzeugung der Union hat ihren Sitz in den Südstaaten, vornehmlich in Texas, Mississippi, Georgia und Alabama. Das der Baumwollproduktion gewidmete Areal betrug nach der amtlichen amerikanischen Statistik[1] für das Erntejahr 1890 rund 20,2 Mill. acres und

[1] Statistical Abstract of the United States, 1902, S. 394; 1911, S. 142, 566.

hob sich unter mannigfachen Schwankungen bis 1909 auf 30,9 Mill. acres. Die auf diesem Areal erzielte Ernte belief sich im Erntejahr 1890/91 — das „Erntejahr“ beginnt am 1. September und endigt am 31. August des folgenden Jahres — auf 8,7 Mill. Ballen à 500 Pfd. engl. und erreichte 1897/98 zum erstenmal eine Zahl von über 10 Mill. Ballen. Seit 1902/03 blieb die Produktion nie mehr unter 10 Mill. und erreichte mehrmals über 13 Mill. Ballen. Die Produktion schwankt im allgemeinen mit den Anbauflächen; sie ist außer von diesen auch von den von Jahr zu Jahr wechselnden klimatischen Verhältnissen, welche auf die Erträge Einfluß haben, abhängig (vgl. Anhang Tabelle III).

Berechnet man, um zu einem einwandfreien Vergleich zwischen Anbaufläche und Produktionsmenge zu gelangen, die durchschnittlichen Anbauflächen und Produktionsmengen für je fünf Jahre, wodurch die Schwankungen vorübergehender Natur ausgeglichen werden, so ergibt sich, daß im Durchschnitt der Jahre 1893—1895[1] bis 1896—1900 die Anbaufläche um 15,2 % stieg, 1896—1900 bis 1901—1905 um 13,8 %, 1901—1905 bis 1906—1909 um 13,7 %.

Die Produktion nahm zu:

1891—1895	bis	1896—1900	um	24 %,
1896—1900	„	1901—1905	„	9,3 %,
1901—1905	„	1906—1910	„	9,8 %.

Die große Zunahme der Durchschnittsproduktion des Jahrfünfts 1896—1900 gegenüber dem Jahrfünft 1891—1895 ist auf die außerordentlich reichen Ernten der Jahre 1897/98 und 1898/99 zurückzuführen. Die Anbaufläche vermehrte sich seit 1900 nicht mehr so stark wie vorher, die Ernte wuchs vor 1900 stärker als die Fläche, seit 1900 jedoch blieb sie hinter der Zunahme des Areals zurück.

Es ergibt sich also, daß sich ungefähr seit 1900 in der amerikanischen Baumwollproduktion eine geringere Zunahme bemerkbar macht und zwar gilt dies für die Entwicklung der Anbaufläche wie der Produktion. Bis 1900 hatte Anbaufläche wie Produktionsmenge große Fortschritte gemacht.

Wir gehen zum quantitativ zweitwichtigsten Produktionsland, Britisch-Ostindien, über (vgl. Anhang, Tabelle IV). Die Anbaufläche betrug nach der Denkschrift des Reichskolonialamtes über die Baumwollfrage[2] 1897 13,7 Mill. acres und erreichte 1906 einen Höhepunkt mit 22,5 Mill.

[1] Über die Jahre 1891/92 u. 1892/93 fehlen die Angaben im St. A.

[2] Veröffentlichungen des Reichskolonialamtes Nr. 1, Die Baumwollfrage, Jena 1911, S. 54.

Die Produktion betrug 1897 2,2 Mill. Ballen à 500 Pfd., 1906 3,9 Mill. Ballen. Seit 1906 hatte das gleichmäßige Ansteigen von Bebauung und Produktion ein Ende. 1908 betrug die Anbaufläche nur 19,73 Mill. acres, die Produktion 2,91 Mill. acres. Die Anbaufläche stieg 1897—1908 um 44 %, die Produktion um 37 %. Die Stagnation der Entwicklung trat in Ostindien also etwas später ein wie in den Vereinigten Staaten.

Was Ägypten anbetrifft (vgl. Anhang, Tabelle VI), so liegen Zahlen seit dem Jahre 1895/96 vor. Nach der Denkschrift[1] betrug die Anbaufläche 1895/96 977 735 feddan, 1910/11 1 711 000 feddan (1 feddan = 0,42 ha; = ungefähr 1 acre = 0,44 ha). Die Ernte betrug 1895/96 5 526 128 Kantar (45 kg) = 938 594 Ballen, erreichte 1907/08 7 234 669 Kantar = 1 291 905 Ballen und fiel 1910/11 trotz Steigerung der Anbaufläche auf rund 5 Mill. Kantar = 892 857 Ballen. Die Produktion hielt nicht Schritt mit der Zunahme des Areals.

Von besonderer Wichtigkeit ist neben den drei Hauptproduktionsländern Amerika, Indien und Ägypten die Entwicklung des Baumwollanbaues in Russisch-Zentralasien. Der Anbau in Turkestan hat seit 1884 große Fortschritte gemacht. In diesem Jahre waren erst 300 Desjatinen = 810 acres der Baumwollkultur gewidmet. 1890 schon 58 859 Desjatinen = 158 919 acres, 1900 247 721 Desjatinen = 668 846 acres[2]. Seit dieser Zeit stehen keine Zahlen über den Anbau mehr zur Verfügung; daß er seitdem beträchtlich zugenommen hat, dürfte daraus hervorgehen, daß er dem steigenden Verbrauch der russischen Baumwollindustrie vollständig genügen konnte. Die Spindelzahl in Rußland stieg von 7,5 Mill. im Jahre 1900 auf 8,7 Mill. 1909[3]. Der Verbrauch betrug 1900 16,7 Mill. Pud (16,38 kg) = 1,1 Mill. Ballen, 1908 22 Mill. Pud = 1,5 Mill. Ballen. Da die Einfuhr fremder Baumwolle 1897 und 1907 die gleiche blieb, nämlich 9,6 Mill. Pud. = rund 630 000 Ballen, kann man annehmen, daß der Konsum der seit 1897—1907 neu aufgestellten Spindeln vollständig durch die eigene Produktion gedeckt wurde[4].

Diese Tatsache ist von besonderer Wichtigkeit. Sie bedeutet, daß die russische Baumwollspinnerei trotz ihrer Ausdehnung den Baumwollweltmarkt nicht stärker in Anspruch genommen hat bis 1907 als früher. In neuester Zeit allerdings geht die Einfuhr etwas in die Höhe: die Ernte

[1] S. 46.

[2] Die Baumwollfrage, S. 82.

[3] Die Baumwollfrage, S. 165.

[4] Offizieller Bericht des VII. Internationalen Kongresses des Internationalen Verbands der Baumwollspinner- und Webervereinigungen 1910, S. 222.

Mittelasiens betrug 1910 9,95 Mill. Pud = 651,5 Mill. Ballen. Der Verbrauch wird geschätzt auf 20 Mill. Pud = 13,1 Mill. Ballen. Demnach müssen 11 Mill. Pud, ungefähr 720 000 Ballen, eingeführt werden[1].

Faßt man für die drei Hauptproduktionsländer Amerika, Ägypten, Ostindien das Ergebnis der Untersuchung der Produktionsverhältnisse zusammen, so läßt sich feststellen, daß etwa seit der Jahrhundertwende eine langsamere Zunahme, ja teilweise geradezu ein Stagnieren der Produktion eingetreten ist. Die Gründe für diese Entwicklung der Produktion sind verschiedene, je nach den Produktionsländern. Während in Amerika sowohl Areal als Ernte seit 1900 nicht mehr so stark zunahmen wie vorher, erscheint in Indien und Ägypten die Arealzunahme, soweit die vorliegenden Ziffern ein Urteil gestatten, vor und nach 1900 gleichmäßig gewesen zu sein, dagegen ließ die Produktion nach.

Die Ausdehnung des Baumwolldistrikts der Union beträgt nach den Angaben eines Mitgliedes des Zensusbureaus in New York 448 Mill. acres, davon ist nur ein acre von je 15 mit Baumwolle angebaut[2]. Amerikanische Sachverständige[3] betonen, daß Millionen von acres im Baumwolldistrikt und darunter vielleicht die fruchtbarsten Böden, völlig brach lägen. Eine Ausdehnung des Anbaues über den Baumwolldistrikt hinaus nach Westen, Osten oder Norden komme weniger in Betracht wegen der zu hohen Kosten der künstlichen Bewässerung.

Die tatsächliche Zunahme der Anbaufläche seit 1890 ist gegenüber der möglichen Ausdehnung sehr gering. Eine der Hauptschwierigkeiten für eine bedeutende Ausdehnung des Anbaues bildete die Arbeiterfrage. Die Baumwollkultur ist in hohem Maße auf Handarbeit angewiesen. Die Trennung der Baumwollfaser von den Samenkörnern und das Pressen in Ballenform geschieht durch Maschinen; aber die Hauptarbeit der Ernte, das Pflücken der Fasern, muß noch mit der Hand geschehen, da bis jetzt eine brauchbare Pflückmaschine trotz vieler Versuche noch nicht erfunden worden ist. Der Bedarf an Handarbeit ist besonders zur Erntezeit, die sich von Mitte Juli bis in den Dezember erstreckt, sehr groß. Die Arbeitskräfte bilden vorwiegend Neger, daneben auch verarmte Weiße und Einwanderer, meist Italiener und Mexikaner. Das Angebot an schwarzen Arbeitern ist sehr knapp, dazu ist der Neger eine träge Arbeitskraft, der zu einer Intensivierung des Betriebes nicht zu gebrauchen ist. Bis jetzt ist es nicht gelungen, in größerem Maße den Einwandererstrom, der all-

[1] Nachrichten für Handel und Industrie, 1910, Nr. 69.

[2] Kongreßbericht 1906, S. 39.

[3] Kongreßbericht 1906, S. 25.

jährlich nach Amerika fließt und in den Großstädten des Nordens hängen bleibt, vom Norden nach dem Süden weiterzulenken, um auf diese Weise einen brauchbaren Arbeiterstamm zu erhalten. Ob es überhaupt gelingen wird, weiße Arbeiter dauernd und in größerer Anzahl in der Baumwollkultur festzuhalten, ist sehr zweifelhaft bei den herrschenden Rassengegensätzen; weiße Arbeiter arbeiten nicht neben Negern auf dem Feld.

Die Preisgestaltung anderer landwirtschaftlicher Produkte des amerikanischen Südens ist weiterhin von Einfluß auf das Maß der Verwendung des Bodens zur Baumwollkultur, da die Baumwollfelder auch zahlreiche Produkte anderer Art hervorbringen können. Besonders der Anbau von Weizen hat in letzter Zeit stark zugenommen infolge seiner günstigen Preislage und macht der Baumwolle den Boden streitig. Er besitzt auch insofern einen Vorsprung vor der Baumwollkultur, als er mittels Verwendung maschineller Hilfsmittel (Pflüge, Mähmaschinen) betrieben wird, somit verhältnismäßig wenig menschliche Arbeit erfordert. Nach amerikanischen Berechnungen[1] stiegen Mais um 118 %, Hafer 109 %, Weizen 66 %, Tabak 61 %, Futtermittel 39 %, Baumwolle dagegen nur 38 % im Preise.

Die Bodenpreise und Pachtschillinge sind im Baumwollgebiet im Steigen begriffen. Bei steigenden Bodenpreisen finden es selbstverständlich die Pflanzer rentabler, Getreide und andere landwirtschaftliche Produkte zu bauen, welche einen im Verhältnis zu den Produktionskosten höheren Preis erzielen und in den Industriebezirken des Nordens leichten Absatz finden, anstatt Baumwolle in erhöhtem Maße anzupflanzen, deren Preise auf dem Weltmarkt so großen Schwankungen ausgesetzt sind.

Das Verhältnis der Produktionskosten des Baumwollbaues zu den erzielten Preisen kann ebenfalls die Anbaufläche beeinflussen. Die Kosten, zu denen das Pfund Rohbaumwolle versandfertig hergestellt werden kann, hängen davon ab, welcher Ertrag auf dem acre erzielt wird. Die Erträge sind jährlichen Schwankungen unterworfen, je nach der Gestaltung der klimatischen Verhältnisse; sie sind aber ganz verschieden nach den Bodenverhältnissen in den verschiedenen Teilen des Produktionsgebietes sowie nach der Bewirtschaftungsweise des einzelnen Pflanzers. Musterfarmen der Regierung sowie einzelne private Musterbetriebe lieferten bei guten Bodenverhältnissen, z. B. im Schwemmland des Mississippi bis 532 Pfund Rohbaumwolle, also über einen Ballen, den man gewöhnlich zu 500 Pfund rechnet[2]. Der Durchschnittsfarmer erzielt aber im all-

[1] Kongreßbericht 1910, S. 159 ff.

[2] Kongreßbericht 1910, S. 159.

gemeinen nur 1/8 und bei besonderer Gunst der klimatischen Verhältnisse 1/2 Ballen auf dem acre (0,4 ha)[1].

Sowohl für den Zeitraum 1890—1900 als auch aus dem folgenden Jahrzehnt liegen verschiedene Aufstellungen über die Selbstkosten des Anbaues vor. Soweit nicht klar ersichtlich ist, welcher Durchschnittsertrag der Rechnung zugrunde liegt, sind sie mit Vorsicht aufzunehmen. Die Produktionskosten umfassen die Aufwendungen für Pacht des Landes oder bei Eigenbesitz des Bodens, was 1900 bei 48,3 % der Farmer der Fall war[2], die Aufwendungen für die Verzinsung des im Boden angelegten Kapitals, für Aussaat, Ernte, Entsamung und Verpackung, für Versendung und Verkauf, unter Abzug des Erlöses für die Verwertung des Samens, welcher von Ölmühlen gekauft wird.

Aus dem Jahre 1894 finden wir die Angabe, daß bei 1/3 Ballen Ertrag auf den acre die Kosten 7 cts. pro engl. Pfund betrugen, bei 1/2 Ballen Ertrag 5,2 cts., ohne Verkaufsspesen im Betrage von ungefähr 1/2 ct.[3].

Eine Berechnung aus dem Jahre 1895 ergibt bei 1/3 Ballen Ertrag 6,5 cts.[4], 1897/98 rechnet ein Pflanzer bei 1/2 Ballen Ertrag 5,10 cts., bei 1/4 Ballen 9,5 cts. ohne Verkaufsspesen[5]. Die Berechnungen stimmen also ziemlich überein.

Für die Zeit nach 1900 stehen folgende Angaben zur Verfügung: 1904 fand eine amtliche Umfrage unter 8000 Pflanzern statt. Sie ergab, daß das Pfund spinnfertige Baumwolle bei einem Ballen Ertrag auf 4,5 cts., bei 1/2 Ballen auf 7 cts., bei 1/3 Ballen auf 9 cts. kommt. Gegenüber den früheren Berechnungen sind das wesentlich höhere Ansätze[6].

Der Präsident einer Farmervereinigung erklärte 1907 auf dem Internationalen Baumwollkongreß[7], daß die Kosten pro Pfund ungefähr 9 cts. betrügen und daß Pflanzer, welche behaupten, sie könnten zu 5—6 cts. liefern, den Anbau nur als Nebenerwerb betrieben. Ein deutscher Sachverständiger, der das Baumwollgebiet bereiste, äußerte die Ansicht, daß die Kosten kaum unter 10 cts. sinken werden[8].

---

[1] Kongreßbericht 1907, S. 273.
[2] Die Baumwollfrage, S. 25.
[3] Leipziger Monatsschrift für Textilindustrie, 1894, Nr. 11, S. 506.
[4] Oppel, Die Baumwolle, Bremen 1902, S. 433.
[5] Oppel, Die Baumwolle, Bremen 1902, S. 104.
[6] Kongreßbericht 1907, Anhang S. 273 ff.
[7] Kongreßbericht 1907, S. 30.
[8] Die Baumwollfrage S. 256.

Seit 1900 also werden uns wesentlich höhere Anbaukosten als früher berichtet. Sie rühren vom Steigen der einzelnen Kostenelemente her. Eine Studienkommission englischer Spinner, welche 1906 das amerikanische Baumwollgebiet bereiste, um die Baumwollfrage an Ort und Stelle zu prüfen und um mit den Produzenten Fühlung zu nehmen, gibt an, daß in sechs Jahren seit 1900 der Arbeitslohn im Süden von 2 Mk. auf 8 Mk. gestiegen sei und daß vielfach Land, welches vor zwei Jahren für 100 Mk. pro acre gekauft wurde, jetzt 600 Mk. koste[1]. Der Präsident einer Farmervereinigung versicherte auf dem Internationalen Baumwollkongreß 1907, daß sich die Arbeitslöhne und die Preise für Werkzeuge, Maschinen usw. seit zehn Jahren verdoppelt und vervierfacht haben[2].

Vergleicht man die Preisentwicklung der Baumwolle mit den oben angeführten Produktionskosten — es seien hierzu die Jahresdurchschnittspreise der New Yorker Börse, die wie die Kostenangaben in Cents pro englisches Pfund lauten, herangezogen —, so ergibt sich für den Zeitraum 1890—1900, daß die Preise den Selbstkosten oftmals sehr nahe kamen, ja sie einigemale nicht unerheblich unterschritten. Seit 1900 war das Verhältnis, besonders in den letzteren Jahren, ein besseres. Zu berücksichtigen ist, daß die an den Börsen notierten Preise noch den Gewinn und die Spesen des Zwischenhandels enthalten. Der Nettoerlös des Farmers ist weit geringer als die Börsennotierung angibt.

Der Durchschnittspreis für middling loco an der New Yorker Börse betrug 1890—1899 11,07, 8,6, 7,41, 8,56, 6,94, 7,44, 7,93, 7,0, 5,94, 6,68 cts.

1900—1911 waren die Durchschnittspreise folgende: 9,25, 8,75, 9,0, 11,18, 11,75, 9,80, 11,50, 12,10, 10,62, 12,68, 15,11, 13,01 cts.[3].

Die geringe Rente, welche der Baumwollanbau besonders vor 1900 abwarf, war u. a. ein Grund, daß die Zunahme der Anbaufläche auf Jahre hinaus gering blieb.

Das Fehlen einer gewissen Stetigkeit der Preisentwicklung war ebenfalls einer Zunahme des Anbaues nicht günstig. Ein Blick auf die Anbaustatistik lehrt, daß die Anbaufläche bedeutenden Schwankungen ausgesetzt ist. Diese sind eine Folge der oftmals heftigen Preisschwankungen von Jahr zu Jahr. Auf ein Jahr niedriger Preise folgt gewöhnlich eine Verminderung der Anbaufläche, somit der Ernte. Steigen dann die Preise infolgedessen, so ruft dies wieder eine Vermehrung des Areals hervor.

[1] Kongreßbericht 1907, S. 273 ff.
[2] Kongreßbericht 1907, S. 30.
[3] Statistical Abstract 1902, S. 460; 1911, S. 548.

Das Fehlen einer stetigen Preisgestaltung steht der gleichmäßigen dem Verbrauch folgenden Vermehrung der Anbauflächen im Wege. In den Jahren 1894 und 1897—1899 waren die Preise sehr niedrig; sowohl 1895 als 1899 brachte darauf eine Verminderung des Areals. Ein Beispiel der jüngsten Zeit zeigt, daß Stetigkeit der Preise die Vergrößerung des Areals begünstigt. Seit 1910 stehen wir im Zeichen andauernd hoher Baumwollpreise. Unter ihrem Einfluß ist denn auch die Anbaufläche seit 1909 von 30,9 Mill. acres auf 35,0 Mill. acres bzw. 34,09 Mill. acres 1911 gestiegen.

Wir haben nunmehr die Gründe kennen gelernt, welche einer stetigen Erweiterung der Anbaufläche in Amerika im Wege standen; nun ist noch die Tatsache zu betrachten, daß die Ernten seit 1900 weniger als die Anbauflächen stiegen. An und für sich wäre es denkbar, auf der gleichen Fläche erhöhte Ernten zu erzielen, dazu sind aber erhöhte Erträge nötig. Die Durchschnittserträge schwankten 1890—1910, was auf die wechselnden klimatischen Verhältnisse zurückzuführen ist, sie stiegen jedoch nicht dauernd. Sie hielten sich seit 1900 meist auf 170 Pfd. (1/3 Ballen) bis 190 Pfd. und etwas darüber[1]. 1871—1880 betrug der Ertrag pro acre durchschnittlich 200 Pfd., 1880—1898 nur 191 Pfd., 1898—1902 190,9 Pfd., 1903—1908 190,2 Pfd.[2]. Die Gründe sind verschiedenartige. Bei der Ausdehnung des Areals wurden auch geringwertige Böden in Angriff genommen und diese drückten den Durchschnittsertrag herab[2]. Außerdem machte die Kultivierung des alten Bodens keine erheblichen Fortschritte; vielfach verhindert Arbeitermangel einen intensiveren Betrieb. Als weitere Ursachen werden geltend gemacht: Verschlechterung des Saatguts, die dadurch herbeigeführt werde, daß die beste Saat an die Baumwollölmühlen verkauft werde, deren Agenten vorzugsweise den ersten für die Saatzwecke tauglichsten Samen sich sichern[3], ferner die durch die langjährige Baumwollkultur allmählich herbeigeführte Erschöpfung des Bodens, endlich die Verbreitung des mexikanischen Rüsselkäfers (boll weevil), der, wo er auftritt, die Ernte auf die Hälfte reduziert. So ging in Louisiana 1906 bis 1909 die Ernte auf ein Viertel des Ertrages zurück. Der mexikanische Rüsselkäfer sucht bereits ein Drittel der Baumwollfläche heim und dringt unaufhaltsam über den Mississippi vor[4].

Was Britisch-Indien betrifft, so wurde festgestellt, daß seit 1906

[1] Die Baumwollfrage, S. 182.
[2] Die Baumwollfrage, S. 28.
[3] Helfferich, Die Baumwollfrage, 1904, S. 15.
[4] Kongreßbericht 1911, S. 160.

sowohl Anbau als Ernteergebnis nicht mehr dieselben Fortschritte machten als früher. Besonders die Produktion blieb hinter den Erwartungen zurück: Als Grund wird angegeben, daß die primitive Eingeborenenkultur allmählich zu einer Degeneration der Baumwollstaude geführt habe, besonders durch nachlässige Mischung der Saat; auch habe es die Regierung an der nötigen Fürsorge fehlen lassen [1]. Die durchschnittlichen Erträgnisse auf dem acre, die überhaupt bedeutend niedriger sind, als in den Vereinigten Staaten, verhielten sich dementsprechend. 1897 erzielte man 78 Pfd., 1902 91 Pfd.; seitdem fielen die Erträge wieder auf 1906 88 Pfd., 1907 58 Pfd., 1908 74 Pfd. [2].

In Ägypten ist der Rückgang der Erträge besonders bemerkenswert und ist Schuld an der vorher festgestellten Stagnation der Erzeugung. Der feddan brachte 1895/96 durchschnittlich 5,38 Kantar = 485 Pfd. deutsch und sank bis 1910/11 stetig auf 3,33 Kantar = 300 Pfd. Die Ursache sei zu suchen in Fehlern bei der Regelung der Bewässerung; die Eingeborenen verstünden es nicht, der Baumwollpflanze die richtige Menge Feuchtigkeit zukommen zu lassen [3].

Der Stillstand der Baumwollproduktion seit 1900 hat somit seine Ursache nicht nur in der ungenügenden Entwicklung der Produktionsfläche, sondern auch in ungenügenden Erträgen.

Wie gestaltete sich nun der Produktion gegenüber der Baumwollkonsum in den letzten zwei Jahrzehnten?

(Vgl. Anhang, Tabellen V, VII, VIII.)

Die ältesten Baumwolle konsumierenden Industrieländer befinden sich in Europa: England nimmt die weitaus erste Stelle ein, in großem Abstand folgen Deutschland, Rußland, Frankreich und Österreich-Ungarn. In den letzten Jahrzehnten hat sich auch in den Produktionsländern, besonders in den Südstaaten der Union, sowie in Britisch-Indien eine Baumwollindustrie entwickelt und auch in Japan und China zeigen sich bedeutsame Anfänge. Der Weltkonsum an Baumwolle muß demnach stark gestiegen sein [4].

In England liefen 1890 44,8 Mill. Spindeln auf Baumwolle, 1900 waren es 45,5 Mill., 1910 53,7 Mill.; die Steigerung betrug 1890 bis

---

[1] Die Baumwollfrage, S. 55, 291.

[2] Die Baumwollfrage, S. 57.

[3] Die Baumwollfrage, S. 48.

[4] Die folgenden Zahlenangaben stammen sämtlich, soweit nicht durch Fußnote eine andere Quelle ausdrücklich vermerkt ist, aus der Denkschrift des Reichskolonialamtes, Tabellen S. 22 und 165. Siehe auch Anhang: Tabellen VII und VIII.

1910 19,9 %. Entsprechend dem Anwachsen der Produktionsmittel wuchs auch der Verbrauch an Rohstoff. Die englische Baumwollindustrie verarbeitete 1891/95 durchschnittlich 694,56 Mill. kg, 1896/1900 715,72 Mill. kg, 1901/05 751,40 Mill. kg jährlich[1], in Ballen 1900 3 330 000, 1909 3 512 000. Die Zunahme des Verbrauchs zwischen 1900 und 1909 ist angesichts der starken Spindelvermehrung mäßig zu nennen; das hat seinen Grund darin, daß die Vermehrung sich hauptsächlich auf Spindeln für Feingarn erstreckte, welche weniger Rohstoff konsumieren.

Auf dem europäischen Kontinent betrug die Spindelzahl 1890 rund 26 Mill., 1900 30 Mill., 1910 40,2 Mill. Die Zunahme seit 1900 ist bedeutend stärker als von 1890—1900. Einzelne Länder des Kontinents zeigen eine starke Vermehrung der Spindeln, so Deutschland, das nach dem Verzeichnis der Bremer Baumwollbörse 1892 6 033 498 Spindeln, 1909 10 162 872 Spindeln, Österreich-Ungarn, das 1892 2 707 762 Spindeln, 1909 4 412 072 Spindeln zählte. Da auf dem Kontinent die Feinspinnerei gegenüber der Fabrikation mittlerer und grober Garne sehr zurücktritt, so entfielen die meisten der seit 1890 neu aufgestellten Spindeln auf die Grobspinnerei, was die Folge hatte, daß der Verbrauch viel stärker zunahm als in England: Deutschland, Frankreich, Italien und Österreich-Ungarn aerbrauchten zusammen 1900 3 250 000 Ballen, 1909 4 271 000 Ballen.

Von den außereuropäischen Baumwollindustrien ist die bedeutendste in den Vereinigten Staaten. 1890 produzierte sie mit 14,6 Mill. Spindeln, 1900 mit 19,5 Mill. Spindeln, 1910 mit 28 Mill. Spindeln, das bedeutet seit 1890 eine Vermehrung von 91,8 %. 1890—1900 betrug die Vermehrung 33,5 %, 1900—1910 war sie stärker, 44,4 %. Die stärkere Zunahme seit 1900 ist besonders auf die Entwicklung der Baumwollspinnerei in den Südstaaten der Union, dem Baumwollproduktionsgebiet, zurückzuführen. Die Nähe der Baumwollproduktion, infolgedessen die geringeren Frachten und Spesen, die erhöhte Möglichkeit, Preisschwankungen des Rohstoffs auszunützen, haben die Entwicklung der Baumwollspinnerei in den Südstaaten besonders gefördert. 1900 zählten die sogenannten „Baumwollstaaten" erst 4,4 Mill. Spindeln, die anderen Staaten 15,1 Mill. Spindeln. 1909 dagegen schon 10,5 gegen 17,6 Mill. Spindeln der anderen Staaten. Der Verbrauch an Baumwolle weist infolgedessen gewaltige Ziffern auf. 1890 betrug er 2,6 Mill. Ballen, 1900 3,8 Mill. Ballen, 1909 5,1 Mill. Ballen. Von 1900—1909 wuchs der Verbrauch der Südstaaten allein von 1,5 auf 2,4 Mill. Ballen.

---

[1] Handwörterbuch der Staatswissenschaften, II. Band 1909, S. 705.

Zum Schlusse ist die Entwicklung der Industrie Ostindiens zu betrachten. Ostindien zählte 1890 3,4 Mill. Spindeln, 1900 4,94 Mill. Spindeln, 1910 5,2 Mill. Spindeln; das ergibt 1890—1910 eine Zunahme von 79 %. Der Verbrauch stieg von 1 008 462 Ballen im Jahre 1890 auf 1 453 352 Ballen im Jahre 1900 und 2 109 000 Ballen 1910, und umfaßte zum größten Teil ostindische Baumwolle [1].

Ostindische Baumwolle beziehen in neuerer Zeit auch die emporblühenden Baumwollindustrien in China und Japan. Japan zählte 1887 erst 70 220 Spindeln, 1890 [2] bereits 320 988 Spindeln, 1900 1 050 000 und 1909 1 732 000 Spindeln. China wies 1897 378 052 Spindeln [3], 1900 550 000 Spindeln, 1909 800 000 Spindeln auf.

Die Zunahme der Spindelzahl in den Südstaaten der Union und in Britisch-Indien hatte eine auffallend große Zunahme des Verbrauchs an Rohstoff zur Folge, da die meisten der neu in Betrieb gekommenen Spindeln in den Südstaaten, sowie in Indien (auch in China und Japan) grobe Garne erzeugen und infolgedessen jährlich mehr Rohstoff konsumieren, als z. B. die neu in Betrieb gekommenen Spindeln für feinere und mittlere Garne in England und auf dem Kontinent. 1902 konsumierte die Spindel im Süden der Union jährlich 149,5 Pfd. Baumwolle im Durchschnitt, im Norden, wo die Entwicklung zur Feinspinnerei bereits begonnen hat, 66,5 Pfd. [4]. Infolgedessen fällt das Emporblühen der Baumwollindustrie in den Produktionsländern für die folgende Beurteilung des Verhältnisses von Baumwollproduktion und Baumwollverbrauch schwerer ins Gewicht, weil der Weltverbrauch dadurch verhältnismäßig stark zunahm.

Die amerikanische Baumwollindustrie verarbeitete 1890 bei einer Ernte von 8,7 Mill. B. 2,6 Mill. B. Seither betrug die Maximalernte 1904/05 13,6 Mill. B. und 1908/09 13,4 Mill. B. Im ersteren Jahre verbrauchte Amerika 4,5 Mill. B. für sich, 1908/09 5,1 Mill. B. Die Steigerung der Produktion seit 1890 wurde zum größten Teil von der heimischen Industrie aufgenommen zuungunsten des Exports auf dem Weltmarkt. 1890 betrug der Export noch 68 % der Erzeugung und stieg 1893, 1896/97 und 1901/02 auf 71 %; seit dieser Zeit sinkt die Exportquote und betrug 1903/04 und 1909/10 nur 62 % [5].

Daneben ist noch zu berücksichtigen, daß die Union in steigendem

---

[1] Die Baumwollfrage, S. 63.

[2] Leipziger Monatsschrift, 1902, Nr. 1.

[3] Handwörterbuch d. St., S. 704.

[4] Leipziger Monatsschrift, 1904, Nr. 9.

[5] Statistical Abstract, 1911, S. 566.

Maße fremde Baumwolle importiert: 1890 erst 45 580 B., 1906 über 200 000 B. und in den folgenden Jahren nicht viel weniger[1]. Mit den Fortschritten, welche die Feinspinnerei in den nördlichen Industriestaaten der Union machte, wuchs auch das Bedürfnis nach Verarbeitung besserer langstapeliger Qualitäten Baumwolle, wie sie Amerika selbst nur in geringem Maße erzeugt; infolgedessen mußte man die für die Feinspinnerei hervorragend geeignete ägyptische Baumwolle einführen, was die Zunahme des Imports erklärt.

Auch in Ostindien wird ein von Jahr zu Jahr steigendes Quantum der Erzeugung im Lande verarbeitet. Die ostindische Baumwollindustrie verarbeitete 1882 erst 34 %, 1898 55 %, jetzt 60 % der Erzeugung. Die Erzeugung nahm im selben Zeitraum 46½ %, der einheimische Verbrauch dagegen 156 % zu. Die Ausfuhr ging infolgedessen von 1 576 000 B. 1881 schon 1898 auf 1 414 000 B.[2] zurück. Dabei vollzog sich insofern eine Verschiebung des Exports, als die indische Faser in steigendem Maße statt nach Europa nach Japan und China ausgeführt wird. China besitzt zwar selbst eine Baumwollkultur, aber sie genügt weder qualitativ noch quantitativ den Bedürfnissen der chinesischen und japanischen Baumwollindustrie.

Zusammenfassend kann man sagen, daß die Baumwollverarbeitung in den Ländern sowohl, welche nicht selbst Baumwolle erzeugen und auf den Bezug amerikanischer, ostindischer und ägyptischer Baumwolle angewiesen sind, als auch in den beiden Hauptproduktionsländern, der Union und Britisch-Indien, seit 1890 große Fortschritte gemacht hat; bemerkenswert und bedeutungsvoll ist dabei besonders die frühere Jahre übertreffende Zunahme der Produktionsmittel seit 1900. Die Folge davon war ein erheblicher Mehrbedarf an Rohstoff seit dieser Zeit.

Einfluß von Produktion und Verbrauch auf die Preisentwicklung.

Vergegenwärtigt man sich der Verbrauchsentwicklung gegenüber die Gestaltung der Produktion, so läßt sich feststellen, daß von 1890—1900, in welchem Zeitraum das Tempo der industriellen Entwicklung ein mäßiges war, die Produktion der Baumwolle, besonders in dem ausschlaggebenden Land in der Union, eine große Zunahme erfuhr, und begünstigt durch die klimatischen Verhältnisse, besonders in den letzten Jahren vor der Jahrhundertwende, dem Konsum reichliche Ernten zur Verfügung stellte.

Seit 1900 etwa beginnt eine Änderung. Die Erzeugung von Baum-

[1] Statistical Abstract, S. 566.

[2] Die Baumwollfrage, S. 62.

wolle stockte nicht gerade, aber sie erfuhr eine langsamere Zunahme. Man brachte dies zuerst mit vorübergehenden ungünstigen Wachstumsbedingungen in Zusammenhang, aber bald zeigte sich, daß der Stillstand dauernd war und daß auch einige Rekordernten den Übelstand bis jetzt nicht beseitigen konnten. Angesichts des stark zunehmenden Verbrauchs mußte es zu einem chronischen Mißverhältnis zwischen Produktion und Konsum kommen. Gerade in den Jahren, wo die starke Zunahme des Verbrauchs einsetzte, fing eben die Erzeugung an, zurückzubleiben.

Das Verhältnis zwischen Bedarf und Produktion und seine Verschiebung im Laufe der Zeit blieb nicht ohne Einfluß auf die Preisgestaltung und muß in erster Linie berücksichtigt werden, wenn man an die Erklärung derselben herantritt.

Die reichliche Versorgung mit Baumwolle vor 1900 bei gleichzeitiger ruhiger Entwicklung des Verbrauchs minderte die Wertschätzung derselben auf dem Markte, so daß das Preisniveau niedrig blieb und Neigung zum Sinken zeigte. Diese Entwicklung der Preise wurde noch durch andere Momente gefördert. Die letzten Jahrzehnte des 19. Jahrhunderts hatten in den Vereinigten Staaten eine Reihe großer Verkehrsverbesserungen, den Bau neuer Verkehrswege usw. gebracht. Der Landtransport der Baumwolle verbilligte sich. Die Erschließung neuer Anbaugebiete durch Verkehrswege vergrößerte das Anbaugebiet, somit das Angebot. Auch das Herabgehen der Seefrachten wirkte auf eine Senkung der Preise hin, durch Erleichterung und Verbilligung des Transports. 100 Pfd. von New York nach Bremen zu verschiffen kostete 1891—1895 33,1 cts. = 1,3 Pf. auf ein Pfund, 1901—1905 war die Rate gesunken auf 26,6 cts. = 1,1 Pf. auf ein Pfund [1].

Die seit etwa 1900 eingetretene knappe Versorgung mit Rohstoff mußte die entgegengesetzte Wirkung auf die Preise haben: Die Wertschätzung der Baumwolle stieg und damit war die Vorbedingung zu einer Preissteigerung gegeben.

Die Gestaltung der Produktionskosten, welche eine Untergrenze für den Preis bilden, die auf die Dauer nicht unterschritten werden kann, hat in indirekter Weise auf die Preisentwicklung eingewirkt. Vor 1900 konnte Baumwolle zu niedrigeren Kosten produziert werden als nachher; daher konnte der Preis vor 1900 weiter heruntergehen, ohne etwa eine Verminderung der Anbaufläche herbeizuführen in der Weise, daß derjenige

---

[1] Eulenburg, Die Preissteigerung des letzten Jahrzehnts, Leipzig 1912, Anmerkungen S. 85.

Teil der Produzenten, welcher mit den teuersten Kosten produzierte, dessen Produktion aber zur Deckung des Bedarfs gerade noch erforderlich war. den Anbau wegen Mangel an Rentabilität aufgab und dadurch das Angebot verminderte. Infolge der Verschiedenheit der Produktionskosten vor und nach 1900 liegt der Punkt, wo der Marktpreis auf die Minderung des Angebots in der oben geschilderten Weise hinwirkt, jetzt höher, und darin ist die Bedeutung der Produktionskosten für die Preisentwicklugn begründet.

Einfluß der Produzenten auf die Preise.

Die seit 1900 eingetretene Preissteigerung der amerikanischen Baumwolle ist relativ stärker als die Preissenkung früher und deutet darauf hin, daß noch andere Momente als das Verhältnis zwischen Angebot und Nachfrage auf die Preisgestaltung eingewirkt haben.

Wenige Jahre, nachdem die Preissteigerung schon eingesetzt hatte, machten sich unter den amerikanischen Baumwollproduzenten Bestrebungen bemerkbar, welche auf einen erhöhten Einfluß der Produzenten auf die Preisbildung abzielten. Daß diese Bestrebungen bald Erfolg hatten, liegt in allererster Linie begründet in der monopolartigen Stellung, welche die amerikanische Baumwolle, sowohl in quantitativer Hinsicht, als auch, was fast wichtiger sein dürfte, in qualitativer Hinsicht, genießt. Bis jetzt ist noch kein baumwollerzeugendes Land in einen erfolgreichen Wettbewerb mit der amerikanischen Baumwolle getreten, trotzdem die hohen Preise der letzten Jahre in Richtung einer vermehrten Produktion außerhalb der Südstaaten der Union hätten wirken können.

Der amerikanische Süden hat erst in den letzten Jahren begonnen, sich von den Folgen des amerikanischen Bürgerkriegs ganz zu erholen; der Krieg hatte das Land entvölkert, ihm die Arbeitskräfte und geistige Energie entzogen und so sein Wirtschaftsleben schwer geschädigt[1]. In seiner wirtschaftlichen Notlage war der mittellose Farmer, der auf den reichen Pflanzer der Sklavenzeit folgte, gezwungen, Baumwolle um jeden Preis anzupflanzen, denn nur für dieses Produkt erhielt er Bargeld. Das führte vielfach zu Raubbau. Der Pflanzer war ganz in den Händen der sogenannten „Faktore", welche ihm gegen hohe Zinsen Vorschüsse auf die noch auf dem Feld stehende Baumwolle gaben. Solange also der Farmer gezwungen war, die Baumwolle schnellstens zu verkaufen, um in den Besitz des dringend benötigten Geldes zu gelangen, half er selbst den Preis drücken. Vor 1900 war der Einfluß des Produzenten auf die Preisbildung, infolge seiner

[1] Vgl. zu den folgenden Ausführungen: Kongreßbericht 1907, Anhang II, S. 273, und die Baumwollfrage, Anlagen, Referat Schanz, S. 185 ff.

schlechten wirtschaftlichen Lage, gering. Nun haben die Südstaaten in den letzten Jahren einen großen, wirtschaftlichen Aufschwung genommen. Die Kaufkraft des industrialisierten Landes für landwirtschaftliche Produkte ist gestiegen, der Farmer ist nicht mehr auf den Baumwollbau allein angewiesen, sondern kann Getreide und andere agrarische Produkte in die rasch anwachsenden Großstädte liefern; zugleich stieg nun um die Jahrhundertwende auch der Baumwollpreis und die Produzenten, ihrer schlechten wirtschaftlichen Lage dadurch entronnen, sehen sich in der Lage, einen erhöhten Einfluß auf die Preisbildung nehmen zu können. Sie behaupten, daß sie bis 1900 den Rohstoff zu einem Preise geliefert haben, welcher kaum die Erzeugungskosten deckte. Von 1890—1900 habe es kein Jahr gegeben, in welchem der Farmer irgendwelchen Gewinn erzielte. In dieser Zeit habe sich der Preis für Arbeitskräfte, Werkzeuge und Maschinen verdoppelt und vervierfacht, und wenn es den Farmern vor 1898 unmöglich gewesen sei, Baumwolle unter 8 cts. zu liefern, so werde man sicherlich jetzt nicht verlangen können, daß sie es unter 10—11 cts. tun[1].

Bei der geschilderten knappen Baumwollversorgung schien die Lage günstig zu sein, um zu versuchen, einen Einfluß auf die Preisbildung zu gewinnen. 1902 gründeten Farmer in Texas die Farmer's Educational and Co-operative Union mit dem Sitz in Dallas in Texas, 1905 entstand die Southern Cotton Association in Atlanta im Staate Georgia. Die beiden Vereinigungen sollen 1908 1½ bzw. 2 Mill. Mitglieder zählen[2]. Da die Zahl der Baumwollfarmen in den Vereinigten Staaten überhaupt nur 1418000 betragen soll[3], so scheinen die Angaben über die Mitgliederzahl etwas übertrieben, immerhin ist wohl der größere Teil der Produzenten organisiert. Die Southern Cotton Association soll nach Informationen aus dem Jahre 1908 drei Viertel der Produktion beherrschen und kann zwei Drittel finanzieren[2].

Die beiden Organisationen arbeiten darauf hin, dem Farmer einen erhöhten Einfluß auf dem Baumwollmarkt und auf die Preisgestaltung zu sichern. Die Mittel dazu sind verschiedene: In erster Linie soll, sobald der Preis ungenügend erscheint, eine planmäßige Einschränkung der Anbaufläche eintreten. Diese Maßregel wäre allerdings bei ihrem Gelingen geeignet, dauernd die Knappheit an Rohstoff aufrechtzuerhalten und den Preis zu steigern. Der Farmer erleidet dadurch keinen Schaden, er zieht es vor, geringere Erträge zu erzielen und dafür erhöhte Preise

[1] Kongreßbericht 1907, S. 30.
[2] Die Baumwollfrage, S. 203.
[3] Die Baumwollfrage, S. 191.

zu erhalten, statt dem Spinner möglichst große Ernten zur Verfügung zu stellen und dafür niedrige Preise zu lösen.

Bisher erfolgte die Finanzierung der Ernte größtenteils durch den Zwischenhandel. Nunmehr wollen die Farmen im Bewußtsein ihrer gestiegenen finanziellen Leistungsfähigkeit dieselbe selbst in die Hand nehmen, um so eine größere Unabhängigkeit in der Verfügung über ihr Produkt zu gewinnen und um den Markt zu beeinflussen. Dabei rechnet man auf die finanzielle Mitwirkung südstaatlicher Banken, welche teilweise ihre Hilfe zusagten [1].

Der Farmer soll es in Zukunft nicht mehr nötig haben, seine Baumwolle sofort auf den Markt zu bringen, um möglichst bald den Ersatz für seine Produktionsauslagen zu erhalten. Er wird sie in den Lagerhäusern seiner Organisation einlagern und beleihen lassen, bis ihm der Preis angemessen erscheint. Beim Verkauf bedient er sich eigener Verkaufsbureaus, wodurch die Baumwollaufkäufer (cotton-buyer) und der Zwischenhandel ausgeschaltet werden sollen.

Die Farmer sehen das Haupthindernis in der Erzielung höherer Preise im Zwischenhandel, besonders in den Terminbörsen. Sie streben darnach, durch Schaffung einer eigenen Verkaufsorganisation ihn entbehrlich zu machen und den direkten Verkehr mit den Spinnern anzubahnen, unter Festsetzung eines von letzteren zu garantierenden, die Selbstkosten deckenden Mindestpreises. Termingeschäfte sollen in der ganzen Welt für ungesetzlich erklärt werden; in einer Reihe von Baumwollstaaten haben die Farmervereinigungen bereits Verbote des Terminhandels, antifuture laws, durchzusetzen gewußt. Eine Ausschließung des Zwischenhandels als verselbständigter wirtschaftlicher Tätigkeit ist natürlich nur dann möglich, wenn die Farmer auch die ganze produktive Arbeit des Zwischenhandels, das Zusammenbringen, Sortieren und Bemustern größerer Quantitäten Baumwolle, wodurch der Zwischenhandel für den Spinner unentbehrlich ist, leisten können, so daß der Spinner nach wie vor auf bestimmte, unveränderliche Klassen rechnen kann. Eine weitere Schwierigkeit wird darin liegen, ob der Spinner für die fehlende Preisversicherung durch das Termingeschäft einen Ersatz bekommen wird.

Die Organisationen verlangen einen für den Pflanzer „angemessenen" Preis, der möglichst gleichmäßig sein soll, da gerade die Schwankungen des Preises zwischen 5 cts. 1898 und 17,25 cts. 1904 dem Produzenten großen

---

[1] Nachrichten für Handel und Industrie, 1906, Nr. 23. Über die Lagerhäuser, 1906, Nr. 75.

Schaden gebracht hätten [1]. Ein auskömmlicher und stabiler Preis werde zu vermehrtem Anbau anreizen und entspreche auch den Interessen der Industrie. Was die Höhe dieses Preises betrifft, so erklären die Farmer, daß vor 1900 bei einem Preise von 8 cts. = 37½ Pf. für ½ kg eine Lieferung für sie verlustbringend gewesen sei; 1905 forderten sie 11 cts. = 50,9 Pf. für ½ kg [2]; auf einer Konferenz mit Delegierten der europäischen Spinner- und Weberverbände zu Atlanta im September 1907 bezeichneten die Abgesandten der Farmervereinigungen 15 cts. = 69,5 Pf. für ½ kg als angemessenen, die Selbstkosten deckenden Preis [3]. Dieser Preis ist wohlgemerkt erst der Grundpreis, den der Farmer erhalten soll; zu ihm kommen noch die Spesen und Gewinnaufschläge des Zwischenhandels, sowie die Frachtkosten, so daß die europäische Baumwollindustrie mit Preisen, wie sie bisher nur vorübergehend durch spekulative Manipulationen an der Börse vorkamen, dauernd zu rechnen hätte. Ein Vergleich mit der Preisentwicklung der letzten Jahre zeigt, daß die Preise, vielleicht mit Ausnahme des Jahres 1910, bis jetzt den Höchstforderungen der Farmer nicht entsprochen haben.

Die Bestrebungen der Pflanzer machen sich etwa seit 1905 bemerkbar [4]. In diesem Jahre hörte man, daß die Pflanzer sich verabredet hätten, eine Einschränkung des Areals um 11 % vorzunehmen [5]. Die andauernd hohen Preise der folgenden Jahre — auch wenn wie 1906/07 und noch mehr 1908/09 durch eine reichliche Ernte die Vorbedingungen zu einem Preisfall gegeben waren — kann man neben dem Einfluß der damals stürmischen industriellen Nachfrage den Bestrebungen der Produzenten zuschreiben.

Solange kein anderes Land in einen erfolgreichen Wettbewerb mit der amerikanischen Baumwolle treten kann, wird sich dieser Einfluß der Produzenten auf den Weltmarktpreis kaum mindern.

Die Gefahr wachsender Abhängigkeit der Industrie von der amerikanischen Baumwollproduktion wurde schon frühzeitig erkannt und rief in den Ländern mit Kolonialbesitz Bestrebungen hervor, durch anderweitige Beschaffung des Rohstoffs das Angebot an Baumwolle zu vermehren. In England, Deutschland und Frankreich bildeten sich mit Unterstützung der

[1] Kongreßbericht 1907, S. 35.

[2] Die Baumwollfrage, S. 204.

[3] Kongreßbericht 1908, S. 28.

[4] Handelskammerbericht Schweidnitz 1905, S. 15; Bremen 1905, S. 35; Bremen 1907, S. 38.

[5] Handelskammerbericht Augsburg 1905, S. 6.

Regierungen und der Industrie Gesellschaften, welche sich die Förderung des Baumwollbaues in den Kolonien zur Aufgabe machten. In England entstand schon 1856 die Cotton Supply Association of Manchester, die die Baumwollkultur in den nicht zu den Vereinigten Staaten gehörigen Ländern förderte und zu diesem Zwecke 1867/68 Aufwendungen im Betrage von 33000 Mk. machte[1]. Es ist interessant zu beobachten, daß schon verhältnismäßig früh die Gefahren, welche die Abhängigkeit von einem Produktionsgebiet bringt, erkannt wurden, und daß man versuchte, ihnen zu begegnen. Von erheblichen Erfolgen dieser Bestrebungen wird nichts berichtet.

Einen neuen Anstoß zum Studium der Baumwollfrage bildeten die Produktions- und Preisverhältnisse seit 1900. 1902 wurde in England die Cotton Growing Association, im selben Jahre in Frankreich die Association Cottonière Coloniale, 1903 in Deutschland das kolonialwirtschaftliche Komitee ins Leben gerufen, in der Absicht, die Möglichkeit zu untersuchen, in den alten Produktionsländern die Ernte zu vergrößern, sowie neue Produktionsgebiete zu erschließen[2]. Die englische Gesellschaft suchte den Anbau besonders in Britisch-Westafrika (Nigeria, Lagos, Goldküste) sowie in Ostafrika, dann in Westindien zu fördern; das deutsche kolonialwirtschaftliche Komitee hatte sich als Arbeitsfeld die Kolonien Togo und Ostafrika erwählt. In diesem Zusammenhang interessiert weniger das Detail der Maßnahmen zur Hebung und Schaffung der Baumwollkultur selbst, als die Frage, ob bis jetzt das Angebot und die Preise der Baumwolle durch diese Bestrebungen beeinflußt wurden. Bis zum heutigen Tage hat weder die deutsche noch die britische Baumwolle auf dem Markte etwas zu bedeuten. Die geernteten Quantitäten sind zu geringfügig, um den Weltmarktpreis zu beeinflussen. Der Ernteertrag der englischen Kolonien (ausschließlich Ägypten und Ostindien) stellte sich 1903 auf 1900 Ballen à 400 Pfd., 1907 auf 27000 B., 1909 auf 33000 B.[3]. Deutsch-Ostafrika lieferte 1902 1,5 B., 1909 2077 B., Togo 1902 80 B., 1909 2042 B.[4]. Nach den Berichten des kolonialwirtschaftlichen Komitees (Frühjahr 1912) wird sich die Ernte 1911/12 in Ostafrika auf 5000 B., in Togo auf 2500 B. belaufen. Aber was bedeuten diese Ziffern gegenüber dem riesigen Verbrauch, der sich z. B. für England 1909 auf 3,51 Mill. B., für Deutschland auf 1,76 Mill. B. belief!

[1] Jannasch, Die Produktionsbedingungen der europäischen Baumwollindustrie Berlin 1881, S. 313.

[2] Vgl. Helfferich, Die Baumwollfrage, 1904, S. 22.

[3] Die Baumwollfrage, S. 89.

[4] Die Baumwollfrage, S. 119 u. 121.

Was die Qualität der Kolonialbaumwolle betrifft, so brauchte sie den Vergleich mit der amerikanischen Baumwolle nicht zu scheuen: eine Baumwollprobe aus Deutsch-Ostafrika wurde von der Liverpooler Baumwollbörse als „the best Egyptian substitute ever produced“ bewertet [1]. Auf der Bremer Börse klassierte man 1904 Togo-Baumwolle wie folgt: fully good middling (= 3 Grade über middling), etwa 30 mm Stapel, Wert 25. Februar 1904 75 Pf. für das 1/2 kg [1].

Einfluß des Terminhandels auf die Preise.

Eine Behandlung der Ursachen der Preisentwicklung der Baumwolle kann nicht vorübergehen an der Erörterung der Frage, ob der Handel, das vermittelnde Glied zwischen Pflanzer und Spinner, einen Einfluß auf die Preisbewegung gehabt hat. Es soll nicht untersucht werden, welchen Einfluß die Spesen- und Gewinnaufschläge des Zwischenhandels auf die jeweilige Preisfestsetzung gehabt haben, denn sie liegen bereits im Börsenpreis, welcher der Großhandelspreis ist. Es soll vielmehr jetzt davon die Rede sein, ob der Handel in Ausübung seiner wirtschaftlichen Funktionen die Preisentwicklung nach seinem Willen beeinflußt hat. Besonders kommt dabei der Terminhandel, der Handel auf entfernte Sichten in Betracht, der für die Preisbildung auf dem Effektivmarkt von großer Bedeutung ist. Die Terminnotierungen für die einzelnen Monate sind gewissermaßen der Ausdruck der Preiserwartung für die nähere und entferntere Zukunft. Der Terminhandel hat seinen Sitz vornehmlich in New York und Liverpool. Seiner Natur nach liegt in ihm ein spekulatives Moment.

Der Terminhandel hat von jeher sowohl von seiten der Produzenten als auch von seiten der Konsumenten der Baumwolle scharfe Angriffe erfahren müssen. Die Farmer werfen ihm vor, er drücke ihnen die Preise, die Spinner beschuldigen ihn willkürlicher Preisbeeinflussungen, besonders nach oben, aus rein spekulativen Momenten heraus [2]. Man bezeichnet das Berufsspekulantentum als unrechtmäßig und überflüssig. Als rechtmäßige Spekulanten will man nur den Spinner und den Farmer gelten lassen. Der Farmer sichert sich bei günstiger Preislage dadurch gegen einen späteren Preisfall, daß er ein seiner noch auf dem Feld stehenden Ernte entsprechendes Quantum Terminware verkauft. Sinkt dann der Preis wirklich, so ist der Farmer für den Verlust, den er dann am Verkauf der effektiven Ware erleidet, gedeckt durch den Gewinn an seiner Termin-

[1] Helfferich, S. 22 u. 25.

[2] Vgl. Baumwollkongreß 1904, S. 47; 1906, S. 25; 1907, S. 35.

operation, denn er kann sich jetzt zur Erfüllung seines Terminkontraktes billig eindecken. Der Spinner, der Garnkontrakte auf Grund der Tagesnotierung für Baumwolle abgeschlossen hat, ohne schon effektive Baumwolle zu besitzen, sucht sich gegen eine Veränderung der Baumwollpreise dadurch zu sichern, daß er sich einstweilen in Terminen eindeckt. Steigt der Baumwollpreis, dann steht dem Verlust aus dem Garnkontrakt der Gewinn aus dem Terminkontrakt gegenüber, den er jetzt mit Gewinn verkaufen kann. Häufiger allerdings als der Farmer und Spinner wird der Zwischenhändler den Terminmarkt aufsuchen, um seine teilweise langen Lieferungsgeschäfte mit den Spinnern zu decken.

Sowohl Farmer wie Spinner suchen mit ihren Operationen auf dem Terminmarkt das Preisrisiko abzuwälzen und sich des Termingeschäfts als Preissicherung zu bedienen. Es ist klar, daß jemand da sein muß, der die beiden Risiken berufsmäßig auf sich nimmt, in sich vereinigt und durch weitschauende spekulative Operationen auszugleichen versucht. Diese Ausgleichstelle ist der berufsmäßige Terminhandel; seine Ausschaltung würde eine Preisversicherung der Produzenten, des effektiven Zwischenhandels und der Spinner sehr in Frage stellen. Der Terminhandel ist bei seinen Operationen stark abhängig von der mutmaßlichen zukünftigen Versorgung des Marktes mit Rohstoff einerseits, von der Gestaltung des Verbrauchs andererseits. Während bei Beurteilung des Konsums der Terminhändler auf subjektive Schätzungen angewiesen ist, unterrichten ihn über die Produktionsgestaltung Berichte, welche teils amtlichen Charakter tragen, teils privater Natur sind. Die amtlichen Veröffentlichungen berichten über den Anbau, seinen Beginn, seine Größe, über das Wetter von der Saat bis zur Ernte, über die Regenmenge während der Wachstumsperiode, über die Temperaturen. Es erscheinen Zusammenstellungen fernerhin über die Höhe der Ernte, über die bis zu einem gewissen Zeitpunkt entkörnten Mengen, endlich über die Bewegung der Ernte nach den verschiedenen Stätten des Verbrauchs, über die Weiterbeförderung zu Land oder zur See[1]. Neben den amtlichen Nachrichten erscheinen private Berichte, wie z. B. großer Zeitungen (financial and commercial Chronicle). Außerdem veröffentlichen Statistiker und große Baumwollhäuser ihre im Geschäftsinteresse angestellten Ermittlungen, z. B. Voranschläge über den Stand der Kulturen, Schätzungen der Ernte, Veranschlagungen des industriellen Bedarfs, so daß neben den offiziellen Berichten noch vielleicht ein halbes Dutzend privater,

[1] Vgl. Näheres darüber bei A. Norden, Die Berichterstattung über Welthandelsartikel, Leipzig 1910.

meist mehr oder weniger gefärbter Berichte vorliegen. Dazu kommen noch eine Reihe ganz unkontrollierbarer, aus spekulativen Gründen in die Öffentlichkeit gebrachter Alarmnachrichten, z. B. über Witterungswechsel, Auftreten von Nachtfrösten usw.

Die spekulativen Terminoperationen bauen sich also auf Tatsachen, welche die Preisbewegung beeinflussen, auf; nun ist nicht zu leugnen, daß oftmals eine Beeinflussung des Marktes versucht wurde und gelang durch absichtlich falsche Gerüchte, auch durch auf Irreführung des Marktes berechnete geschäftliche Operationen selbst, daß oftmals eine Clique geriebener Geschäftsleute den Markt ganz in ihre Hände brachte und die Preise vorübergehend willkürlich beeinflußte, aber im allgemeinen wird man doch sagen können, daß auf die Dauer die Gewalt der realen Faktoren zu groß ist, als daß sich eine lediglich auf Täuschung beruhende künstlich geschaffene Meinung von der Marktlage als sichere Stütze spekulativer Operationen zur Beeinflussung der Preise erweisen würde. Auf die Dauer ist ein Spekulieren gegen die reale Marktlage unmöglich.

Die Erfahrung zeigt denn auch, daß positive Grundlagen einer jeden geschäftlichen Operation vorhanden sein müssen. Die Preisbildung erfolgt auf die Dauer auf Grund realer Tatsachen.

Die Jahre vor 1900 waren meist Jahre des Baumwollüberflusses. Auf dieser Tatsache baute damals die Spekulation ihre Pläne. Man spekulierte à la baisse und verstärkte so die an sich vorhandene weichende Tendenz der Preise. Alle Versuche, unwahre, übertriebene Gerüchte über Ernte und Verbrauch usw. oder politische Ereignisse zum Ausgangspunkt von Hausseoperationen zu machen, gelangen nur vorübergehend. So rief der Ausbruch des spanisch-amerikanischen Krieges im Frühjahr 1898 infolge der Befürchtung einer Blockade der südstaatlichen Häfen durch die spanische Flotte eine scharfe Preissteigerung hervor; aber sobald die Gefahr einer Störung des Baumwollexports als beseitigt gelten konnte, setzte sich die fallende Preisrichtung, die begründet lag in der außerordentlich reichen Ernte 1897/98 von 10,9 Mill. B., wieder fort. Die Baissespekulation hatte 1890—1900 auf Grund der tatsächlichen Verhältnisse das Übergewicht über die Haussespekulation.

Seit 1900 änderte sich bekanntlich die Marktlage der Baumwolle. Die Gefahr einer unzureichenden Versorgung mit Rohstoff, die ständige Knappheit an verspinnbarer Faser begründete eine andere Preiserwartung; die Baissespekulation wurde überwogen von der Haussespekulation, welche die steigende Tendenz der Preise verstärkte. Der Kampf zwischen Haussiers und Baissiers neigte sich fast immer zugunsten der ersteren. Die Marktlage war den Haussiers fast andauernd günstig und es gelang ihnen mehrmals, die Baissespekulation vollständig zu unterdrücken. Wo sie aber zu weit gingen und Operationen wagten, bei denen die realen Grundlagen fehlten, da erlitten sie Mißerfolge. Bekannt sind vor allem die Hausseoperationen des amerikanischen Terminspekulanten Daniel J. Sully auf der New Yorker Baumwollbörse in den letzten Monaten des Jahres 1903 und zu Anfang des Jahres 1904. Die tieferen Ursachen sind auch hier in der damals auftauchenden Frage der ausreichenden Baumwollversorgung zu erblicken, welche die Spekulation geschickt ausnützte. Sully selbst versuchte damals sein Vorgehen zu rechtfertigen mit dem Hinweis darauf, daß alle natürlichen Bedingungen zu einer starken Preissteigerung vorhanden gewesen seien und daß die Spekulation allein daran unschuldig sei. Sully und seine Anhänger trieben die Preise dadurch so stark in die Höhe, daß sie alle erreichbaren effektiven Vorräte und Terminlieferungen aufkauften, um so ihre Gegenkontrahenten, die Baissiers, zu zwingen, sich zu teuren Preisen, eventuell durch Rückkauf bei den Haussiers selbst, einzudecken, um andienen zu können. Die gewagten Operationen fanden ihr Ende dadurch, daß Sully seine eingegangenen enormen Abnahmeverpflichtungen nicht mehr erfüllen konnte und seine Zahlungen einstellen mußte.

Ein weiteres deutliches Beispiel, daß die Spekulation sich auf reale Unterlagen stützen muß, liefert das Erntejahr 1907/08. Die Ernte 1907/08 war klein ausgefallen, 11,3 Mill. B., und hätte somit die Vorbedingung zu einer Preissteigerung gegeben. Aber der industrielle Bedarf war infolge der allgemein wirtschaftlichen Depression stark zurückgegangen; überall nahm man Betriebsreduktionen vor; dazu kam noch eine Aussperrung der Arbeiter in 500 englischen Spinnereien im vierten Quartal 1908 [1], welche 40 Mill. Spindeln in Lancashire stillegte. Infolgedessen konnten sich die hohen Preise der vorhergehenden Jahre nicht behaupten und es trat im Jahre 1908 ein starker Preisfall ein trotz aller Bemühungen, welche von den Haussiers und den Pflanzerorganisationen gemacht wurden, die Preise zu halten. Die Spekulation vermag auf die Dauer eben nur die durch die Marktlage bedingte Richtung der Preise zu verstärken, kann aber die Preisbildung auf die Dauer nicht willkürlich beeinflussen. Der der Spekulation so oft gemachte Vorwurf, sie sei hauptsächlich an der Preissteigerung der Baumwolle seit 1900 schuld, ist unbegründet.

Wir hatten uns bei der Untersuchung der Ursachen der Preisgestaltung der Baumwolle vorwiegend mit den Produktionsverhältnissen sowie der

[1] Deutsches Handelsarchiv 1909, 2, S. 916.

Vertriebs- und Verbrauchsgestaltung der amerikanischen Baumwolle beschäftigt. Sie hat, wie eingangs dargelegt, die größte quantitative wie qualitative Bedeutung für den Konsum. Die ostindische und ägyptische Baumwolle zeigt im allgemeinen dieselbe Preisentwicklung wie die amerikanische; die Ursachen sind so ziemlich dieselben wie dort. Auch hier war das jeweilige Verhältnis zwischen Erzeugung und Verbrauch eine grundlegende Ursache der Preisentwicklung. Daneben ist aber auch zu erwähnen, daß die Bewertung, welche die amerikanische Baumwolle auf dem Markte erfährt, mitbestimmend wirkt auf die Preise der anderen Provenienzen, besonders der ägyptischen Baumwolle.

Dies tritt besonders hervor bei starken Preissteigerungen der amerikanischen Baumwolle. Der Konsum wird dann der ostindischen Baumwolle erhöhte Nachfrage zuwenden und sie bei den gröberen Nummern als Ersatz, soweit die Stapelverschiedenheit es zuläßt, oder wenigstens als Beimischung, vorübergehend zu verwenden suchen [1]. Ein Beispiel dafür ist der Sully-Corner, der auch auf die ostindische Baumwolle preissteigernd wirkte.

Man kann sagen, daß die anderen, nicht amerikanischen Provenienzen weniger eine originäre als eine abgeleitete Preisbildung besitzen, indem sie von den Preisen der amerikanischen Baumwolle beeinflußt werden.

B. Die Garne.

Eine Betrachtung der Ursachen der Preisentwicklung der Baumwollgarne wird in erster Linie die Preisbewegung des Rohstoffs zur Erklärung heranziehen. Der Rohstoff ist für die Preisbildung der Garne ein wichtiger Faktor. Bei Garnen niederer Feinheit beträgt der Anteil der gereinigten Baumwolle am Produktionswert des halben Kilogramms Garn ungefähr 70—80 %, bei Garn mittlerer Feinheit, also Nr. 30 bis Nr. 60 ungefähr 60—70 %. Der Anteil der Baumwolle schwankt natürlich je nach der Preishöhe derselben.

Die Darstellung der Preisentwicklung 1890—1912 im ersten Teil der Arbeit läßt erkennen, daß die Preisentwicklung der Garne in den Hauptzügen bestimmt war von der Gestaltung der Baumwollpreise; wir können beobachten, wie in den Garnpreisen vor 1899 deutlich die fallende Tendenz der Baumwollpreise zum Ausdruck kommt und wie seit 1900 die Steigerung der Baumwollpreise die Garnpreise entsprechend beeinflußt hat; zugleich mit der Baumwolle sind die Garne seit 1900 auf ein höheres Preisniveau gelangt. Mit der Feststellung, daß das verschiedene Preisniveau der Garne vor und nach 1900 auf die große Veränderung in den Baum-

[1] H.B. Augsburg 1903, S. 2; H.B. Schweidnitz 1903, S. 14.

wollpreisen zurückgeht, können wir die Garnpreise verlassen und wollen bei der weiteren Untersuchung der Preisentwicklung der Garne lediglich die Marge betrachten, an deren wechselnder Höhe viel deutlicher als an den Preisen selbst die verschiedenen neben der Baumwolle wirkenden preisbildenden Momente zum Ausdruck gelangen.

Die Verfolgung der Garnmarge 1890 bis zur Gegenwart hat ergeben, daß sich in dieser Zeit eine bestimmte Richtung in der Entwicklung, sei es nach oben oder nach unten, nicht nachweisen läßt, während man für die Zeit 1865 bis 1890 von einer sinkenden Tendenz sprechen konnte.

Bei der Feststellung der Ursachen der Verschiedenheit der Entwicklung vor und nach 1890 hat man davon auszugehen, daß die Garnmarge als der Abstand zwischen Baumwolle und Garnpreis die Gesamtkosten der Werterhöhung in sich schließt, welche die Rohbaumwolle bei ihrer Umwandlung in Reinbaumwolle und Verspinnung zu Garn erfährt. Die Produktionskosten müssen somit als wichtigster Bestandteil der Marge einen bestimmenden Einfluß auf ihre Höhe ausüben, wenn in ihnen auch nicht der einzige Bestimmungsgrund erblickt werden darf.

Die Schwankungen der Garnmarge.

Bei der Untersuchung der Marge wurde schon darauf hingewiesen, daß ihre Entwicklung nicht gleichmäßig verläuft, vielmehr erhebliche Schwankungen aufweist; ununterbrochen wechseln Minima und Maxima miteinander ab getrennt durch Perioden absteigender bzw. aufsteigender Richtung. Diese ephemeren Schwankungen können nicht mit den Produktionskosten zusammenhängen, welchen naturgemäß eine gewisse Stabilität innewohnt; sie deuten vielmehr daraufhin, daß neben den Selbstkosten noch eine Reihe anderer Faktoren auf die Gestaltung der Marge einwirkt.

Als Jahre fallender und niedriger Margen treten 1892, 1899—1901, 1909 und 1910 hervor, als Jahre steigender und hoher Margen 1891, 1893, 1895, 1905—1907, 1912.

Vergleicht man die Entwicklung der Margen in den einzelnen Jahren mit dem wirtschaftlichen Charakter der betreffenden Jahre, so kann man feststellen, daß die Jahre fallender bzw. niedriger Margen Jahre des wirtschaftlichen Niedergangs sind, während die Jahre steigender bzw. hoher Margen Jahre des wirtschaftlichen Aufstiegs sind.

Eine kurze Schilderung der wirtschaftlichen Lage in der Baumwollindustrie 1890—1912 soll die oben angedeuteten Zusammenhänge aufzeigen und ist gleichzeitig geeignet zur Darstellung der verschiedenartigen Faktoren, welche neben den Kosten auf die Höhe der Marge einwirken.

Das Jahr 1890 bedeutete einen Wendepunkt in der Konjunktur für die Baumwollindustrie: Nachdem die Geschäftslage mehrere Jahre hindurch den Spinnern und Webern keinen Anlaß zur Klage gegeben hatte, trat Mitte 1890 ein Umschlag ein; der Verbrauch hielt nicht Schritt mit der Erzeugung, die Gefahr einer Überproduktion war nahe, da in den guten Zeiten die Betriebe sich teils vergrößert hatten, teils neue entstanden waren. 1891 und 1892 brachte keinen Umschwung. Die 1891 und Anfang 1892 fallenden, später plötzlich steigenden Baumwollpreise riefen eine allgemeine Entmutigung hervor; die Nachfrage der Weber blieb aus, die Garne konnten den wechselnden Rohstoffpreisen nicht folgen und die Spannung verringerte sich. Das Jahr 1893 zeigte bereits Ansätze einer Besserung. Der Absatz hob sich, die Marge stieg wieder. 1894 hätte eine gute Rentabilität ergeben, wenn nicht der Fall der Baumwolle zu großen Abschreibungen an den Rohstoff- und Garnlagern in den Bilanzen gezwungen hätte. Im Jahre 1895 erreichte die steigende Konjunktur ihren Höhepunkt. Der steigenden Baumwolle folgten die Garne völlig nach, stiegen sogar noch stärker, so daß sich die Marge vergrößerte. Die gesteigerte Nachfrage nach Garn und die gute Rentabilität der Spinnerei rief alsbald Betriebsausdehnungen und Neugründungen in den folgenden Jahren hervor[1]. So entstand in Westfalen nahe der holländischen Grenze seit 1895 ein neues Industriezentrum. Zwei neue Spinnereien mit 30 000 bzw. 60 000 Spindeln kamen 1896 und 1897 in Betrieb. Eine schon bestehende Spinnerei vergrößerte sich 1898 um weitere 30 000 Spindeln. Ähnlich stark war die Produktionsausdehnung im Rheinland sowie in Nordbayern. 1895 schätzte man die Vermehrung der Spindelzahl gegenüber 1890 auf nahezu eine Million[2], was bei einer Gesamtzahl von ungefähr 5½ Millionen Spindeln 1890 viel bedeutete; die nächsten Jahre brachten den obenerwähnten bedeutenden Zuwachs an Spindeln; diese warfen ihre Produktion gerade bei Beginn einer neuen Depression auf den Markt, so daß eine Überfüllung desselben mit Ware unvermeidlich war.

Der Umschwung der Konjunktur setzte schon 1896 ein. Die Nachfrage des Inlandes nahm zwar noch nicht ab, aber der Export baumwollener Artikel, besonders nach den Vereinigten Staaten, ging infolge der dortigen Wirtschaftskrise zurück[3]. Dazu fielen die Baumwollpreise infolge der reichlichen Ernten ununterbrochen. Die Weber benützten dies

---

[1] Vgl. dazu Handelskammerberichte Bayreuth 1898, S. 5; München-Gladbach 1895—1899.

[2] H.B. Bayreuth 1895, S. 110.

[3] H.B. Chemnitz 1896, S. 122, 133.

und legten ihren Angeboten auf Abnahme von Garn für entferntere Monate immer die Terminnotierung für diese Monate, welche stark unter den Tagespreisen standen, zugrunde, so daß die Marge zwischen Garn und Baumwolltagespreis stark sank. Da die Terminpreise stärker als gewöhnlich unter den Tagespreisen standen, hielten sich die Garnverbraucher überhaupt möglichst zurück und deckten nur den dringendsten Bedarf.

Die Lage des Garnmarktes wurde noch ungünstiger, als 1897 die kartellähnlich organisierte österreichische Spinnerei zur Beseitigung der Überfüllung des österreichischen Garnmarktes und zur Hebung ihrer ebenfalls stark gesunkenen Inlandpreise sich entschloß, eine gemeinsame Exportaktion von Garn ins Werk zu setzen. Der Verband österreichischer Baumwollindustrieller ermöglichte durch Vergütung des deutschen Zolls und der Fracht den österreichischen Spinnern die Ausfuhr von Garn auf den deutschen Markt [1]. Das österreichische Angebot verschwand erst mit dem weiteren Sinken der Garnpreise 1898 vom Markte.

1899 hatten sich die Verhältnisse weiter verschlechtert. Die Überproduktion hielt an, der Verbrauch war demgegenüber ungenügend, die Marge war gering und wurde allseitig als unter den Produktionskosten stehend bezeichnet. Im Spätherbst 1899 kam eine Kartellierung der deutschen Spinner zur Hebung der Garnpreise zustande, die einzige in der Geschichte der deutschen Baumwollspinnerei. Durch die Zurückhaltung der Verbraucher waren die Vorräte der Spinner stark angewachsen; sie sollen Herbst 1899 20 Mill. Pfund Garn betragen haben [2]. Die Verbraucher wußten darum und da sie sahen, daß sie jedes Quantum Garn sofort bekommen konnten, hielten sie in der Erwartung eines weiteren Preisfalls der Baumwolle möglichst zurück, schlossen keine neuen langfristigen Garnkontrakte und zogen den Abruf laufender Kontrakte möglichst hinaus. Die Lage verschlimmerte sich noch, als im Herbst 1899 die Baumwollpreise zu steigen anfingen und die Spinner sich teuer mit Rohstoff zur Erfüllung der Kontrakte, welche sie noch auf Basis der billigen Baumwollpreise eingegangen waren, versehen mußten. Dadurch sank die Marge noch mehr. Bestrebungen einzelner Spinner, eine gemeinsame Betriebseinschränkung herbeizuführen, hatten keinen Erfolg. Da gelang es, die Mehrzahl der sächsischen, nordbayerischen und rheinisch-westfälischen Spinnereien zu einer Preiskonvention zusammenzufassen [3], um die durch die Überproduktion geschaffenen Verhältnisse zu beseitigen.

---

[1] H.B. Augsburg 1897, S. 1; Chemnitz 1897, S. 96; Schweidnitz 1897, S. 15.

[2] Kuntze, Die Baumwollindustrie, Berlin 1902, S. 13.

[3] H.B. Bayreuth 1899, S. 148 u. folgende Jahre.

Das sogenannte „Spinnersyndikat“ versuchte nun die Garnpreise genau den Tagespreisen für die Baumwolle anzupassen, um die Marge zu bessern. Die Mitglieder verkauften ihre Produktion weiterhin ohne Dazwischentreten eines Verkaufsbureaus des Syndikats direkt an ihre Kunden, mußten sich nur verpflichten, die vom Verband festgesetzten Mindestpreise einzuhalten. Da sich die Absatzverhältnisse der Weberei 1900 gebessert hatten, und da sie keine Garnvorräte besaß, so mußte sie die Preisfestsetzungen der geeinigten Spinner annehmen, und tatsächlich gelang es dem Kartell 1900, die Garnpreise fast stets mit den stark steigenden Baumwollpreisen in Einklang zu bringen. Der Einfluß der Kartellierung auf die Marge ist unverkennbar. Von Ende 1899 bis Frühjahr 1901 konnten die Garnpreise der Baumwolle folgen und zwar unter Aufrechterhaltung einer ganz guten Spannung. Nur September 1900 sank die Marge vorübergehend sehr stark, da die Weberei erneut in eine Absatzkrise geraten war und sich vom Markte zurückgezogen hatte. Bis Anfang 1901 konnten die vereinbarten Preise gehalten werden, dann erwiesen sich die Verhältnisse als stärker; die Kartellpreisliste wurde angesichts der großen Lager und der geringen Nachfrage zu einer lästigen Fessel für die einzelnen Kontrahenten in ihren Dispositionen, so daß Frühjahr 1901 die Preisfestsetzung seitens des Kartells freigegeben wurde. Ein starker Preissturz der Garne, eine plötzliche Verringerung der Marge war die Folge; jeder Betrieb suchte sein Lager möglichst schnell loszuwerden.

Der Versuch, die deutsche Baumwollspinnerei zu kartellieren, hatte keinen dauernden Erfolg. Das Garnkartell auf die Dauer zu halten, konnte von vornherein als wenig wahrscheinlich gelten, da fast die ganze süddeutsche Spinnerei außerhalb desselben stand, was die Preispolitik des Syndikats erschwerte. Zudem ist die deutsche Baumwollspinnerei bei der großen Anzahl und der großen Verschiedenartigkeit ihrer Betriebe im Gegensatz zur schweren Industrie wenig geeignet zur Kartellierung.

Die Krise dauerte noch weiter bis ins Jahr 1902. Die Marge war in den Krisenjahren zeitweise den Produktionskosten recht nahe gekommen [1]. Die Betriebsergebnisse der Spinnereien waren dementsprechend schlecht. Von 44 Gesellschaften mit zusammen 2 Mill. Spindeln verteilten im Jahre 1901 nur 11 eine Dividende [2]. Nahezu ein Fünftel aller deutschen Spinnereiaktiengesellschaften mußten 1901 Sanierungen vornehmen [3]. Erst 1903 besserte sich die Lage entschieden, die Marge vergrößerte sich, die

[1] H.B. Augsburg 1902, S. 9.

[2] H.B. München-Gladbach 1901, S. 30.

[3] H.B. Bayreuth 1902, S. 136.

Beschäftigung nahm zu. Die abnormen Verhältnisse am Baumwollmarkt — amerikanische Baumwolle stieg infolge der Cornerung 1903 bis Februar 1904 auf 85 1/4 Pf. und fiel dann ununterbrochen auf 36 Pf. am Jahresschluß — konnten im Gegensatz zu früheren Jahren (vgl. 1897—1899) eine Wirkung auf die Marge kaum ausüben, da infolge des lebhaften Bedarfs die Anpassung der Garnpreise an die Baumwollpreise immer glückte.

Die seit 1904 aufsteigende Konjunktur erreichte 1907 ihren Höhepunkt, wieder zugleich mit einem Maximum der Marge. Das Wirtschaftsleben blühte in allen seinen Zweigen, was der Textilindustrie zustatten kam und den Konsum ihrer Erzeugnisse vermehrte [1]. Die letzten schlechten Jahre hatten in der Baumwollindustrie jede Betriebsvergrößerung oder Neugründung verhindert, so daß der stark gestiegene Bedarf schon 1906 sich nur mit Mühe mit Garn versorgen konnte. Die Baumwollspinnerei war schon Ende 1906 bis zum 4. Quartal 1907 fast ausverkauft [2]. Die Haltung des Rohstoffmarktes — Baumwolle stieg von Ende 1904—1907 fast ununterbrochen — konnte auf die Marge infolge der günstigen Geschäftslage keinen verringernden Einfluß ausüben. Die Marge vergrößerte sich vielmehr erheblich. Die Nachfrage nach Garn war stark, besonders für baldige Lieferung. Schon Anfang 1907 mußten sich Weber nach England wenden, da die Spinner teilweise nicht in der Lage waren, die alten Kontrakte prompt zu erfüllen, geschweige denn neue Aufträge auf kurze Lieferung anzunehmen. März 1907 trat in einigen Garnqualitäten bereits fühlbarer Mangel ein; die Spinner mußten für neue Aufträge immer längere Lieferungstermine beanspruchen; die Weber sahen sich mit Aufträgen überhäuft, ihre Marge hatte sich stark vergrößert und sie traten mit großen Aufträgen an den Garnmarkt heran. Ein wahrer Garnhunger hatte die Konsumenten ergriffen. Jedes an den Markt kommende Garnangebot wurde schlank aufgenommen, wenn auch der Preis hoch und Lieferung für 1907 ausgeschlossen war. Bei den lohnenden Gewebepreisen konnte man die hohen Garnpreise wohl hereinbringen. Für nahe Lieferung konnte die Spinnerei überhaupt keine nennenswerten Quantitäten an den Markt bringen, so daß Garnangebote, die aus England oder Ostindien vorlagen, sofort zu Tagespreisen Abnehmer fanden [3].

---

[1] Vgl. zum Folgenden die Marktberichte in den Wochenberichten der Leipziger Monatsschrift für Textilindustrie 1906—1908.

[2] H.B. Augsburg 1906, S. 2.

[3] H.B. Augsburg 1907, S. 3; Bayreuth 1907, S. 192; Chemnitz 1907, S. 98. München-Gladbach 1907, S. 19.

Mitte 1907 waren die Garnpreise und die Margen auf einer solchen Höhe angelangt, daß die Weberei Abstand nahm von weiteren Käufen des großen Risikos wegen, welches in Abschlüssen zu solch hohen Preisen und dazu auf entfernte Termine lag, für welche man selbst noch gar keine Aufträge hatte. Die an den Garnbörsen erzielten Umsätze waren jetzt so minimal, daß die hohen stark über den Weltmarktpreisen stehenden Preise fast nur als nominelle zu betrachten waren. Die seit Mitte 1907 rückläufige Bewegung der Baumwollpreise hatte auf die Garnnotierungen nicht den geringsten Einfluß, da jetzt weder in Lieferungen auf nahe noch auf entfernte Termine bedeutende Angebote auf den Markt kamen. Das Drängen der Weber auf schnellste Erfüllung der alten Kontrakte dauerte unvermindert an. Im September 1907 kam das Geschäft fast völlig zum Stillstand[1]. Die Weber hatten sich mit Garn gedeckt bis in den April 1908 hinein, wagten es jedoch nicht, noch weiter abzuschließen, da sie in den Fortbestand der hohen Garn- und Gewebepreise kein Vertrauen setzten und Verluste befürchteten.

Der Gewebemarkt zeigte dieselbe Lage wie der Garnmarkt. Auch hier war eine zeitweise stürmische Nachfrage nach Ware bei hohen Preisen zu bemerken, welche allmählich einer Geschäftsstille Platz machte, als die Käufer sahen, daß sie über den augenblicklichen Bedarf hinaus Ware gekauft hatten und von weiteren langen Kontrakten Verluste befürchteten.

Allmählich setzte der Umschwung auf dem Garnmarkt ein. Der Abruf auf alte Kontrakte ließ nach, man merkte, daß man in der Deckung des Bedarfs zu weit gegangen war, aus Angst, nicht zu kurz zu kommen und ergriffen von dem allgemeinen Drang nach Garn gekauft hatte und saß nun auf großen Garnlagern fest, die sich durch die anfallenden Lieferungen der Spinner ständig vermehrten. Dazu war der Absatz der Gewebe ins Stocken geraten, die hohe Gewebemarge war gesunken. Neue Garnabschlüsse wurden nicht mehr getätigt, wo die alten Kontrakte zu Ende waren, wird nicht über die Deckung nahen Bedarfs hinausgegangen. Der seit Mitte 1907 fallende Rohstoffpreis hatte während der Garnhausse keinen Einfluß gehabt auf die Preise, besonders, nachdem das Geschäft im September fast vollständig zum Stillstand gekommen war und die Garnpreise nur nominelle waren; jetzt gewann auch der Baumwollmarkt wieder Einfluß auf die Preise; die rückläufige Tendenz des Rohstoffs riß die Garnpreise, die schon abzubröckeln begannen, vollends mit sich, so daß sich

---

[1] Wochenberichte 1907, Nr. 39: „Die Geschäftslage in der niederrheinischen Spinnerei".

die Margen, welche weit über die Kosten gestiegen waren und sowohl für Spinner wie Weber Rekordgewinne brachten, sprungartig verringerten.

Da die Spinner bis weit in das Jahr 1908 hinein ihre Produktion verschlossen hatten, gab es bei ihnen immer noch genügend zu tun; aber da die Konsumenten mit Abruf und Einteilung der Kontrakte sehr zurückhielten, sammelten sich in den Spinnereien große Garnbestände an, die nun auf den Markt für nahe Lieferung geworfen wurden und zu jedem annehmbaren Preise Abnehmer suchten. Dabei verschwanden die englischen Garnofferten erst vom Markte, als ein großer Streik in Lancashire 40 Millionen Spindeln stillstehen ließ und die englischen Garne franko deutsche Spinnerei bedeutend teurer waren, als einheimische Lieferung [1].

Die Depression dauerte das ganze Jahr 1908 hindurch an; sie wurde in der Spinnerei erst völlig fühlbar, als die alten Garnkontrakte zu Ende gegangen waren und neue Aufträge nur spärlich zugingen. Allerorten mußte man zu Betriebseinschränkungen schreiten.

Die seit 1904 steigende Konjunktur hatte naturgemäß zu einer Vermehrung der Produktionsmittel den Anstoß gegeben [2]. Die schon für 1899 beobachtete Erscheinung, daß die neuen Anlagen mit Beginn der Depression erst in den Betrieb kommen und das an und für sich dann vorhandene Überangebot noch vergrößern, trat auch diesmal auf. Die Neugründungen und Betriebserweiterungen werden im ersten Stadium der Hochkonjunktur beschlossen, ihre Ausführung fällt bereits in eine Zeit, wo die damit betraute Maschinenindustrie infolge der allgemeinen Hochkonjunktur selbst voll beschäftigt ist. Dadurch verzögert sich die Fertigstellung. So kommt es, daß in der Hochkonjunktur selbst die neuen Spindeln und Webstühle noch nicht produzieren, obwohl dies dann gerade zur Behebung des teilweise empfindlichen Garnmangels sehr erwünscht wäre. Statt dessen verschärfen sie die darauffolgende Krise durch ihr Angebot, welches unerwartet auf den Markt tritt.

Die auf die Hochkonjunktur 1907 folgende Krise dauerte bis 1910, wo die Margen ihren Tiefstand erreichten und machte erst im Laufe des Jahres 1911 einem neuen Aufschwung Platz.

In der Schilderung der wirtschaftlichen Lage 1890—1912 ist der Zusammenhang zwischen Marge und „Konjunktur" deutlich hervorgetreten. Drei Faktoren sind es im allgemeinen, welche zusammen der geschäftlichen Lage das Gepräge geben, somit auch die Bewegung der Marge beein-

---

[1] H.B. Augsburg 1908, S. 3.

[2] H.B. Augsburg 1906, S. 3; Bayreuth 1905, S. 171; Chemnitz 1908, S. 90.

flussen: Die Gestaltung des Angebots, sodann die Gestaltung der Nachfrage, endlich die Lage des Baumwollmarktes.

Die Nachfrage nach Baumwollfabrikaten ist Schwankungen unterworfen und von verschiedenen Umständen abhängig, z. B. von der wirtschaftlichen Lage des ganzen Volkes, seiner einzelnen Berufsstände, wie der arbeitenden Klassen, der Landwirtschaft, großer Industriezweige, wie der schweren Industrie. In der Baumwollindustrie macht der Export einen bedeutenden Teil der Nachfrage aus, daher sind die wirtschaftliche Lage des Auslandes, seine politischen Verhältnisse und wirtschaftspolitischen Maßnahmen von Bedeutung für die Lage des Marktes der Fabrikate. Ähnliche Schwankungen sind beim Angebot zu bemerken. Es wird versuchen, sich dem Bedarf anzupassen, die Erfahrung zeigt aber, daß es oft hinter ihm zurückbleibt oder den Bedarf überholt. Das wechselnde Spiel von unorganisiertem Angebot und Nachfrage macht seinen Einfluß geltend auf die Gestaltung der Marge. Daneben kommt noch in Betracht die Preisbewegung der Baumwolle. Ihr Einfluß ist verschieden, je nach den industriellen Marktverhältnissen; während z. B. die fallenden Baumwollpreise 1897—1898 zur Entmutigung des Marktes, zum Fall der Marge beitrugen, übte, wie schon erwähnt, 1907 der Baumwollmarkt zeitweise gar keinen Einfluß auf die Marge aus; die rasche Preissteigerung des Rohstoffs 1903 und 1905 bereitete bei der selten günstigen Geschäftslage der Industrie wenig Schwierigkeiten; die Preise der Garne wie Gewebe konnten nicht nur folgen, sondern die Marge vergrößerte sich noch dabei. 1908 hingegen verschärfte der Preisfall der Baumwolle die mißliche Lage des Garn- und Gewebemarktes und die andauernd hohen Preise 1910 trugen dazu bei, daß die Margen sich nicht hoben. Im ganzen ist jedoch durch die neuere nach oben strebende Preisentwicklung der Baumwolle eine Gefährdung der Marge nicht eingetreten.

Auf dem Markt unterliegen all diese realen Faktoren der wirtschaftlichen Lage den subjektiv verschiedenen Urteilen der Käufer und Verkäufer. Ihre geschäftlichen Operationen sind von ihrer Meinung vom Markte, von der Preiserwartung beeinflußt und beeinflussen dadurch selbst wieder die Preislage.

Im Mittelpunkt des Interesses des Marktes steht die mutmaßliche Gestaltung der Baumwollpreise einerseits, die voraussichtliche Entwicklung des Bedarfes andererseits. Steigt die Baumwolle, erwartet man ihr Steigen, so bedeutet das für die Weber den Antrieb, sich schleunigst mit Garn zu versehen, um nicht später zu teuer einkaufen zu müssen. Die Nachfrage nach Garn nimmt zu, die Garnmarge vergrößert sich. Den größten Vorteil haben davon diejenigen Spinner, die im Besitze schon vorher gekaufter billiger Baumwolle sind: sie genießen einen Extragewinn über die Tagesmarge hinaus. Aber auf dem Gewebemarkt rufen die gesteigerten Garnpreise ebenfalls neue Nachfrage hervor, so daß die Gewebemarge sich vergrößern wird.

In Zeiten außergewöhnlich geringen Bedarfs folgen die Garne dagegen nur ungenügend der steigenden Baumwolle nach. Dasselbe ist der Fall, wenn bei plötzlich steigenden Lokopreisen des Rohstoffs die Terminnotierungen auf entferntere Monate niedrig stehen, was daraufhin deutet, daß die Preissteigerung nur vorübergehend ist. Dann hält der Weber möglichst zurück und wartet eine günstigere Preislage ab.

Fällt die Baumwolle, dann versuchen die Spinner ihre Lager der Gefahr einer Entwertung wegen zu räumen, ja sie verkaufen vielfach Garn in blanko, d. h. ohne schon den zur Herstellung nötigen Rohstoff zu besitzen. Sie rechnen damit, bei einem weiteren Fall der Baumwolle sich billig versorgen zu können. Das Angebot an Garn verstärkt sich dadurch, die Nachfrage folgt aber meist nicht entsprechend nach, da auch die Weber mit der Entwertung der eingekauften Garne zu rechnen haben, so lange sie nicht in der Lage sind, sich sofort durch Gewebekontrakte zu sichern.

Je stärker die Nachfrage für die Zukunft erwartet wird, desto eher entschließen sich die Spinner zu Blankoabgaben, weil die voraussichtlich sich erhöhende Marge einen eventuellen Verlust beim nachträglichen Baumwolleinkauf ausgleichen wird. Ist die Nachfrage flau, entzieht sich ihre zukünftige Gestaltung der Beurteilung, dann ist vorsichtiger Baumwolleinkauf die erste Regel.

Produktionskosten und Garnmarge.

Die Schwankungen der Marge hängen, wie gezeigt, von verschiedenen Faktoren ab, welche ihren Einfluß in wechselnder Stärke je nach der wirtschaftlichen Lage geltend machen. Die sogen. Standardartikel 20/20 und 36/42, deren Preisbewegung das Objekt der Untersuchung bildet, sind Artikel des Massenkonsums. Aus ihnen stellt die Weberei ihrerseits Massenartikel her. Die relative Leichtigkeit ihrer Herstellung im Vergleich zu Spezialartikeln, das Vorhandensein eines ständigen Marktes bewirkt, daß in diesen Artikeln große Konkurrenz herrscht, so daß der Preis sich trotz aller Schwankungen nicht auf die Dauer und nicht zu erheblich von den Herstellungskosten entfernen kann. Auf die Marge angewendet, heißt das, daß sie somit um die Kosten schwankt. Sie wird auf die Dauer nicht erheblich unter die Kosten sinken, denn dann würde mit der Zeit eine Verminderung der Produktion eintreten, noch sich auf die Dauer stark über die Kosten erheben, weil in diesem Falle die Ausdehnung der Produktion und das dadurch vermehrte Angebot die Marge drücken wird.

Der Betrag, um den die Marge die Kosten übersteigt, ist zugleich der Überschuß über die Kosten, der Gewinn am einzelnen Produkt. Die Marge steht zeitweilig über den Kosten und läßt einen großen Gewinn, wie z. B. 1894, 1895 und 1905—1907, nähert sich jedoch auf der anderen Seite den Kosten in schlechten Zeiten sehr stark und kann sogar vorübergehend unter die Kosten sinken, wie 1892, 1900, 1901, 1910. Von der Höhe der Marge ist auch der Gesamtgewinn des Unternehmens, zutage tretend in der Dividende bei den Aktiengesellschaften, im hohen Grade abhängig. (Der Gesamtgewinn ist noch beeinflußt durch glückliche oder unglückliche Spekulationen am Rohstoffmarkt, durch nötig werdende Abschreibungen am Lager bei fallenden Preisen, andererseits durch Werterhöhung desselben bei steigenden Preisen, durch Effektenerträgnisse usw.)

Es ist interessant, zu beobachten, wie die Dividende mit der Marge steigt und fällt, wie auch sie die wechselnde Marktlage widerspiegelt. Die Rentabilität der Spinnerei ist somit großen Schwankungen unterworfen.

Nach der vom „Verband Rheinisch-Westfälischer Baumwollspinner e. V. zu München-Gladbach" herausgegebenen „Ertragsstatistik der deutschen Baumwollspinnerei-Aktiengesellschaften in den Jahren 1900—1911"[1] beträgt bei 102 berücksichtigten Gesellschaften:

	I. Die Durchschnittsdividende %	II. Die Verzinsung des gesamten werbenden Kapitals (Aktienkapital, wirkliche Reservefonds, langfristige Anleiheschulden wie Obligationen, Hypotheken u. a.) in %
1900 . . .	5,15	4,22
1901 . . .	0,15	2,99
1902 . . .	3,92	3,48
1903 . . .	5,96	4,72
1904 . . .	5,60	4,58
1905 . . .	8,28	6,10
1906 . . .	9,10	6,50
1907 . . .	10,88!	7,56!
1908 . . .	9,48	6,54
1909 . . .	7,90	5,59
1910 . . .	5,46	4,20
1911 . . .	4,26	3,54

[1] Entnommen den Wochenberichten 1913, Nr. 18.

Die Dividenden einzelner Aktiengesellschaften waren folgende[1]:

Baumwollspinnerei Senkelbach, Augsburg: (1898/99: 37100 Spindeln, 1910: 45000 Spindeln) 1895—1912: 4, 5, 5, 5, 5, 4, 2½, 2½, 3, 6, 7, 7, 9, 7, 4, 0, 5 %.

Baumwollspinnerei am Stadtbach, Augsburg: (1891: 110000 Spindeln, 1910: 190000 Spindeln) 1890—1912: 11⅔, 9⅔, 10½, 10½, 10½, 14, 17½, 17½, 17½, 17½, 15¾, 12¾, 10½, 12¾, 15¾, 17½, 17½, 21, 19¼, 17¼, 14, 12¼, 14 %.

Man vergleiche die Dividenden um 1895—97, 1898/99, 1900—1901 und 1907 mit der Marge und den Marktverhältnissen in diesen Jahren!

Die Produktionskosten, der wesentlichste Bestandteil der Marge, bestimmen für große Zeiträume die Richtung ihrer Entwicklung, die bisher angeführten Faktoren konnten lediglich die immer sich wiederholenden ephemeren Schwankungen der Marge um die Kosten erklären.

Die Produktionskosten setzen sich aus folgenden Faktoren zusammen:

1. Fracht und Einkaufsspesen des Rohstoffs; für die deutsche Baumwollspinnerei kommt überwiegend Fracht und Spesen ab Bremen, seltener ab Triest (für ostindische Baumwolle), Hamburg, Liverpool und Antwerpen in Betracht.

2. Der Abfallverlust bei der Verarbeitung der Rohbaumwolle zu Garn. Er schwankt je nach Provenienz und Klasse der Baumwolle und dem Ernteausfall überhaupt und ist abhängig von der Güte der Vorbereitungsarbeiten, die dem eigentlichen Spinnprozeß vorausgehen, sowie vom technischen Geschick des Betriebsleiters, nicht zuletzt von der Geschicklichkeit der Arbeiter selbst.

3. Die eigentlichen Spinnkosten. Sie zerfallen in

a) Arbeitslöhne, d. h. den auf das halbe Kilogramm fallenden Lohnbetrag in den Vorwerken und in der eigentlichen Spinnerei,
b) Steuer, Leitung, Versicherung,
c) Hilfsmaterialien z. B. Öl, Copse usw.,
d) Betriebsausgaben (Beleuchtung, Werkstattbetrieb, Reparaturen),
e) Krafterzeugung,
f) Zinsen,
g) Amortisation.

4. Die Verkaufsspesen. Der Absatz der Garne erfolgt durch Vermittlung von Kommissionären, Agenten, welche dafür eine Provision von

[1] Nach dem Handbuch der Aktiengesellschaften, verschiedene Jahrgänge.

meist 1 % erhalten; der Abnehmer erhält einen Kassaskonto von 2 % bei Barzahlung innerhalb 30 Tagen. Bei der Spinnweberei entfällt dieser Posten in der Kalkulation.

Die wichtigsten Kostenelemente sind die unter Ziffer 3 zusammengefaßten Faktoren, während die übrigen Posten eine mehr untergeordnete Bedeutung haben.

Zum Zweck der Kalkulation gruppiert man die Kosten übersichtlich etwa folgendermaßen:

I. sämtliche Arbeitslöhne

II. Generalunkosten:

Fracht und Spesen für Baumwolle
Abfallverlust, Leitung, Steuer, Versicherung
Materialien
Betriebsausgaben
Krafterzeugung
Verkaufsspesen

III. Zinsen und Amortisation.

Die Gesamtheit der Produktionskosten hängt eng mit der Gestaltung der Produktionsverhältnisse zusammen; deren Entwicklung im Lauf der Zeiten ist daher in erster Linie zu untersuchen. Dabei soll gewissermaßen als Einleitung zu der Untersuchung der Produktionsverhältnisse seit 1890 auch die Zeit 1865—1890 in die Betrachtung einbezogen werden.

Umgestaltungen in den Produktionsverhältnissen kommen zum Ausdruck in der Bewegung der Gestehungskosten. Diese hatten sich seit den siebziger Jahren bis zur Jahrhundertwende verändert, wie sich an der Hand von Berechnungen ersehen läßt.

Vorausgeschickt soll werden, daß die verschiedenen in der Fachliteratur verstreuten Berechnungen der Spinnkosten mit großer Vorsicht zu verwerten und zu Vergleichen heranzuziehen sind. Meistens sind die Berechnungen nicht unter Berücksichtigung aller oder derselben Kosten aufgestellt; infolgedessen muß man, um sie zu Vergleichszwecken brauchbar zu machen, genau untersuchen, welche Kosten sie repräsentieren, und entsprechende Korrekturen vornehmen. Auch ist die allgemeine Gültigkeit solcher Berechnungen nicht unbedingt zu bejahen, nachdem die Produktionskosten der verschiedenen Betriebe sehr verschieden sein können. Darauf weisen schon die weiten Spannrahmen z. B. der Aufstellungen der Reichsenquete 1878 hin [1].

---

[1] Vgl. auch Reichsenquete für die Leinen- und Baumwollindustrie 1878, Bericht der Kommission, S. 34.

Die Differenzen der Produktionskosten der einzelnen Betriebe haben verschiedene Ursachen: es kommt darauf an, ob der Betrieb eine kleine (unter 20 000 Sp.), eine mittlere (20—50 000 Sp.) oder größere (über 50 000 Sp.) Spinnerei ist, ob er mit Dampf oder Wasserkraft arbeitet, wie seine geographische Lage, wie seine Verkehrsverbindungen sind; von Bedeutung ist auch die verschiedene Höhe der Amortisation, wonach sich der Buchwert des Anlagekapitals richtet. Endlich können Verschiedenheiten in den Buchungsgrundsätzen, welche ihre Ursache in speziellen Verhältnissen der einzelnen Betriebe haben, einen Einfluß ausüben.

Nach der Reichsenquete für die Leinen- und Baumwollindustrie 1878 [1] betrugen damals die Spinnkosten (ausschließlich der Gesamtkosten des Rohmaterials, also auch Fracht und Spesen und Abfall) nach den Angaben der mündlich vernommenen Sachverständigen für 1/2 kg Mule und Mediogarn im Durchschnitt:

Beispiel I:

Für Nr. 20: 24—28 Pf. (18 und 40 Pf. Ausnahme),
Kette 36: 25—39 Pf. (44 Pf. Ausnahme),
Schuß 42: 29—36 Pf.

Beispiel II:

In einer südbayerischen Spinnerei (Senkelbach-Augsburg, 1878 ungefähr 36 500 Sp.) kam 1877/78 1/2 kg Garn Nr. 36 durchschnittlich auf 40,5 Pf. (ausschließlich Rohstoff) zu stehen [2].

Nach Jannasch [3] betrugen im Elsaß die Spinnkosten (Zinsen, Amortisation, Generalunkosten, Brennmaterial, Arbeitslöhne):

Beispiel III:

für Nummer			
20	engl.	(16,9 französ.)	24,3 Pf.
36	„	(30,5 „)	36,5 „
42	„	(35,6 „)	46,2 „

Anmerkung: Da in der Tabelle bei Jannasch nichts Näheres bemerkt ist, mußte angenommen werden, daß die dortigen Zahlen für die französische Garnnummer gelten, nach der im Elsaß die Garne eingeteilt

---

[1] Bericht der Kommission, S. 36/37.

[2] Reichsenquete, Protokolle, S. 89.

[3] Die Produktionsbedingungen der europäischen Baumwollindustrie, Berlin 1881, Zeitschrift des kgl. preuß. statist. Bureaus, S. 321.

werden. Zu Vergleichszwecken mußten für die gewünschten englischen Nummern Nr. 20, 36/42, die entsprechenden französischen Nummern in der Tabelle ermittelt werden, durch Division der englischen Nummer mit 1,18.

Diesen Angaben sind nun solche aus neuerer Zeit gegenüberzustellen:

Beispiel I:

Nach einer privaten Mitteilung betrugen in einer Spinnerei von 50 000 Spindeln die Produktionskosten (ausschließlich Rohmaterial) für 36/42, 1890 23 Pf. 1/2 kg.

Beispiel II:

Um 1898 berechnete man[1] die reinen Spinnkosten (Löhne, Amortisation und Generalunkosten)

	für Nummer 20	für Nummer 36	
auf Selfaktoren . . .	13,8 Pf.	20,5 Pf.	} 1/2 kg
„ Ringspinnmaschinen .	12,6 „	19,9 „	

Beispiel III:

Eine andere Berechnung aus dem Jahre 1902[2] ergibt für 1/2 kg

Nr. 20: 24,5 Pf. }
„ 36: 35,25 „ } einschließlich Baumwollfracht, Abfall, Verkaufsspesen.

Die reinen Kosten (abzüglich der oben genannten Faktoren) sind:

Beispiel IIIa:

Nr. 20 . . 16 Pf.
„ 36 . . 26,5 Pf.

Vergleicht man die entsprechenden Zahlen aus dem Jahre 1878 und der neueren Zeit, also z. B. Beispiel II 1878 mit Beispiel I 1890, oder Beispiel I und III 1878 mit Beispiel II 1898 und IIIa 1902, so ergibt sich daraus, daß seit 1878 eine nicht unbedeutende Senkung der Spinnkosten eingetreten ist. Die Verbilligung der Spinnkosten ist in allen Ländern erfolgt. Ein englischer Spinner sagte auf dem Internationalen Kongreß des Internationalen Verbands der Baumwollspinner- und Webervereinigungen 1907, daß es 1877 3 1/2 Pence gekostet habe, einen 32er Faden herzustellen, jetzt nur 2 1/2 Pence[3].

In die Zeit 1865—1890 fällt eine ganze Reihe umwälzender tech-

[1] Leipziger Monatsschrift 1898, Nr. 7.
[2] H.B. Augsburg 1902, S. 173.
[3] Offizieller Bericht, S. 88.

nischer und wirtschaftlicher Fortschritte in der deutschen Baumwollspinnerei, welche naturgemäß ihren Einfluß auf die Produktionskosten in Richtung einer Senkung äußerten.

An erster Stelle steht die Entwicklung der deutschen Baumwollspinnerei aus kleinbetrieblichen Betriebsformen zu mittleren und großen Betriebsarten. Damit ist ein großer Produktionsfortschritt verbunden, denn die Kosten der Anlage und des Betriebs wachsen nicht im gleichen Verhältnis wie die Mehrproduktion infolge des vergrößerten Betriebs.

Die Reichsenquete 1878 [1] gibt die Durchschnittsspindelzahl für 1877 auf 16 300 Spindeln an. Diese Angabe bezieht sich jedoch nur auf die 205 Betriebe, welche bei der Enquete Angaben machten, und diese waren die größten und technisch auf der Höhe der damaligen Zeit stehenden Spinnereien. (Nach der Gewerbezählung von 1875 zählte die Spinnerei 463 Hauptbetriebe mit mehr als fünf Gehilfen.) Die vielen kleinen Spinnereien in Sachsen, Schlesien und in den Rheinlanden, die damals noch bestanden, würden den Durchschnitt sehr drücken.

Ein der Wirklichkeit mehr entsprechendes Resultat dürfte sich ergeben, wenn man die Angaben der Betriebszählungen zur Veranschaulichung des Wachstums der Spindelzahl pro Betrieb benützt. Leider wurde nur 1875 und nicht 1882, 1895 und 1907 die Spindelzahl gezählt. Nach der Gewerbezählung von 1875 betrug die Zahl der Betriebe mit mehr als fünf Gehilfen: 463 [2], die Spindelzahl 4 200 811; die entsprechenden Zahlen für 1882 sind 421 und 4 900 000 (Schätzung für 1883); für 1895 480 und 6 133 320 (Schätzung für 1896), für 1907 nach den Produktionserhebungen in der Baumwollspinnerei [3] 396 erfaßte Betriebe und 9 522 659 Spindeln, 1909 nach den von der Bremer Baumwollbörse mitgeteilten Zahlen 372 Betriebe und 10 162 872 Spindeln. Darnach ergibt sich, daß 1875 auf den Betrieb 9073, 1882 11 639, 1895 12 777, 1907 rund 24 000 und 1909 rund 27 300 Spindeln trafen. Die Zahlen sollen nur die Tendenz zur Ausbildung des Großbetriebs dartun und können auf absolute Richtigkeit keinen Anspruch machen wegen der Verschiedenheit der Quellen. Bei den Zahlen aus den Betriebszählungen konnten die Betriebe unter fünf Personen nur bei den Betrieben, nicht aber bei der Spindelzahl ausgeschieden werden, doch ist wegen der Bedeutungslosigkeit der Zwergbetriebe in der Spinnerei der Fehler ganz unbedeutend.

---

[1] Statistische Ermittelungen, Heft II, S. 4 u. 5.

[2] Handwörterbuch der Staatswissenschaften, „Baumwollindustrie", S. 691/692.

[3] Nachrichten für Handel und Industrie 1910, Beilage zu Nr. 52.

Die Entwicklung zu steigender Größe der Betriebe zeigt sich wie für das ganze Reich, auch für die einzelnen Landesteile; nach dem Riegerschen Spindelverzeichnis für 1893[1] betrug die durchschnittliche Spindelzahl pro Betrieb in Elsaß-Lothringen 28 280, in Bayern ohne Pfalz 44 822, in Sachsen 16 450, in Schlesien 6782, in Rheinland-Westfalen 13 663.

Aus den Ermittlungen der Bremer Börse über die Baumwollspinnerei läßt sich für 1909 die durchschnittliche Spindelzahl für Elsaß-Lothringen auf 30 158, für Bayern auf 59 308, für Sachsen auf 27 862, für Schlesien auf 10 934, für Westfalen auf 38 677 und für Rheinland auf rund 20 000 berechnen. Diese Zahlen erklären das starke Anwachsen 1895—1907 beim Gesamtdurchschnitt.

Zum Schlusse sei auch noch ein einzelnes Produktionszentrum herangezogen. Im Handelskammerbezirk Augsburg, umfassend den bayerischen Regierungsbezirk Schwaben und Neuburg, liefen 1890[2] in 13 Spinnereien 541 882 Spindeln, d. h. pro Betrieb durchschnittlich 41 682 Spindeln, 1895 in 14 Spinnereien 640 857 Spindeln, d. h. 45 775 Spindeln pro Betrieb, 1900 in 15 Spinnereien 711 184 Spindeln, d. h. 47 412 pro Betrieb, 1905 in 15 Spinnereien 729 184 Spindeln, d. h. 48 612 Spindeln pro Betrieb, 1910 in 15 Spinnereien 844 000 Spindeln, d. h. 56 267 Spindeln pro Betrieb.

Trotz steigender Durchschnittsspindelzahl ist der Abstand zwischen den kleinsten und größten Spinnereien immer noch sehr bedeutend. Das Riegersche Verzeichnis von 1893 gibt die Minimal- und Maximalzahlen pro Betrieb für die einzelnen Territorien an: Elsaß-Lothringen 5000 bis 99 200, Sachsen 300—135 000, Schlesien 1200—26 000, Rheinland-Westfalen 150—90 000, Bayern 7000—111 000.

Die technischen und wirtschaftlichen Fortschritte, welche die Industrie von 1870 an bis etwa 1890 gemacht hat, betreffen den ganzen Produktionsprozeß vom Einkauf der Baumwolle an bis zum fertigen Garn.

Der deutsche Spinner kaufte nach der Reichsenquete[3] den Rohstoff mangels eines heimischen Marktes meist in Liverpool, wo der Ausländer erhöhte Spesen zu tragen hatte. Dazu mußte er sich wegen der großen Entfernung und den damals ungünstigeren Transportverhältnissen auf mehrere Monate hinaus mit Rohstoff versorgen, ohne oftmals schon zur Preissicherung gleichlange Lieferungskontrakte zu besitzen. Das Lager fraß

[1] Mitgeteilt bei Graßmann, Die Entwicklung der Augsburger Industrie, Augsburg 1894, S. 91.

[2] Siehe H.B. 1890, 1895, 1900, 1905, 1910.

[3] Protokoll S. 389.

ihm Zinsen und verursachte ihm ein großes Risiko. Erst seit 1887, dem Gründungsjahr der Bremer Baumwollbörse, ist darin eine Änderung eingetreten. Die Anfänge der Bremer Baumwollbörse gehen schon bis 1872 zurück, wo Bremer Baumwollhändler, welche auf eigenes Risiko direkt aus den Produktionsländern importierten [1], gewisse Usancen für den Baumwollhandel vereinbarten. Aus kleinen Anfängen hat sich Bremen zum ersten Baumwollmarkt des Kontinents entwickelt. Der Spinner findet in Bremen ein ständiges, auswahlreiches Angebot und kann somit seinen Rohstoffbezug besser nach seinen Garnaufträgen richten. Sein Importrisiko ist vermindert durch Entstehen eines leistungsfähigen Zwischenhandels. Fünf Arten von Geschäften genügen den verschiedensten Bedürfnissen. 90 % aller Geschäfte sind Lieferungsgeschäfte, die übrigen Kassageschäfte; Lieferungsgeschäfte mit der Klausel „franko Waggon" ziehen finanzschwächere Spinnereien vor, während große Firmen, welche sich auf längere Zeit ein Lager halten können, durch Vermittlung der Bremer Kommissionshäuser sogenannte „cif" Käufe (cost, freight, insurance = Kosten der Verladung, Fracht und Versicherung sind im Preise enthalten) eingehen; bei ihnen ist zwar das Eintreffen der Dampfer ungewiß, aber sie bieten den Vorteil, daß man Originalabladungen der Farmer erhält.

Die zur Umwandlung der Rohbaumwolle in Reinbaumwolle und Vorgespinnst dienenden maschinellen Vorrichtungen, die „Vorwerke", wurden leistungsfähiger gemacht, wodurch man ein besseres Reinprodukt erzielte und gleichzeitig die Verluste durch Abfall minderte. In diese Zeit fällt die Einrichtung verbesserter Öffner (Crigthon-Opener) der Deckelarten, besserer Feinspulbänke usw. Die Abfälle selbst lernte man in großartigem Maßstab wieder verwerten, indem man sie zusammen mit frischer Baumwolle, oder auch allein, in den sogen. Abfallspinnereien zu geringwertigen Garnen verarbeitete, oder in den Schießbaumwollfabriken, welche besonders seit 1875 allenthalben entstanden, zur Herstellung von Schießbaumwolle benützte.

Ein praktisches Beispiel [2] mag die Fortschritte in der Verarbeitung des Rohstoffs veranschaulichen. In einer Spinnerei, die durchschnittlich Nr. 34 spann, betrug der jährliche Verbrauch einer Spindel:

1875	39,3	Pfd.	Baumwolle
die Produktion einer Spindel	32,6	„	Garn.

---

[1] Näheres siehe Broschüre der Bremer Baumwollbörse anläßlich des III. Internationalen Kongresses der Baumwollspinner- und Webervereinigungen in Bremen, 1906.

[2] Graßmann S. 95.

1891 Verbrauch . . . . . 42,4 Pfd. Baumwolle
Produktion . . . . 35,9 „ Garn.

Im ersten Falle (1875) betrug also der Abfallverlust rund 18 %, 1891 nur 14,3 %.

Die Spinnmaschinen selbst erfuhren bedeutende Verbesserungen. In erster Linie ist hier der fortschreitende Ersatz der alten Handmules durch die Selfaktoren zu erwähnen. Damit war eine große Ersparnis an Arbeit gegeben. Bei den alten Handmules erfolgte das Ein- und Ausfahren des „Wagens" durch einen Arbeiter, beim Selfaktor geht es auf mechanischem Wege vor sich. Der Arbeiter beschränkt sich auf die Überwachung des ordnungsmäßigen Gangs der Maschine und die Behebung von Störungen. Hand in Hand mit dieser Entlastung des Arbeiters konnte eine Verstärkung der treibenden Kraft, damit eine Vermehrung der Spindeln pro Maschine und eine Erhöhung der Tourenzahl pro Minute, gehen. Die Tourenzahl betrug noch in den siebziger und achtziger Jahren 3600 bis 4500 Umdrehungen pro Minute bei Watermaschinen[1]; für 1891 gibt Schulze-Gävernitz[2] 9000 Umdrehungen pro Minute bei Ringspindeln spinnend Nr. 32 an. Die Tourenzahl der Spindel ist für die Produktionsmenge von großer Bedeutung. Die Produktionskraft der einzelnen Spindel ist infolge der Erhöhung der Tourenzahl sehr gestiegen, wie das oben angeführte Beispiel betreffend Abfallverlust ergibt.

Die Reichsenquete[3] stellte fest, daß 1867 unter 100 Spinnspindeln erst 61,16 Selfaktorenspindeln waren; 1872 waren unter 100 Spinnspindeln 68,2 Selfaktorenspindeln ohne Elsaß-Lothringen und 73,73 mit Elsaß-Lothringen, 1877 73,03 ohne Elsaß-Lothringen, 76,8 mit Elsaß-Lothringen. Für später stehen keine Zahlen zur Verfügung, doch ist anzunehmen, daß 1890 die Handmules in der Baumwollspinnerei eine nennenswerte Rolle nicht mehr gespielt haben.

Welches waren nun um 1890 die Produktionsverhältnisse in der Baumwollspinnerei und wie entwickelten sie sich weiter bis in die jüngste Gegenwart?

Die äußere industrielle Entwicklung seit 1890 wurde der Übersichtlichkeit halber bereits im Anschluß an die Entwicklung seit 1875 behandelt: es hat sich ergeben, daß seit 1890 die Tendenz der Ausbildung zum Großbetrieb nicht nachgelassen hat, vielmehr größere Fortschritte als vorher gemacht hat.

---

[1] Siehe Meyers Konversationslexikon 1889, Bd. 15, Artikel „Spinnen".
[2] Der Großbetrieb, Leipzig 1892, S. 119.
[3] Bericht der Kommission, S. 14.

Was die innere industrielle Entwicklung betrifft, so sind auch hier Wandlungen eingetreten in Richtung weitgehender Spezialisierung der Produktion. Die Spezialisierung der Produktion ermöglicht eine bessere Ausnützung der Maschinen, erhöht die Leistungsfähigkeit des Arbeiters, mindert die Produktionsverluste und wirkt so in Richtung einer Verbilligung der Produktion. Aus der Reichsenquete 1878 läßt sich ersehen, daß die Spezialisierung in der Baumwollspinnerei noch wenig ausgebildet war; jeder Betrieb stellte eine Menge Sorten von Garn her. Der stete Wechsel der Nummer bedingte fortwährende Abänderungen der Maschinen; die Leistungsfähigkeit der Arbeiter konnte infolgedessen nicht gesteigert werden, die Verluste an Stoff waren große. Bis 1890 schien die Spezialisation keine erheblichen Fortschritte gemacht zu haben[1]. Seit dieser Zeit jedoch hat sich nach dem Urteil von Sachverständigen[2] die Spezialisierung mehr und mehr durchgesetzt, ohne freilich bis jetzt so weit getrieben worden zu sein wie in England, wo die meisten Spinner jahraus jahrein eine oder wenige Nummern herstellen.

Die verschiedenen Fortschritte, die der Produktionsprozeß machte, lassen sich aus einem Vergleich von Angaben aus der Zeit um 1890 mit solchen aus der jüngsten Zeit ersehen. Die Fortschritte erstrecken sich fast ausschließlich auf die eigentliche Spinnerei, weniger auf die Vorwerke.

Die Herstellung des Garns erfolgt mittelst zweier, auf verschiedenen technischen Prinzipien beruhenden Arten von Spinnmaschinen. Auf der sogenannten Ringspinnmaschine, auch Watermaschine genannt, die den Faden gleichzeitig spinnt und aufwickelt, stellt man Kettengarn her, auf dem Selfaktor, der den Faden zuerst spinnt um ihn dann aufzuwickeln, wird das Schußgarn erzeugt. Die Leistungsfähigkeit der Maschine hängt ab von der Umlaufsgeschwindigkeit der Spindeln (Tourenzahl), dann von der Spindelzahl an der Maschine, endlich von dem Verlust an Produktion gegenüber der theoretisch möglichen Leistung; der Verlust ist bedingt durch die Anzahl der vorkommenden Fadenbrüche, durch die Zeit, welche das Anknüpfen eines gerissenen Fadens beansprucht, durch den notwendigen Stillstand der Maschine während des Abnehmens der vollen und Aufsteckens neuer leerer Spulen, endlich durch Verderben von Stoff während des Produktionsprozesses. Je vollkommener die Maschine konstruiert ist, je gewandter die Bedienung arbeitet, desto geringer wird im allgemeinen der Verlust sein, desto größer kann auch dafür die Tourenzahl der Spindeln

[1] Schulze-Gävernitz S. 108.
[2] Private Mitteilung.

gewählt werden. Die Umlaufgeschwindigkeit hängt nicht nur vom Stand der Technik ab, sondern auch von der Leistungsfähigkeit der Arbeiter. Bei geringerer Geschicklichkeit derselben müssen die Spindeln langsamer laufen.

Seit 1890 sind bei den Spinnmaschinen manche technische Fortschritte zu verzeichnen; sie tragen allerdings nicht den Charakter umwälzender Neuerungen, sondern sind mehr als technische Verbesserungen zu betrachten.

Die bewegende Kraft wurde erhöht und damit die Tourenzahl gesteigert. 1891 machte eine Ringspindel, welche einen 32er Faden zu spinnen hatte, 9000 Umdrehungen pro Minute[1]. Jetzt läßt man Ringspindeln 10000—12000 Umdrehungen, Selfaktoren 8000—9000 Umdrehungen machen[2].

Die Spindeln an der einzelnen Maschine wurden mit der Zeit erheblich vermehrt, dabei wurde die Bedienung verhältnismäßig vermindert. Um 1890 zählte ein Paar Selfaktoren in Mülhausen ungefähr 1300 bis 1600 Spindeln und wurde von einem Spinner mit vier Gehilfen bedient. In Sachsen kamen auf ein Paar Selfaktoren mit 2000 Spindeln ein Spinner und vier Gehilfen, in kleineren Betrieben bedienten ein Spinner und fünf Gehilfen ein Paar Selfaktoren von 1600 Spindeln[3]. Gegenwärtig verwendet man, soweit es die Raumverhältnisse gestatten, Selfaktoren bis zu 2600—2800 Spindeln pro Paar und läßt sie bedienen von einem Spinner mit drei bis vier Hilfskräften.

Die Verlustprozente an theoretischer Leistung beim eigentlichen Spinnprozeß gingen im Laufe der Zeit zurück, wodurch der Nutzeffekt der Maschine stieg. Früher betrug der Verlust 10—15 %, jetzt bei Selfaktoren höchstens 5 %, bei Ringspindeln 3 %. Die Minderung läßt nicht nur schließen auf die Verbesserung der Maschinen, sondern auch auf die gestiegene Leistungsfähigkeit und Geschicklichkeit der Arbeiter.

In dem Maße, als Maschinen älterer Art ersetzt wurden durch neuere, wuchs die Leistungsfähigkeit des einzelnen Betriebs. Ältere Selfaktoren lieferten pro Spindel nach einer fachmännischen Angabe[4] wöchentlich 0,83 Pfd. engl. Garn 36/42. Neue liefern 0,92 Pfd. engl., d. h. jährlich 43,16 kg bzw. 47,84 kg.

---

[1] Schulze-Gävernitz S. 119.

[2] Quelle hier wie bei den folgenden Angaben für die neueste Zeit direkte Information.

[3] Schulze-Gävernitz S. 130.

[4] Leipziger Monatsschrift für Textilindustrie 1900, Nr. 4, „Aus der Praxis der Baumwollspinnerei“.

Seit 1900 verdrängt die Ringspinnmaschine auch in der Produktion von Schußgarn bis etwa Nr. 42 den Selfaktor mehr und mehr. Sie beansprucht weniger Raum als dieser, verlangt eine geringere Bedienung — eine weibliche Arbeitskraft bedient allein 800 Ringdrosseln — und produziert dabei erheblich mehr.

Die technischen Fortschritte führten zur Ersparnis von Arbeitskräften. In den siebziger Jahren trafen in Mülhausen auf 1000 Spindeln 7,5 Arbeiter, am übrigen Oberrhein 9,5—9,7 Arbeiter [1]. Nach den Protokollen der Reichsenquete 1878 [2] trafen in der Spinnerei Senkelbach in Augsburg auf 1000 Spindeln neun bis zehn Arbeiter. Diese Zahlen bedeuten bereits große Fortschritte gegenüber den fünfziger und sechziger Jahren. In württembergischen Spinnereien trafen 1858 auf 1000 Spindeln durchschnittlich 16,7 Arbeiter, 1862 14 Arbeiter, in einigen Etablissements etwas weniger; so kamen in der großen Spinnerei in Eßlingen 1858 auf 1000 Spindeln 10,8 Arbeiter [3]. Schulze-Gävernitz berichtet [4], daß 1891 und 1892 in „leitenden und technisch hervorragenden Spinnereien" mit einer Durchschnittsnummer von 20—30 in Mülhausen 5,8, Baden und Württemberg 6,2, Bayern 6,8, Sachsen bei neuen Spinnereien 7,2, Vogesen bei älteren Spinnereien 8,9 Arbeiter auf 1000 Spindeln kamen. Die Angaben beziehen sich auf die technisch fortgeschrittensten Betriebe, der Durchschnitt ist höher.

Angaben aus neuester Zeit zufolge trafen in einer süddeutschen Spinnerei von mittlerer Größe (50 000 Spindeln) auf 1000 Spindeln 6,5 Arbeiter bei einer Durchschnittsnummer von 36.

Die Gesamtheit der Verbesserungen in der Produktion des Baumwollgarns im Laufe der Zeit läßt sich an der Hand von Zahlen über die Produktionsverhältnisse eines einzelnen Betriebs verfolgen. Die Denkschrift der Baumwollspinnerei am Stadtbach in Augsburg, einer der größten süddeutschen Spinnereien, zum fünfzigjährigen Bestehen enthält in einer Tabelle [5] die Angabe der Garnproduktion, der gesponnenen Durchschnittsnummer, der Arbeiterzahl, der Spindelzahl durchschnittlich im Betrieb und der Gesamtlohnsumme (einschließlich Taglöhner) 1853—1903. Daraus

[1] Jannasch, Die Produktionsbedingungen der europäischen Baumwollindustrie, S. 307.

[2] S. 88.

[3] Verhandlungen der Württembergischen Kammer der Abgeordneten 1862—1864, I. Beilagenband: Sondererachten des Abgeordneten Schäffle über den preußisch-französischen Handelsvertrag, Seite 1045.

[4] Der Großbetrieb S. 121.

[5] Mitgeteilt im H.B. Augsburg 1903, S. 4/5.

lassen sich durch Inbeziehungsetzung der verschiedenen Größen in den einzelnen Jahren folgende für die technisch-wirtschaftliche Entwicklung der Baumwollspinnerei typische Ziffern gewinnen.

Jahr	Arbeiter pro 1000 Spindeln	Jahresproduktion auf einen Arbeiter des Betriebs treffend	Jährliche Produktion einer Spindel	Gesamtarbeitslohn pro Pfund Garn
		kg	kg	Pf.
1865	13	1559	20	11,3
1870	11,7	1827	21	11
1875	11,5	1847	21	13
1880	9,9	2265	22	11
1885	9,7	2425	23	10
1890	9,9	2702	27	9,8
1895	6,3	4119	27	7,8
1900	6,3	4733	29	6,8
1903	6,7	4996	33	6,7
1906[1]	6,9	4783	31,5	7,7
1912[1]	6,3	4375	27,7	9

Sowohl die Arbeiterzahl pro 1000 Spindeln, die Jahresproduktion eines Arbeiters wie die Jahresproduktion pro Spindel und der Arbeitslohn pro Pfund ist abhängig von der Nummer des gesponnenen Garns; je niedriger die Nummer ist, desto mehr Arbeiter sind erforderlich, desto größer ist aber auch die Jahresproduktion pro Spindel und Arbeiter, nur der Arbeitslohn pro Pfund ist geringer. Um daher die ausgeführten Berechnungen richtig bewerten zu können, ist die jährliche Durchschnittsnummer der Garnproduktion zu berücksichtigen. Sie betrug in der Spinnerei am Stadtbach 1865 30,45, sank bis 1891 auf 26,47, stieg wieder 1895 auf 30,56 und sank seitdem langsam im Laufe der Jahre auf 1903 27,62, 1906 28,12, 1912 27,97. Das Sinken der Nummer seit 1895 wirkte also in oben bezeichneter Weise auf die Bewegung der Ziffern ein, was wohl zu beachten ist, da es den in den Zahlenreihen ausgedrückten technischen Fortschritt als etwas zu bedeutend erscheinen läßt. Bei gleich gebliebener oder steigender Durchschnittsnummer wäre die Steigerung sowohl der Jahresproduktion pro Arbeiter als pro Spindel nicht so groß gewesen, ferner wäre dann der Gesamtarbeitslohn pro Pfund nicht ganz so stark gefallen; nur die Arbeiterzahl auf 1000 Spindeln wäre etwas stärker zurückgegangen.

[1] Für 1906 u. 1912 berechnet nach gütiger Mitteilung der erforderlichen Zahlen durch die Direktion.

Charakteristisch für die großindustrielle Entwicklung in der Baumwollspinnerei ist es, daß bei steigender Spindelzahl sogar für einige Zeit absolut die Arbeiterzahl abnahm oder doch wenigstens stabil blieb, wie folgende Aufstellung für die genannte Spinnerei zeigt:

Jahr	Spindelzahl durchschnittlich im Gang	Arbeiterzahl
1865 . . .	92 749	1203
1875 . . .	99 353	1151
1885 . . .	111 304	1087!
1895 . . .	131 508	837!
1900 . . .	136 046	856
1903 . . .	140 653	945
1912 . . .	196 623	1247

Wenn auch bemerkt werden muß, daß es sich hier um eine der größten und führenden Spinnereien handelt, und daß der Durchschnitt vielleicht nicht ganz so günstige Verhältnisse aufzuweisen hat, so läßt sich doch aus der in den Zahlenreihen ausgedrückten technisch-wirtschaftlichen Entwicklung der Stadtbachspinnerei die Signatur der industriellen Entwicklung der gesamten deutschen Spinnerei herauslesen (vgl. dazu Beispiele ähnlicher Entwicklung bei Graßmann, Die Entwicklung der Augsburger Industrie im 19. Jahrhundert, S. 60 ff. und besonders S. 95).

Die Entwicklung erstreckte sich, kurz zusammengefaßt, in Richtung einer fortschreitenden Ausbildung des Großbetriebs, der Ersetzung der menschlichen Arbeitskraft durch mechanische Kräfte, somit einer Ersetzung des Faktors Arbeit durch Kapital.

Die technischen und wirtschaftlichen Fortschritte in der Baumwollspinnerei hatten für die Zeit 1865—1890 zu einer erheblichen Minderung der Kosten geführt; in dem gleichen Zeitraum konnte für die Garnmarge eine bedeutende Senkung nachgewiesen werden. Bei den eingangs angedeuteten engen Beziehungen zwischen Produktionskosten und Garnmarge ist es klar, daß ein ursächlicher Zusammenhang vorliegt, daß somit die Senkung der Kosten den allmählichen Fall der Marge herbeigeführt hat.

In der Zeit seit 1890 fanden keine so umwälzenden technischen Errungenschaften mehr Eingang in der Spinnerei, immerhin waren einzelne namhafte Verbesserungen des Produktionsprozesses zu verzeichnen. Es wäre zu erwarten gewesen, daß die verschiedenen Fortschritte in Richtung einer weiteren Verbilligung der Produktion, somit einer Senkung der Marge gewirkt hätten, zumal da auch bei einigen anderen außerhalb des eigentlichen Produktionsprozesses liegenden Kostenfaktoren Verbilligungen eingetreten waren.

Bei der teilweise bedeutenden Entfernung der deutschen Spinnereizentren von den Hafenorten spielen die Baumwollfrachten eine nicht unbedeutende Rolle in den Produktionskosten. Sie erfuhren im Zeitraum 1890—1900 teilweise beträchtliche Ermäßigungen, die auf 1/2 kg 1/2 Pf. ausmachten. Die bayerische, sächsische und schlesische Baumwollspinnerei zog daraus Vorteil[1].

Die Kosten der Feuerversicherung gingen seit Aufkommen der automatischen Feuerlöscheinrichtungen (Grinellbrausen) um 30—40 % (Sprinklerrabatt) zurück. Die Ersparnis an Prämien konnte zur Amortisation der Sprinklereinrichtungen dienen.

Nun hat die Betrachtung der Marge ergeben, daß seit 1890 die Entwicklung nach unten Halt gemacht hat. Es ist daher anzunehmen, daß seit dieser Zeit Faktoren aufgetreten sind, welche einer weiteren Erniedrigung der Produktionskosten durch die geschilderten technischen Fortschritte entgegenwirkten und damit auch den weiteren Fall der Marge verhinderten.

Wie erinnerlich, wurden in dem Handelskammerbericht Augsburg 1902 für 20/20 die Gesamtgestehungskosten mit 24,5 Pf. angegeben, unter Abzug des Abfallverlustes im Betrage von 5 Pf. mit 19,5 Pf. Eine Berechnung aus dem Jahre 1910[2] ergibt für Garn 20/20 bei einer mittleren Selfaktorenspinnerei 20 Pf. pro Pfund engl. = 24,2 Pf. pro 1/2 kg, ohne Abfallberücksichtigung. Eine andere, privater Quelle entstammende Aufstellung ergibt, daß Garn Nr. 36/42 pro Pfund 1890 auf 23 Pf., 1900 auf 24 Pf., 1910 auf 27 Pf. zu stehen kam. Nach diesen beiden Beispielen haben sich also die Produktionskosten seit 1900 nicht unbedeutend erhöht, anstatt mit Entwicklung der Produktionsverhältnisse zu fallen oder wenigstens gleichzubleiben.

Klagen über erhöhte Herstellungskosten begegnet man etwa seit 1905 in den Handelskammerberichten[3], sie verstummen seit dieser Zeit nicht mehr, während sie lange Jahre zuvor fast ganz gefehlt hatten. Das Maß der Erhöhung der Kosten wird verschieden angegeben. Man spricht von

---

[1] H.B. Augsburg 1893, S. 3; 1907, S. 5. Bayreuth 1897, S. 109; 1900 S. 122. Schweidnitz 1893, S. 10.

[2] Leipziger Monatsschrift 1910, Nr. 3.

[3] H.B. Augsburg 1905, S. 3; 1906, S. 1; 1907, S. 3. Bayreuth 1905, S. 173; 1906, S. 88; 1908, S. 211; 1909, S. 154. Chemnitz 1905, S. 103; 1907, S. 95/96; 1909, S. 87; 1910, S. 44. München-Gladbach 1906, S. 26; 1909, S. 9; 1910, S. 9, 32.

Erhöhung der Kosten pro Pfund um ungefähr 4 Pf.[1], an anderer Stelle[2] um 3,5 Pf., darunter allein um 2 Pf. in den Jahren 1905 bis 1907. In den Berichten werden verschiedene Gründe dafür angegeben. Man führt die erhebliche Preissteigerung aller Hilfsmaterialien, z. B. der Kohlen, Öle, Maschinenteile, Schmiermittel und Packmaterialien an; man führt die Verteuerung ferner auf die gestiegenen Löhne, auf die erhöhten Steuern sowie die vermehrten sozialen Lasten zurück. Fast durchweg wird auch die Steigerung der Kosten mit der letzten Verkürzung der Arbeitszeit 1906 in Zusammenhang gebracht[3].

Was die zuerst angeführten Ursachen für das Steigen der Selbstkosten betrifft, wie Steigerung der verschiedenen Materialien, so muß man sich vergegenwärtigen, daß seit 1896[4] eine allgemeine Preissteigerung eingetreten ist. Für die Spinnerei ist von Bedeutung gewesen die Preissteigerung der Hilfsmittel zur Produktion wie der Öle, Schmiermittel, Packmaterialien, Pappehülsen (Copse), der Werkzeuge, Maschinenteile (Eisen!) und nicht zuletzt der Kohlen; sie rief wieder andererseits Versuche hervor, durch technische Verbesserungen der verteuernden Wirkung zu begegnen. Z. B. bessere Ausnützung der Heizmaterialien durch rationelle Feuerungseinrichtungen (vollständige Ausnützung der Feuergase durch Rauchverzehrung).

Eine Steigerung der sozialen Lasten ist seit 1890 allerdings durch die stetig fortgeschrittene soziale Gesetzgebung des Reichs eingetreten. Die schon genannte Augsburger Spinnerei am Stadtbach wendete auf „für gesetzliche Arbeiterfürsorge“:

Jahr	Summe Mk.	pro Arbeiter Mk.	pro Pfund Garn Pf.
1885	6 500	6	0,12
1890	10 647	9,5	0,17
1895	15 524	18,5	0,22
1900	16 551	19,3	0,20
1903	20 510	21,7	0,22
1906	43 153	40,6	0,40
1912	66 366	53,2	0,60

[1] Augsburg 1907, S. 3.

[2] Chemnitz 1907, S. 96.

[3] Außer den schon zitierten H.B., München-Gladbach 1907, S. 22. Chemnitz 1908, S. 91.

[4] Eulenburg, Die Preissteigerung des letzten Jahrzehnts, Leipzig 1912, S. 14—19.

Bei der Steigerung der sozialen Lasten darf jedoch niemals vergessen werden, daß der Belastung auf der einen Seite ein Plus gegenübersteht in der wohltätigen Wirkung der sozialen Fürsorgeeinrichtungen auf die Gesundheit und Leistungsfähigkeit der industriellen Arbeiterschaft.

Was die Erhöhung der Steuern betrifft, so ist dazu zu bemerken, daß die meisten Spinnereien in der Form von Aktiengesellschaften betrieben werden. Die steuerliche Erfassung der Aktiengesellschaften ist durch die neuere Steuergesetzgebung des Reichs und verschiedener Bundesstaaten sehr verschärft worden.

In diesem Zusammenhang soll auch die Amortisation und ihre eventuelle Veränderung kurz berücksichtigt werden. Die Amortisationsquote ist abhängig einmal von den Anlagekosten des Betriebs, dann von der produzierten Menge. Je billiger die Anlage, je höher die Produktion, desto geringer kann die Amortisationsquote bei der Kostenkalkulation gewählt werden, wenn man die gleiche Lebensdauer der Anlage ansetzt; andererseits vollzieht sich die Amortisation um so schneller, wenn man bei steigender Produktion die gleiche Amortisationsquote beibehält. Von Einfluß auf die Höhe der Amortisation ist auch die Behandlung der Maschinen durch die Arbeiter; je schonender sie mit ihnen umgehen, desto länger währt die Gebrauchsfähigkeit.

Nach der Reichsenquete[1] betrugen die Anlagekosten pro Spindel 50—60 Mk. Sachverständigenangaben der neuesten Zeit nach rechnet man heute ungefähr 50 Mk. pro Spindel. Die Anlagekosten haben sich demnach nicht verbilligt. Nachdem seit 1878 die Produktion gestiegen ist und die Qualität der Arbeitsleistung sicherlich nicht zurückging, wird anzunehmen sein, daß die Amortisationsquote seit dieser Zeit zurückgegangen ist. Sachverständigenangaben zufolge hat sich die Amortisationsquote infolge der umfassenden Reorganisationen der Betriebe in letzter Zeit etwas erhöht.

Damit wären die wichtigsten Bestandteile der Generalunkosten untersucht: Es ergibt sich, daß eine Reihe von Bestandteilen, und zwar die wichtigeren, wie Hilfsmaterialien, Steuern, soziale Lasten sich verteuert haben, andere, wie Abfall und Verkaufsspesen (siehe erster Teil), auch vielleicht Amortisation, haben sich seit 1890 nicht wesentlich geändert, nur die Fracht und Spesen des Rohstoffbezugs und die Versicherung haben sich teilweise verbilligt. Im Ganzen wird wohl eine nicht unbedeutende Steigerung der Generalunkosten eingetreten sein. Ob die absolute Steigerung der Generalunkosten auch die Produktionskosten pro produzierte Einheit

[1] Bericht der Kommission, S. 25.

gesteigert hat, kann erst später bei der Untersuchung des Einflusses der Verkürzung der Arbeitszeit auf die Produktion geprüft werden.

Die Frage, wie die Arbeitslöhne die Gestaltung der Produktionskosten beeinflußt haben, ob sie besonders an der jüngsten Steigerung der Kosten beteiligt sind, ist eingehender zu untersuchen.

In der Spinnerei spielen Zeitlöhne eine geringe Rolle, die Form der Akkordlöhne überwiegt weitaus. Bei fortschreitender industrieller Entwicklung ist es normal aufzufassen, wenn durch die technischen Verbesserungen und die steigende Leistungsfähigkeit der Arbeiter die Akkordlöhne, damit die Kosten der Arbeit pro Produktionseinheit heruntergehen; infolge der technischen Verbesserungen kann der Arbeiter mehr leisten und verdient dabei ebensoviel und mehr als früher, trotzdem meist auch eine Verkürzung der Arbeitszeit diese Entwicklung begleitete [1]. Die auf Grund der Veröffentlichungen der Spinnerei am Stadtbach aufgestellten Berechnungen haben auch deutlich das Herabgehen der Kosten der Arbeit auf das Pfund Garn für den Zeitraum 1865—1903 gezeigt. Daß dabei die Entwicklung der Arbeitereinkommen eine steigende Richtung einschlug, zeigt folgende Aufstellung, welche den Durchschnittslohn der Spinnerei am Stadtbach enthält.

1865 . . .	350 Mk.	1895 . . .	643 Mk.
1870 . . .	400 „	1900 . . .	656 „
1875 . . .	481 „	1903 . . .	669 „
1880 . . .	500 „	1906 . . .	714 „
1885 . . .	500 „	1912 . . .	793 „
1890 . . .	532 „		

Zu bemerken ist bezüglich der absoluten Höhe, daß die minderbezahlten jugendlichen und weiblichen Arbeitskräfte in der Berechnung inbegriffen sind, bezüglich der großen Steigerung seit 1890, daß die Verwendung jugendlicher Arbeiter immer mehr gesetzliche Einschränkungen erfuhr und daß dadurch die durchschnittliche Lohnsteigerung größer erscheint als es tatsächlich der Fall war.

Graßmann [2] berechnet aus Lohnlisten von Augsburger Spinnereien einen täglichen Durchschnittsverdienst für

	1870	1890
Taglöhner	1,54	1,85
Spinner (Akkord)	2,28	2,95
Ansetzer (Akkord)	1,29	1,76

[1] Vgl. Schulze-Gävernitz S. 153.
[2] S. 169.

	1870	1890
Banc à Broches Spinnerinnen	1,43	1,71
Drößlerinnen	1,54	1,77
Bobinenbeugerinnen	0,97	1,36

Nach privaten Angaben stellten sich durchschnittlich 1910:

Taglöhner	auf 3,00	Mk.
Selfaktorspinner	„ 4,20	„
Ansetzer, männlich	„ 2,83	„
Banc à Broches Spinnerinnen .	„ 2,80	„
Droßlerinnen	„ 2,60	„
Bobinenbeugerinnen	„ 2,60	„

Die erhöhten Verdienste der Arbeiter bei sinkenden Akkordsätzen ermöglichten eine bessere Lebenshaltung, was wieder der Arbeitsleistung und Geschicklichkeit zustatten kam.

Hatte die bisherige industrielle Entwicklung zu sinkenden Akkordsätzen geführt, so wurde in jüngster Zeit wieder von einer Steigerung der Löhne, der Akkordsätze berichtet [1]. Als Gründe werden angeführt der Mangel an gelernten tüchtigen Arbeitern, die bedeutende Verteuerung des Lebensunterhalts, endlich die letzte Verkürzung der Arbeitszeit.

Schulze-Gävernitz führt in einer Tabelle an [2], daß der reine Spinnlohn pro Pfund engl. Garn bei Selfaktoren und Nr. 36 in Süddeutschland 4 Pf. (für 1/2 kg demnach rund 4,4 Pf.), in Oldham in England 2,88—3,25 Pf. betrug. Die Kosten der Arbeit waren in der damals weit überlegenen englischen Spinnerei bedeutend geringer. Bei steigender industrieller Entwicklung hätte sich für die deutsche Spinnerei eine Entwicklung der Arbeitskosten in absteigender Richtung erwarten lassen. Nach einer privaten Mitteilung betrug in jüngster Zeit bei Nr. 36 der reine Spinnlohn pro Pfund deutsch 5,2 Pf. bei Selfaktoren, bei Ringdrosseln 4 Pf. Danach sind bei Selfaktoren die Kosten der Arbeit gestiegen.

Die jüngste Verteuerung des Lebensunterhalts hat die Spinner vielfach zu höheren Löhnen, Teuerungszulagen gezwungen. Über die Gründe der letzten Lebensmittelteuerung sprechen sich die Berichte der Interessenten nirgends aus. Sollten sie je einmal in der deutschen Zollpolitik erblickt werden, so ist daran zu erinnern, daß es gerade die Spinnerei war, welche

[1] H.B. Augsburg 1905, S. 3; 1907, S. 3. Bayreuth 1906, S. 188; 1909, S. 154; 1910, S. 32. Chemnitz 1910, S. 44; 1909, S. 87.

[2] S. 138.

1878 im Bunde mit der Landwirtschaft und der Eisenindustrie den Umschwung der deutschen Handelspolitik vom Freihandel zum Schutzzoll und später die Hochschutzpolitik befürwortete.

Als Hauptursache der Steigerung der Löhne und auch der gesamten Herstellungskosten wird die letzte Verkürzung der Arbeitszeit geltend gemacht. Es sei bis jetzt nicht möglich gewesen, durch weitere technische Fortschritte eine größere Produktion zu erzielen, um dem Arbeiter auch bei gekürzter Arbeitszeit den gleichen Verdienst zu ermöglichen; infolgedessen habe man, um eine Minderung der Einkommen zu vermeiden, zu einer Lohnerhöhung schreiten müssen[1]. Dadurch seien die Kosten der Arbeit gestiegen. Als bedeutender noch wird die Wirkung der verkürzten Arbeitszeit auf die übrigen Herstellungskosten dargestellt. Da die Spinnerei bereits mit höchster Intensität arbeite, so sei die Grenze der Leistungsfähigkeit erreicht und somit habe die letzte Einschränkung der Arbeitszeit von 11 auf 10 Stunden eine Minderproduktion von annähernd 10 % im Gefolge gehabt. Da ein Ausgleich der geminderten Produktion durch erhöhte Intensität der Maschinen nicht mehr erfolgen konnte, seien die Produktionskosten pro produzierte Einheit infolge der relativen Steigerung der Generalunkosten, die sich jetzt auf eine geringere Produktionsmenge verteilten, gestiegen, so daß die Einschränkung der Arbeitszeit auch eine erhebliche Steigerung der Kosten gebracht habe.

Die Klagen über die nachteiligen Wirkungen der Verkürzung der Arbeitszeit tauchen jedesmal auf, wenn eine Reduktion des Arbeitstages eintrat. In verstärktem Maße allerdings werden sie erhoben seit der jüngsten gesetzlichen Beschränkung der Arbeitszeit.

In den Jahren 1860—1870 war eine 13—14 stündige Arbeitszeit in der deutschen Baumwollindustrie die Regel; so betrug in Chemnitz und Umgegend die tägliche Arbeitszeit 1868 14 Stunden, 1873 12 Stunden, 1892 11 Stunden[2]. In Augsburg betrug die Arbeitszeit von Mitte der fünfziger Jahre bis 1869 täglich 13 Stunden, 1869—1889 12 Stunden, 1889—1892 11 Stunden[3].

Die Herabsetzung der Arbeitszeit in den siebziger Jahren auf 12 Stunden wurde von seiten der Unternehmer in ihrer Wirkung auf die Produktion und die Produktionskosten ungünstig beurteilt[4]. Von seiten der Wissenschaft wurde damals dieser Ansicht der Spinner in ge-

[1] Siehe die vorher zitierten H.B.

[2] H.B. Chemnitz 1892, S. 316.

[3] Graßmann, S. 95.

[4] Reichsenquete, Protokolle S. 31, 91.

wisser Beziehung Recht gegeben. Alfons Thun schrieb 1879[1]: „Die Weber gehen auf die Beschränkung der Arbeitszeit weit bereitwilliger ein als die Spinner; bei diesen hängt die Produktivität der Arbeit weit mehr von dem ununterbrochenen Gang der Maschinen als von der Aufmerksamkeit der Arbeiter ab. Eine durch Verkürzung der Arbeitszeit gesteigerte Aufmerksamkeit und Fähigkeit der Arbeiter vermochte daher wohl in der Weberei, weniger aber in der Spinnerei den Ausfall zu ersetzen." Die letztere Folgerung trifft unzweifelhaft zu für die kritischen Jahre des Übergangs zur verkürzten Arbeitszeit, für die ersten Jahre nach ihrer Einführung; mit der Zeit hat der technische Fortschritt und die gerade durch die Herabsetzung der Arbeitszeit gesteigerte Leistungsfähigkeit der Arbeiter die anfängliche Minderung der Produktionskosten wieder ausgeglichen. Auch die Industrie erkannte auf Grund ihrer eigenen Beobachtungen, daß eine Verkürzung der Arbeitszeit durchaus nicht immer eine Minderung der Produktion und eine Erhöhung der Kosten bedeute und änderte ihren Standpunkt[2]. Der Vergleich zwischen den Produktionsverhältnissen der siebziger Jahre und heute an Hand der Berechnungen hat ergeben, daß trotz fortgesetzter Verkürzung der Arbeitszeit die Produktion erheblich gestiegen war.

Eine neue Herabsetzung der Arbeitszeit fand im Jahre 1892 statt. Eine Novelle zur Gewerbeordnung (Gesetz betreffend die Abänderung der Gewerbeordnung vom 1. Juni 1891, „Arbeiterschutzgesetz") minderte damals die Beschäftigung von Arbeiterinnen auf elf Stunden herab. Die Produktionsverhältnisse in der Baumwollindustrie bedingen nun eine starke Verwendung weiblicher Arbeitskräfte im Zusammenwirken mit männlichen. Die ganze Vorspinnerei wird von weiblichen Arbeitskräften bedient und in der eigentlichen Feinspinnerei erfordern nur die Selfaktoren männliche Bedienung. Wird nun die Arbeitszeit der weiblichen Arbeiter eingeschränkt, so muß notwendigerweise auch der männliche Teil der Arbeiterschaft eines Betriebes der Einschränkung unterworfen werden. Die Gewerbeordnungsnovelle von 1891 hatte somit allgemein die Einführung des Elfstundentages (65 Stunden pro Woche) in der Baumwollindustrie zur Folge.

Auch 1891 stoßen wir auf Äußerungen der Interessenten, die ersehen lassen, daß man von der neuerlichen Verkürzung der Arbeitszeit ungünstige Wirkungen verspürte. Graßmann[3] berichtet für die Augsburger Baum-

[1] A. Thun, Die Industrie am Niederrhein, I. Teil 1879, S. 185.

[2] Vgl. Thun S. 184, Graßmann S. 172/173.

[3] S. 173.

wollspinnerei, daß ein großer Teil der Arbeitgeber erklärte, daß der Ausfall in der Produktion infolge der letzten Verkürzung der Arbeitszeit bisher uneinbringlich bzw. nur durch Aufstellung neuer Maschinen (Änderung der Vorwerke, der Arbeitsteilung und der Betriebsweise) und Vermehrung der Arbeiter zu ersetzen sei. Nur ein Spinner habe die Erhöhung der Arbeitstüchtigkeit seiner Leute durch die Verkürzung der Arbeitszeit bis zu einem gewissen Grade zugegeben und ein anderer Betrieb habe gleichzeitig mit der Kürzung eine beträchtliche Lohnerhöhung vorgenommen und hauptsächlich hierdurch — der Arbeiterwechsel ging um die Hälfte zurück — bessere und leistungsfähigere Arbeiter gewonnen. Der drohende Ausfall der Produktion wurde durch Vereinfachung des Betriebs wettgemacht, wodurch auch die Reduktion der Arbeiterzahl um 25 % möglich wurde.

Gerade 1890—1900 erfolgten, wie festgestellt, einige bedeutende Fortschritte in der Produktion. Die Verkürzung der Arbeitszeit zwang Betriebe, die technisch nicht mehr ganz auf der Höhe waren, zu einschneidenden Betriebsorganisationen unter Aneignung der neuesten technischen Errungenschaften. Auch die Entwicklung zum Großbetrieb erhielt durch die Abkürzung der Arbeitszeit einen neuen Anstoß. Durch all dies wurden allmählich die produktionsverteuernden Wirkungen der Abkürzung der Arbeitszeit kompensiert. Soweit wie oben von ungünstigen Wirkungen berichtet wird, so muß man die Mitteilungen eben auf die kritische Zeit der Übergangsperiode beziehen, in welcher naturgemäß bei dem plötzlichen Übergang von der längeren zur kürzeren Arbeitszeit eine augenblicklich uneinbringlich erscheinende Minderung der Produktion und eine Verteuerung der Kosten eintrat. Wie aus den mitgeteilten Berechnungen hervorgeht, wurde mit der Zeit auch diese zweite Herabsetzung der Arbeitszeit durch gesteigerte Produktivität kompensiert.

Nun erfolgte durch das Gesetz betreffend die Abänderung der Gewerbeordnung vom 28. Dezember 1908 eine weitere Herabsetzung der Arbeitszeit für Arbeiterinnen von elf auf zehn Stunden, womit auch eine entsprechende Herabsetzung der Arbeitszeit für Männer bedingt war. Der gesetzliche Termin des Inkrafttretens war der 1. Januar 1910, doch wurde verschiedentlich die Herabsetzung schon seit 1906 durch Übereinkommen der Unternehmer vorgenommen.

Eine Kompensierung der neuerlichen Verkürzung war möglich:

1. Durch allmähliche Erhöhung der Leistungsfähigkeit der Arbeiter durch die Verkürzung der Arbeitszeit; sie wurde von den Industriellen schon bei früheren Herabsetzungen der Arbeitszeit zugegeben (siehe oben); auch kann man annehmen, daß die früher erwähnte Minderung der Produk-

tionsverluste in gewissem Zusammenhang steht mit der Abkürzung der Arbeitszeit; der Arbeiter versieht mit gesteigerter Aufmerksamkeit seine Tätigkeit. Eine Erhöhung der Leistungsfähigkeit der Arbeiter durch die gestiegenen Löhne ist wohl nicht erfolgt, da diese fast ganz durch die verteuerte Lebenshaltung ausgeglichen wurden.

2. Durch Ausbildung neuer technischer und wirtschaftlicher Fortschritte im Betrieb.

Nun hat schon Thun bemerkt, daß bei der Spinnerei die Produktion weniger abhängig ist von der Leistungsfähigkeit der Arbeiter als von den Maschinen. In der technischen Entwicklung der Spinnerei scheint aber seit einer Reihe von Jahren ein gewisser Abschnitt eingetreten zu sein. Die Maschinen laufen mit der höchsten Tourenzahl, so daß eine Erhöhung der Intensität nach dieser Richtung hin ausgeschlossen erscheint. Die Einschränkung der Arbeitszeit hat augenblicklich eine Minderung der Produktion gebracht, somit zur Erhöhung der Produktionskosten beigetragen dadurch, daß die Generalunkosten sich auf eine geringere Produktion verteilen. Die Berechnungen aus dem Betriebe der Stadtbachspinnerei scheinen diese Tatsache zu bestätigen. Die Jahresproduktion pro Arbeiter wie pro Spindel ging seit 1903 — die verkürzte Arbeitszeit wurde in Augsburg schon am 1. Januar 1906 eingeführt — etwas zurück, der Gesamtarbeitslohn pro Pfund stieg, was darauf hindeutet, daß die Löhne infolge der Verkürzung der Arbeitszeit erhöht werden mußten.

Augenblicklich befindet sich die Baumwollspinnerei tatsächlich in einer kritischen Übergangsperiode und muß infolge der verschiedenen obenangeführten Momente mit erhöhten Herstellungskosten rechnen. Mag auch diesmal der Ausgleich der gestiegenen Kosten durch verschiedene Betriebsfortschritte länger auf sich warten lassen, auf die Dauer wird er so wenig wohl, wie früher, ausbleiben. Ansätze, ihn herbeizuführen, sind bereits gemacht. Die Produktionsminderung suchte man durch Betriebserweiterung, d. h. Neuaufstellung von Spindeln einzubringen; durch die dadurch herbeigeführte Steigerung der Produktion ist es möglich, eine Verteilung der gestiegenen Kosten auf die vergrößerte Produktion zu bewirken, das alte Verhältnis zwischen Produktionskosten und Produktion wieder herzustellen.

Besonders in den guten Geschäftsjahren 1905—1907 fanden bedeutende Produktionsausdehnungen statt mit dem Zweck, die verhältnismäßigen Produktionskosten zu mindern. Sie sind natürlich an das Vorhandensein eines entsprechenden Absatzes gebunden. Wie schon erwähnt, veranlassen Jahre guten Geschäftsgangs gewöhnlich zu Betriebsvergrößerungen; erfolgt dann wie 1908 ein Umschlag der Konjunktur, dann tritt Überproduktion und Absatzstockung ein und schließlich muß man sich zu einer Betriebseinschränkung entschließen, welche die Produktionskosten für die Dauer derselben sehr in die Höhe schnellen läßt.

Die Verkürzung der Arbeitszeit beschleunigt in der Spinnerei die an und für sich schon vorhandene großgewerbliche Entwicklung und macht es den kleineren Betrieben immer schwerer, sich neben den Großbetrieben zu behaupten.

Die Baumwollspinnerei von Lancashire hatte 1890 schon die neunstündige Arbeitszeit (55 Stunden pro Woche[1]) und arbeitet gegenwärtig mit 8½ Stunden, ohne ihre Produktionskraft eingebüßt zu haben. Der Entwicklungsgang der englischen Baumwollspinnerei ist ein Beispiel dafür, daß die Verkürzung der Arbeitszeit auf die Produktion nicht nachteilig wirkt, wenn nur zugleich ein stetes Vorwärtsschreiten der wirtschaftlichen Verfassung und technischen Ausstattung damit erfolgt.

Eine Reihe von Vorteilen, welche die englische Baumwollspinnerei genießt, die günstige Lage in der nächsten Nähe der Hafenorte, die große geographische Zentralisation, wird von der deutschen Baumwollspinnerei nicht einzuholen sein, aber nach verschiedener Richtung hin kann auch sie die von der englischen Baumwollspinnerei betretenen Wege einschlagen und hat es schon getan. Die Ausbildung des Großbetriebs macht weitere Fortschritte; daneben wäre auch eine stärkere Spezialisierung in der Fabrikation — in Oldham spinnen z. B. schon seit Jahren Spinnereien eine oder wenige Nummern jahraus jahrein — geeignet, die Produktion möglichst zu steigern und die menschliche Arbeit zur höchsten Leistungsfähigkeit zu bringen. Produktionsfortschritte dieser Art werden mit der Zeit auch diesmal den Ausgleich herbeiführen helfen.

Zusammenfassung.

Das Ergebnis der Untersuchungen über die Garnpreise und die Garnmargen läßt sich kurz folgendermaßen zusammenfassen: Die Baumwollpreise haben während der letzten beiden Jahrzehnte die Garnpreise in maßgebender Weise beeinflußt, insbesondere ist die Preissteigerung der Garne innerhalb der letzten zehn bis zwölf Jahre auf die Preisbewegung der Baumwolle zurückzuführen.

Was die Einwirkung der Produktionsverhältnisse auf die Garnpreise betrifft, so sind sie an der Bewegung der Marge zu erkennen; diese ist daneben stark beeinflußt von der Gestaltung der Marktverhältnisse, des wechselnden Angebots und der Nachfrage. Die Fortschritte, welche die deutsche Baumwollspinnerei in bezug auf die wirtschaftliche Verfassung,

[1] Schulze-Gävernitz S. 136.

Produktionstechnik und Leistungsfähigkeit der Arbeiter gemacht hat, waren für die Zeit 1860—1890 die Hauptursache der Verbilligung der Produktion, folglich der allmählichen Verringerung der Spinnmarge. Der Druck des Weltmarktes war es, der zur möglichsten Kompression der Produktionskosten zwang und so mit auf die Verringerung der Marge einwirkte. Verglichen mit den Margen seit 1890 war das Sinken ziemlich bedeutend, besonders wenn man den wirtschaftlichen Charakter der einzelnen Jahre berücksichtigt. Hierfür einige Beispiele: 1878 und 1879 waren für die Spinnerei schlechte Jahre. Die für 36/42 durchschnittlich erzielte Marge betrug 1878 37,1, 1879 36 Pf., Spannungen, welche heute als ganz auskömmliche gelten und z. B. seit 1890 in guten Jahren wie 1893—95 und 1904 auch von den Höchstmargen nicht überschritten wurden. Die Minima der Margen seit 1890 wie z. B. 1899—1901 und 1910 liegen durchschnittlich tiefer als die vor 1890 z. B. 1878/79.

Seit 1890 ist in den Produktionsverhältnissen kein Stillstand eingetreten, trotzdem läßt sich ein weiteres Sinken der Kosten und der Marge nicht mehr nachweisen; im Gegenteil, man kann eine Steigerung der Kosten seit 1905 annehmen, verursacht durch Momente, welche der Verbilligung der Produktion durch technische Fortschritte entgegenwirkten. Ob die jüngste Steigerung der Selbstkosten vorübergehend oder dauernd ist, kann noch nicht beurteilt werden. Nach der Erfahrung aus früheren Zeiten wird man annehmen dürfen, daß die letzte Verkürzung der Arbeitszeit, welche nach Anschauung der Produzenten die Hauptursache der gegenwärtigen Produktionsverteuerung bildet, mit der Zeit durch ihre erfahrungsgemäß günstige Wirkung auf die Leistungsfähigkeit der Arbeiter einerseits, durch weitere technische Fortschritte andererseits kompensiert werden wird; dadurch kann die Verteuerung der Produktion teilweise wieder gemindert werden.

Ob die letzte Erhöhung der Kosten in der Marge schon zum Ausdruck gekommen ist, läßt sich erst beurteilen, wenn eine weitere Reihe von Jahren wechselnder Marktverhältnisse eine Überschau über die Entwicklung und einen Vergleich mit früheren Perioden gestattet. Der Druck des Weltmarktes, der auf die Verbilligung der Kosten und damit auf die Senkung der Marge hingewirkt hat, wird es auf der anderen Seite erschweren, daß die gestiegenen Kosten die Marge beeinflussen. Bis jetzt zeigt auch die Marge noch keinerlei Spuren des Einflusses der gestiegenen Kosten. Die Kostensteigerung erfolgte damit auf Kosten des Gewinns am einzelnen Pfund Garn, worunter besonders die kleineren, teurer produzierenden Werke zu leiden haben. Eine Verringerung der Gesamtrente des Betriebs wäre die Folge, wenn nicht die allenthalben vorgenommenen

Betriebsausdehnungen eine Mehrung der Produktion, folglich die Erzielung der gleichen Rente wie früher, wenn auch unter verringertem Fabrikationsnutzen pro Pfund, ermöglichen würden.

Garnzölle und Garnpreise.

Zum Schluß möge die Frage kurz behandelt werden, inwieweit die deutschen Garnzölle auf die Garnpreise gewirkt haben.

Baumwolle und Baumwollabfälle gehen zollfrei in das deutsche Zollgebiet ein. Der Import von Baumwollgarnen dagegen ist mit Zöllen belastet, welche abgestuft sind nach der Nummer. Der den Garnen gewährte Zollschutz ist als Schutz für die Marge zu betrachten, da der Weltmarktspreis der Baumwolle als Basis für die Garnpreise überall gleich ist.

Die Zollsätze auf eindrähtige rohe baumwollene Garne waren durch den Zolltarif von 1879 folgendermaßen festgesetzt:

Nr.	auf 100 kg	
1—17 . . .	12 Mk.	
17—45 . . .	18 „	
45—60 . . .	24 „	
60—79 . . .	30 „	Vertragstarif seit 1892
über 79 . . .	36 „	24 Mk.

Diese Zollsätze blieben unverändert bis zum Zolltarifgesetz vom 25. Dezember 1902 mit Ausnahme der Feingarnzölle, welche im Handelsvertrag mit der Schweiz vom 1. Februar 1892 für Nr. 60 bis 79 und darüber auf einheitlich 24 Mk. erniedrigt wurden. Infolge der Meistbegünstigung gelangte auch Großbritannien und Irland in den Genuß dieser Ermäßigung.

Die Frage der Baumwollgarnzölle im neuen deutschen Zolltarif verursachte heftige Kontroversen zwischen den Interessenten, den auf eine Erhöhung oder mindestens Beibehaltung der bisherigen Zölle hinarbeitenden Spinnern und den eine Ermäßigung der Zölle anstrebenden, zum großen Teil exportierenden Webern und andern Baumwollgarnkonsumenten (Wirkerei usw.). Der Gegensatz zwischen Garnproduzenten und Garnkonsumenten in der Zollfrage trat besonders in der rheinisch-westfälischen Industrie auf, während in der süddeutschen Baumwollindustie bei der großen Rolle, welche dort die Produktionsform „Spinnweberei" spielt, und infolge des Umstandes, daß die süddeutsche Weberei ihre Erzeugnisse vorwiegend im Inlande absetzt, dieser Gegensatz weniger hervortrat. Der Kampf drehte sich vorwiegend um die Zölle auf feinere Garne über Nr. 60, welche im Inland nur in ungenügender Menge hergestellt werden. Die Extreme der beiderseitigen Wünsche stellen die Tarifvorschläge des elsässischen Industriellensyndikats, welches besonders die Interessen der elsässischen Feinspinnerei vertrat, einerseits und des Verbandes deutscher Baumwollgarnkonsumenten andererseits dar [1]. Das elsässische Industriellensyndikat forderte:

für die Nummer	auf 100 kg
1—17 . . .	12 Mk.
17—30 . . .	18 „
30—45 . . .	24 „
45—69 . . .	32 „
69—79 . . .	40 „
79—100 . . .	50 „
über 100 . . .	65 „

Demgegenüber beantragte der Verband deutscher Baumwollgarnkonsumenten, die Organisation der vorwiegend auf den Export angewiesenen Weber, Wirkwarenfabrikanten usw. folgende Zölle:

Nr.	auf 100 kg
1—17 . . .	3 Mk.
17—46 . . .	9 „
46—82 . . .	15 „
über 82 . . .	18 „

Der Zolltarif vom 25. Dezember 1902 brachte folgende Sätze:

Nr.	auf 100 kg	
Bis 11 . . .	6 Mk.	
11—17 . . .	8 „	
17—22 . . .	11 „	
22—32 . . .	14 „	
32—47 . . .	18 „	
47—63 . . .	22 „	
63—83 . . .	28 „	Vertragstarif 25 Mk.
83—102 . . .	34 „	„ 28 „

Gegenüber dem Tarif von 1879 waren dies fast durchwegs erniedrigte Sätze. Sie traten in Kraft am 1. März 1906.

Da wir es in der Arbeit mit den Standardartikeln zu tun haben, interessiert uns weniger die Wirkung des Feingarnzolls als die Wirkung

[1] Wochenberichte der Leipziger Monatsschrift 1900, Nr. 49.

der Zölle für mittlere und grobe Garne auf die Preise. Für die Nr. 20/20 beträgt nach dem neuen Tarif der Zoll auf das halbe Kilogramm 5,5 Pf., für 36/42 9 Pf.; 1879—1906 betrug der Zoll gleichmäßig für beide Qualitäten 9 Pf.

Die englische Baumwollspinnerei ist der Hauptkonkurrent der deutschen Spinnerei und gegen sie waren die schutzzöllnerischen Maßnahmen hauptsächlich gerichtet. Zur Zeit der Änderung der deutschen Wirtschaftspolitik 1879 war die englische Baumwollspinnerei der deutschen sehr überlegen, besonders in der Fabrikation feinerer Garne[1]. Die deutsche Spinnerei konnte weder qualitativ noch quantitativ — über Nr. 36 konnte sie nach Angaben in der Reichsenquete mit England nicht mehr konkurrieren[2] — den Bedarf decken; der Import war infolgedessen sehr bedeutend. Die deutschen Garnpreise folgten den englischen in Manchester notierten Garnpreisen vollständig plus Spesen, Fracht und Zoll[3], der Zoll kam vollständig zum Ausdruck. Die gesteigerte Leistungsfähigkeit der deutschen Baumwollspinnerei verschaffte ihr mit der Zeit in niederen und mittleren Nummern die Herrschaft über den deutschen Markt, so daß sie ihn heute bis Nr. 45 fast vollständig versorgen kann[4]. Der Anteil der Einfuhr am inländischen Verbrauch ging immer mehr zurück. Die Garneinfuhr betrug in Prozenten des Verbrauchs[5]:

1886—1890 . . .	12
1891—1895 . . .	8,5
1898 . . .	8
1899 . . .	7,9

Der prozentuale Rückgang ist fast allein auf den Rückgang der Einfuhr in groben und mittleren Garnen zurückzuführen, welche jetzt sehr gering ist. So betrug 1897 die Einfuhr in Prozenten des Verbrauchs[6]:

Nr.	
Bis 17 . . .	1,9
17—45 . . .	10
45—60 . . .	66,2

[1] Schulze-Gävernitz S. 104 ff.

[2] Schulze-Gävernitz S. 114.

[3] Reichsenquete S. 353, 399.

[4] Lochmüller, Zur Entwicklung der deutschen Baumwollindustrie, Jena 1906, S. 23.

[5] Verhandlungen des Reichstags, 10. Legislaturperiode, II. Session 1900/1902, Anlageband IV, S. 246 Tabelle.

[6] Anlageband IV, S. 246.

Nr.	
60—79 . . .	80,9
über 79 . . .	100,2

Nach den Produktionserhebungen von 1897[1] betrug die inländische Produktion (Doppelzentner):

Nr.		die Einfuhr
Bis 17	989 721 dz.	18 791 dz. *
17—45	1 303 175 „	142 876 „ *
45—60	23 299 „	42 331 „
60—79	7 373 „	28 401 „
über 79	2 422 „	23 309 „

* Anmerkung: Die beiden Zahlen sind 1897 vorübergehend bedeutend höher als sonst infolge der Exportaktion der kartellierten österreichischen Spinner. Ohne diesen Export wäre die erste Zahl 15 000 dz., die zweite 11 000 dz. niedriger. Bei den feineren Garnen ist die inländische Produktion minimal, wenn auch in Zunahme begriffen. So betrug nach einer Aufstellung der Handelskammer Augsburg (Handelskammerbericht 1901, S. 114) in der bayerischen Spinnerei die Garnproduktion in dz.:

Nr.	1890	1900	Zunahme %
Bis 17	99 217,47	129 534,98	30,56
17—45	201 844,57	285 406,85	41,40
45—60	873,81	2 171,10	148,46
60—79	—	508,07	—
über 79	—	111,23	—

Die Zunahme der Feingarnproduktion in Bayern erfolgte in einer Zeit, wo man wegen der Ermäßigung der Feingarnzölle im Handelsvertrag mit der Schweiz den Ruin der deutschen Feingarnspinnerei voraussagen zu müssen glaubte.

Die Produktion an Feingarn deckt, wie gesagt, den inländischen Bedarf nicht im entferntesten (siehe Produktionserhebung). Fast der ganze Bedarf an Feingarn muß aus dem Auslande bezogen werden; die Wirkung des Zolls kommt vollständig zum Ausdruck, der deutsche Verbraucher muß Weltmarktpreis plus Zoll, Fracht und Spesen zahlen.

Anders ist es bei den groben und mittleren Garnen. Hier ist die Einfuhr gering (vgl. die Tabellen), der Bedarf kann zu normalen

[1] Anlageband IV, S. 246.

Zeiten vollständig durch das Inland gedeckt werden. Auf dem Inlandmarkt herrscht uneingeschränkte freie Konkurrenz. Es besteht keine Kartellierung der inländischen Produzenten, die eventl. den Garnpreis für grobe und mittlere Nummern gegenüber dem Weltmarktpreis um Zoll, Fracht und Spesen verteuern könnte. Die deutschen Garnpreise für gröbere und mittlere Nummern fallen im allgemeinen mit den Weltmarktpreisen zusammen, der Garnzoll hat keinen Einfluß auf die Preise [1].

Eine eventl. Spannung zwischen Weltmarktpreis und Inlandpreis ist allein durch nationale Elemente, welche auf die Preisbildung einwirken, bedingt. Dadurch kann zeitweilig der deutsche Garnpreis hoch über dem Weltmarktpreis stehen, wie es 1907 der Fall war, kann aber auch unter denselben beträchtlich sinken wie 1908. Ein halbes Kilogramm Copsgarn Nr. 20 englisch kostete Mitte Juni in Manchester franko Fracht, Spesen und Zoll 105 Pf. [2], deutsches Garn notierte zur selben Zeit in Stuttgart 110—112 Pf. (ab Spinnerei!).

Englisches Watergarn kurrant Nr. 20 franko München-Gladbach kostete das Pfund englisch [3]:

1. Mai 1908 . . .	$7^3/_4$ d = 77,8 Pf.,	deutsches	Garn	80 Pf.
5. Juni 1908 . . .	$8^1/_2$ d = 84,4 „	„	„	79 „
14. Aug. 1908 . . .	$7^7/_8$ d = 78,9 „	„	„	71 „

Kette 36 aus Manchester notierte nach Augsburg gelegt 1908 95 Pf. pro $^1/_2$ kg, einheimische Kette 36 83 Pf. [4].

Noch im Mai 1908 standen demnach die deutschen Garne infolge der auslaufenden Hochkonjunktur über den englischen Preisen, den Weltmarktpreisen, im Juni bereits unter ihnen. Die Einflußlosigkeit des Zolls auf die Preisbildung ergibt sich aus diesen Beispielen. Bei Einheit von Weltmarktpreis und Inlandpreis und bei ausreichendem Angebot an inländischem Garn hat der Zoll die Wirkung, daß ausländisches Garn nur hereingelangt, wenn das Ausland den Zoll trägt. Dies ist schon mehrere Male der Fall gewesen (vgl. die Exportaktionen der österreichischen Spinner 1897 und neuerdings 1912/13). — Steht der deutsche Garnpreis wie 1907 hoch über dem Weltmarktpreis, so bildet der Zoll kein Hindernis, daß vom Auslande Garn auf den deutschen Markt geworfen wird.

[1] Vgl. dazu auch Gothein, Der deutsche Außenhandel, Berlin 1901, S. 219.

[2] Wochenberichte 1907, Nr. 22, „Der Geschäftsgang in den niederrheinischen Spinnereien".

[3] Wochenberichte 1908, Nr. 36, München-Gladbacher Bericht.

[4] H.B. Augsburg 1908, S. 3.

C. Die Rohgewebe.

Die Preisgestaltung des Baumwollrohgewebes ist in erster Linie beeinflußt von den Preisen der Baumwolle und des Baumwollgarns, welches den größten Teil seines Wertes ausmacht. Der Anteil der Baumwolle am Gesamtwert des Rohgewebes pro Meter ist prozentual geringer als beim Garn, da durch die Weiterverarbeitung neue Kosten aufgelaufen sind, die einen Teil des Gewebepreises ausmachen. Bei gröberen Geweben wie 16/16 fädige Cretonnes macht das Garn etwa drei Viertel des Gesamtwertes aus, die reine Baumwolle allein 50—60 %. Bei Geweben mittlerer Feinheit wie 19/18 fädiger Kattun macht das Garn etwa zwei Drittel, die reine Baumwolle 40—45 % aus. Der Anteil ist natürlich je nach dem Preisverhältnis zwischen Baumwolle, Garn und Gewebe verschieden. So berechnete sich Januar 1904, wo die Baumwolle einen hohen Preis hatte, die Spinn- und Webmargen aber dagegen gering waren, der Wert des Rohstoffs in Metern Rohgewebe 19/18, dieses gleich 100 % gesetzt, zu 64 %, die Spinnmarge zu 15 %, die Webmarge zu 21 %, also Garn 79 %. Ende Dezember 1906, wo die Baumwolle gegen 1904 billig war und wo dafür die Margen kurz vor ihrem Maximum 1907 standen, machte die Baumwolle nur 37 %, die Spinnmarge 23 %, also Garn zusammen 60 % aus, so daß die Webmarge 29 % des Preises betrug[1].

Die Betrachtung der Preisentwicklung der Baumwollrohgewebe 1890 bis 1912 zeigt den engen Zusammenhang zwischen den Garn- und Gewebepreisen; die Rohgewebe machten im allgemeinen die Preisentwicklung der Garne mit. Sie sanken 1890—1899 und stiegen von da an, beeinflußt durch die steigenden Garnpreise.

Wie bei den Garnen, so erschöpft sich auch bei den Geweben die weitere Untersuchung der Preisentwicklung in einer Betrachtung der Marge und der Einflüsse, welche dauernd oder vorübergehend auf sie wirkten.

Die Webmarge ist im ersten Teil als die rechnerisch ermittelte Spannung zwischen dem Garnpreise und dem Preise des daraus gefertigten Rohgewebes definiert worden. Ihren Hauptbestandteil bilden die Kosten, welche die Herstellung des Rohgewebes aus dem Garn verursacht. Die Herstellungskosten werden also wie bei der Garnmarge der wichtigste Faktor für die Höhe der Gewebemarge sein. Im ersten Teil wurde die Entwicklung der Gewebemarge seit 1890 also ohne eine besonders hervor-

---

[1] v. Kühlmann, Der Terminhandel in nordamerikanischer Baumwolle, Leipzig 1908, S. 57.

tretende Entwicklungstendenz verlaufend charakterisiert. Für 1865—1890 hatte sich eine nach unten verlaufende Richtung ergeben.

Die Schwankungen der Gewebemarge.

Wie die Spinnmarge, so zeigt auch Gewebemarge in ihrer zeitlichen Gestaltung stete Schwankungen von Höhepunkten zu Tiefpunkten. Wir konnten Minima der Gewebemargen konstatieren 1891, 1897, 1901, 1904, 1910, Maxima 1892, 1893/94, 1896, 1900, 1907.

Wie bei der Garnmarge, so läßt sich auch bei der Gewebemarge und ihren Schwankungen ein Zusammenhang mit der jeweiligen Gestaltung der wirtschaftlichen Lage feststellen. In Jahren guten Geschäftsgangs überwiegt die Tendenz nach oben, schlechte Jahre bringen fallende Margen. Die Schilderung der wechselnden wirtschaftlichen Lage in ihrem Einfluß auf die Garnmarge trifft auch auf die Gewebemarge zu. Es erübrigt sich, noch einmal darauf einzugehen, zumal da schon dort die Weberei berücksichtigt wurde und da im ersten Teil der Vergleich zwischen der Garn- und Gewebemarge ergeben hat, daß die Schwankungen der Margen, die Maxima und Minima bei beiden Margen so ziemlich zusammenfallen, daß somit die Konjunktur in gleicher Weise die Garn- und Gewebemarge beeinflußt hat.

Nur einige Fälle lassen sich im Laufe der Entwicklung nachweisen, wo die Spinn- und Webmargen eine divergierende Richtung einschlugen. Diese Jahre sind 1892, wo die Garnmargen fielen und die Gewebemargen stiegen, 1895, wo dasselbe stattfand, ebenso 1898—1900, wo es sich am ausgeprägtesten ereignete und 1904/5, wo umgekehrt die Garnmargen stiegen, die Gewebemargen fielen.

Die Gründe in den ersten drei Fällen sind verschiedene: 1892 und 1895 stiegen die Baumwollpreise stark und es gelang den Spinnern nicht, die Steigerung bei den Garnen durchzusetzen, da die Weberei sich vorher gut mit Garnen versehen hatte, 1895 besonders durch die Importe aus England im Juni 1894 [1], und so der reichlichen Nachfrage bei guten Preisen genügen konnte. 1898—1900 fiel die Baumwolle stark, dazu wirkten die österreichischen Importe des Jahres 1897 nach [2], alles Momente, welche die Spinnmarge verringerten und den Webern billiges Garn verschafften. Da sie selbst reichlich mit Aufträgen versehen waren, so konnten sie ihre Preise halten und eine hohe Marge erzielen. 1904/05 prosperierte die Spinnerei sehr, während die Weberei trotz reichlicher Aufträge Anlaß zu Klagen hatte; sie vermochte in ihren Preisen die zuerst stark

[1] H.B. Augsburg 1894, S. 6.
[2] H.B. Augsburg 1897, S. 1.

steigenden, dann ununterbrochen fallenden Baumwollpreise nicht mitzumachen, während die Spinner ihre Garne dem Rohstoff glatt anpassen konnten[1].

Die Schwankungen der Webmarge sind einerseits beeinflußt von der Höhe der Garnpreise, andererseits von der Gestaltung der Nachfrage. Di Baumwoll- bzw. Garnpreise spielen beim Weber eine große Rolle, besonders bei starken Veränderungen derselben nach unten. Er muß seine vorher eingegangenen Garnkontrakte zum Abschlußpreis abnehmen, wenn der Markt gegen ihn geht und kann bei den Spinnern, welche in einer Reihe von losen Organisationen zur Durchführung einheitlicher Lieferungsbedingungen[2], sowie zur Vertretung von Arbeitgeberinteressen geeint sind, auf keinerlei Preisnachlaß rechnen. Die Kundschaft des Webers, der ausrüstende Baumwollwarengroßhandel, enthält sehr verschiedene Elemente: bei Ungunst der Marktlage suchen sich manche Ausrüster ihren Verpflichtungen den Webern gegenüber zu entziehen, indem sie die Abnahme geschlossener Gewebekontrakte hinausschieben, ganz verweigern oder bei sinkendem Baumwollkurs einen entsprechenden Preisabschlag auf die bereits laufenden Gewebekontrakte verlangen („Baissеklausel"). Die schlechten Abnahme- und Zahlungsverhältnisse bei Fallen der Konjunktur bilden infolgedessen eine ständige Klage der Weberei in den Handelskammerberichten. Nachdem besonders in Süddeutschland die Spinnerei und Rohweberei begonnen hat, sich gemeinsam zu organisieren, ist bereits eine Besserung in den Abnahme- und Zahlungsverhältnissen zu verzeichnen.

Bei der Weberei ist die Gestaltung des Bedarfs in ihrem Einfluß auf die Marktlage und auf die Marge von großer Bedeutung. Die Weberei steht dem unmittelbaren Bedarf zu Konsumtionszwecken viel näher als die Spinnerei und spürt dementsprechend Verschiebungen und Änderungen viel stärker. Der Bedarf ist teils Inlandbedarf, teils Export. Für beide Arten spielt die Mode eine wichtige Rolle. Der Inlandbedarf hängt im allgemeinen sehr ab von der wirtschaftliche Lage; er schwankt je nach derselben, doch ist er wohl im allgemeinen im Steigen begriffen, was sich daraus ergibt, wenn man berechnet, wieviel Kilogramm Baumwolle jährlich pro Kopf der Bevölkerung verbraucht werden. Der Verbrauch pro Kopf betrug[3]:

[1] H.B. Augsburg 1904, S. 6; 1905, S. 4.

[2] Vgl. Offizielle Berichte der internationalen Baumwollspinner- und Weberkongresse 1907, Anhang; 1909, S. 319; 1911, S. 268.

[3] Anlageband IV zu den Verhandlungen des Reichstags 1900/02, S. 246.

		kg
1886—1890	. . .	4,19
1891—1895	. . .	4,95
1896	. . .	4,85
1897	. . .	5,36
1898	. . .	6,32
1899	. . .	5,71

(Der Export ist dabei inbegriffen!)

Der Export von baumwollenen Geweben ist abhängig von den wirtschaftlichen und politischen Verhältnissen des Auslandes. Kriegerische Verwicklungen beeinflussen ihn natürlich ungünstig, Änderungen in der Zollpolitik des Auslandes nicht weniger.

In den neunziger Jahren war auch der fallende Silberpreis eine Erschwerung des Exports nach Ländern mit Silberwährung[1]. Die internationalen Zahlungen werden in Goldwechseln beglichen; veränderte sich nun der Wert des Silbers dergestalt, daß es im Vergleich zum Gold weniger wert war, d. h. daß auf eine Einheit Gold mehr Einheiten Silber gingen, und sank damit die Kaufkraft des Silbers im Vergleich zum Gold gegenüber Waren und Diensten, so konnten die Silberländer nicht mehr in gleicher Stärke als Abnehmer ausländischer Fabrikate auftreten, da sie in Goldwechseln zu zahlen hatten und diese nunmehr infolge der Silberentwertung zu einem teueren Preise als früher kaufen mußten. Das exportierende Land mußte sich dann mit niedrigen Preisen begnügen, andernfalls war es ihm nicht möglich, dieselbe Menge zu exportieren. Hauptsächlich der Export nach Indien und Ostasien wurde durch den fallenden Silberpreis in Mitleidenschaft gezogen.

Die Preishöhe der Waren selbst hat Einfluß auf den Export, oftmals blüht er, wenn im Inland die Preise gedrückt sind[2].

Von großem Einfluß auf die Bedarfsgestaltung, somit auch auf die Preisgestaltung ist die jeweils herrschende Mode. Sie bestimmt es, ob sich der Konsument mehr den aus rohen Geweben hergestellten, bedruckten oder gefärbten Stoffen zuwendet, was dem Geschäftsgang der Rohweberei zugute kommt, oder ob er buntgewebte Stoffe vorzieht, welche in der Buntweberei hergestellt werden. In den letzten Jahren ist infolge der großen Fortschritte, welche die Färberei und Druckerei in bezug auf Schönheit

[1] H.B. Augsburg 1893, S. 6; 1894, S. 5. Leipziger Monatsschrift für Textilindustrie 1894, Nr. 1 u. 7.

[2] H.B. Augsburg 1901, S. 5.

und Haltbarkeit der hergestellten Ware gemacht hat, eine Bevorzugung der auf diesem Wege veredelten Rohgewebe gegenüber den buntgewebten Stoffen eingetreten, wodurch die Ungunst der letzten Damenmode, welche sich durch geringen Stoff-, besonders Futterverbrauch auszeichnet, ausgeglichen wurde. Das letztere Beispiel zeigt, daß die Mode nicht nur in qualitativer, sondern auch in quantitativer Hinsicht den Bedarf beeinflußt.

Produktionskosten und Gewebemarge.

Verschiedene Faktoren wirkten also in wechselnder Stärke auf die Bewegung der Marge ein. Wie bei der Garnmarge, so können auch bei der Gewebemarge all die bisher genannten Momente die Entwicklung der Marge nicht dauernd erklären, sie bestimmen lediglich die Höhe des Gewinns in der Marge, den Überschuß über die Produktionskosten. Der Gewinn ist aber der dem steten Wechsel unterworfene Bestandteil der Marge.

Die beiden Artikel 18/19fädiger Kattun und 16/16fädiger Cretonne sind wie die Garnsorten, aus denen sie gefertigt werden, Artikel des Massenkonsums, deren Preis sich auf die Dauer nicht lang über noch unter die Produktionskosten stellen kann. Die Marge wird sich also auf die Dauer stets in der Nähe der Produktionskosten bewegen und sich nur vorübergehend erheblich von ihnen entfernen.

Die Entwicklung der Produktionskosten und ihre Einwirkung auf die Marge ist nunmehr zu untersuchen. Voraussetzung dazu ist auch hier die Betrachtung der Entwicklung der Produktionsverhältnisse.

Das Hauptproduktionsmittel in der Weberei ist der mechanische Webstuhl. Der ihn bedienende Arbeiter hat die Aufgabe, den ordnungsmäßigen Gang des Stuhls zu regeln, etwaige Störungen zu beseitigen, für die Stoffzuführung Sorge zu tragen und die produzierte Menge abzunehmen. Die Leistung des Stuhls ist in erster Linie bedingt von der Geschwindigkeit des Weberschiffchens, also von der Anzahl der Schützenschläge pro Minute; diese ist aber nicht allein von technischen Bedingungen abhängig, sondern auch von der Geschicklichkeit und Leistungsfähigkeit des Arbeiters. Je ungewandter der Arbeiter ist, desto langsamer muß die Maschine laufen, desto länger steht sie still zur Behebung von Störungen, wie z. B. von Fadenbrüchen, zum Einsetzen neuer Schußspulen. Gegenüber der theoretisch möglichen Leistungsfähigkeit des Webstuhls bleibt also die tatsächliche Leistung infolge Stillstand des Stuhls bei Bruch des Ketten- oder Schußfadens je nach der Gewandtheit des Arbeiters mehr oder weniger zurück. Von der Anstelligkeit des Arbeiters hängt es auch ab, wieviel Stühle seiner Aufsicht anvertraut werden können. Wir können bei der Weberei hinsichtlich des Verhältnisses des Arbeiters zur Maschine einen erheblichen Unterschied von der Spinnerei konstatieren, eine Tatsache, welche später bei Würdigung des Einflusses der verkürzten Arbeitszeit von Bedeutung ist. Bei der Weberei hängt die Leistung der Maschine in höherem Grade als bei der Spinnerei von der Tätigkeit des Arbeiters ab.

Dem eigentlichen Webprozeß gehen verschiedene Vorarbeiten voraus zum Zwecke des Herrichtens der Kette und des Einschlags; die Kettengarne, die von den Spinnereien als Copsgarne oder in Strähnen gebündelt geliefert werden, werden mittelst der Kettenspulmaschine auf Spulen abgespult. Darauf folgt das „Scheren", d. h. das Abmessen der Kettenfäden auf den Scherbaum, dann das „Schlichten", d. h. das Präparieren der Fäden mittelst Kleister und Stärke, endlich das „Einziehen" der Kettenfäden durch die Ösen der Schäfte des Stuhls; der letztere Prozeß heißt „Andrehen", wenn die Fäden der neuen Kette mit den Enden der alten verknüpft und dann durch die Ösen der Schäfte gezogen werden, wie es bei den jahraus jahrein produzierten Qualitäten geschieht. Einziehen und Andrehen müssen vollständig mit der Hand besorgt werden. Auch bei den übrigen Vorarbeiten spielt die Handarbeit eine größere Rolle als in den Vorwerken der Spinnerei, wo seit dem Verschwinden der Handkarden und Ersatz durch die Deckelkarden — früher mußte bei der Reinigung und Lockerung der Baumwolle das „Vlies" von der mit Zähnen versehenen Kardentrommel mittelst Handkratzen abgekratzt werden — die menschliche Arbeitskraft nur die Leitung und Überwachung der Maschinen besorgt.

Das in der Rohweberei zur Verwendung gelangende Garn ist Rohgarn, d. h. die Naturfarben der Baumwolle zeigendes Gespinst; sogenanntes gebleichtes Garn — das Bleichen geschieht entweder in Garnbleichereien gegen Lohn oder im Spinnereibetrieb selbst, wo man neuerdings schon in einem frühen Stadium des Produktionsprozesses, wenn die Baumwolle die Gestalt des sogenannten Kardenbandes angenommen hat, das Bleichen vornimmt — wird nicht zur Herstellung von Rohgeweben verwendet, sondern gelangt, nachdem es gefärbt wurde, in die Buntweberei zwecks Herstellung von gemusterten Artikeln. Aus dem Rohgarn wird Rohgewebe hergestellt; erst dieses wird zwecks weiterer Verarbeitung (Färben und Bedrucken) vorgebleicht. Soll das Rohgewebe als „weiße Ware" abgesetzt werden, so wird es einer gründlicheren Bleiche unterworfen.

Die Produktionskosten des Rohgewebes, die durch die Marge gedeckt werden sollen, setzen sich aus folgenden Kosten zusammen:

1. Fracht für das Garn (Kondition: ab Spinnerei). Die Fracht entfällt bei den sogenannten Spinnwebereien, welche sich die Garne selbst herstellen.

2. Webkosten.

a) Die Arbeitslöhne für die Vorwerke (Spulerei, Schlichterei, Schererei, Andreherei) sowie für die Weberei selbst.

b) Die Generalunkosten (Regie, mechanische Kraft, Heizung, Beleuchtung, Reparaturen, Steuern, Versicherung, Hilfsmaterialien wie Öl, Schlichte usw., Amortisation, Zinsen usw.).

3. Garnverlust beim Spulen, Zetteln, Schlichten und Weben, ca. 5—6 %.

4. Die Verkaufsspesen des Rohgewebes; meist 1 % Kommission für den Agenten, der den Verkauf besorgt, und Skonto von 2 % bei Barzahlung innerhalb 30 Tagen für den Abnehmer (siehe Konditionen im ersten Teil).

Die sogenannten gemischten Betriebe, d. h. die Vereinigung von Spinnerei und Weberei sind in der deutschen Baumwollindustrie im Gegensatz zur englischen[1] sehr verbreitet, besonders in Süddeutschland. Sie sind meist in den Jahren 1830—1870 entstanden. Hauptgrund der Ausbildung dieser Betriebsform war wohl das Fehlen eines leistungsfähigen Garnzwischenhandels, der bei der großen geographischen Zersplitterung der deutschen Baumwollindustrie und den unentwickelten Verkehrsverhältnissen der damaligen Zeit unentbehrlich war als Zwischenglied zwischen Spinner und Weber. Zum Zwecke der leichteren Garnbeschaffung und leichteren Garnverwertung war die Vereinigung beider Produktionsstufen in einem Betrieb daher ein Gebot der Notwendigkeit. Mit der Ausbildung einer börsenmäßigen Organisation des Garnhandels entfiel dieselbe; die neueren Gründungen entstanden meist als reine Spinnereien bzw. Webereien.

Die 1865—1890 sinkende Tendenz der Gewebemarge ist begründet in den großen wirtschaftlichen und technischen Fortschritten, welche die Baumwollweberei in dieser Zeit gemacht hatte und die naturgemäß eine Verringerung der Kosten herbeiführten.

An erster Stelle ist hier wie bei der Spinnerei die Entwicklung aus kleinbetrieblichen Betriebsformen zum Großbetrieb zu nennen. Dieser Übergang ist in der Weberei noch markanter als in der Spinnerei, da er nicht nur eine relative Vergrößerung der einzelnen bestehenden Betriebe oder das Entstehen neuer großer Betriebe brachte, wie es in der Spinnerei der Fall war, sondern da er auch gleichzeitig die grundlegende Änderung in der Technik der Produktion darstellte, nämlich die Verdrängung der Handweberei durch die mechanische Weberei, damit die Verdrängung des Hausbetriebs durch den Fabrikbetrieb. Das Verschwinden des Hauswebers zeigen die Ergebnisse der Statistik.

[1] Vgl. Schulze-Gävernitz S. 108.

Nach den deutschen gewerbestatistischen Erhebungen [1] betrug die Zahl der Baumwollwebereibetriebe (Haupt- und Nebenbetriebe):

Jahr	Zahl	davon Alleinbetriebe	davon hausindustrielle Betriebe [2]
1875	97 588	—	—
1882	56 217	44 035	46 423
1895	32 751	23 270	27 553
1907	18 073	8 816	14 147

Die Personenzahl, welche darin beschäftigt war, betrug:

Jahr	Zahl	darunter in der Hausindustrie
1875	201 781	—
1882	125 591	52 162
1895	147 121	33 208
1907	159 061	21 358

Darunter in den Betrieben mit mehr als fünf Gehilfen

Jahr	Zahl	Personen
1875	881	68 729
1882	588	63 346
1895	926	108 073
1907	1078	142 364

Betriebe über 50 Personen [3]:

Jahr	Zahl	Personen
1882	293	57 206
1907	611	126 520

Das wachsende Übergewicht des Fabrikbetriebs in der Weberei im Zeitraum 1875—1907 geht aus diesen Nachweisungen deutlich hervor.

Für eine zahlenmäßige, das ganze Reichsgebiet umfassende Darstellung der Entwicklung des fabrikmäßigen Großbetriebs allein sind die Unterlagen nicht so zahlreich vorhanden wie bei der Spinnerei; aus der Reichs-

[1] Statistik des Deutschen Reiches; für 1882 Band 6 I, S. 17 u. 86, für 1895 Band 113, S. 107 u. 359; für 1907 Band 213, S. 52 u. 254; für 1875 Handwörterbuch der Staatswissenschaften, Artikel „Baumwollindustrie“, S. 691.

[2] In den hausindustriellen Betrieben ist der größte Teil der ausgewiesenen Alleinbetriebe mit enthalten; so betrug 1895 die Zahl der hausindustriellen Alleinbetriebe 20 957, 1907 8410.

[3] Zusammengestellt nach der Statistik des Deutschen Reiches Band 6 I, S. 16 für 1882 und Band 213, S. 52, für 1907.

enquete[1] ergibt sich, daß die Weberei 1877 durchschnittlich 287 Stühle zählte; für 1890 gibt Schulze-Gävernitz[2] für das Elsaß 380 Stühle pro Betrieb an, wobei jedoch berücksichtigt werden muß, daß das Elsaß in bezug auf die großbetriebliche Entwicklung von jeher an der Spitze stand.

1893 betrug nach dem Riegerschen Spindelverzeichnis[3] die durchschnittliche Zahl der Webstühle

im Elsaß	467
in Württemberg	237
in Sachsen	185
in Schlesien	268
im Rheinland	209
in Bayern	420

An einem einzelnen Industriezentrum läßt sich die Entwicklung zum Großbetrieb bis in die neueste Zeit veranschaulichen.

Handelskammerbezirk Augsburg[4]:

Jahr	Zahl der Webereien	Zahl der Webstühle	Stühle pro Betrieb
1890	26	12 623	485,5
1895	27	14 897	551,7
1900	26	17 220	662,3
1905	26	18 333	705,0
1910	26	21 166	814,0

Besonders zwischen 1895—1900 sowie 1905—1910 ist die Betriebsvergrößerung eine ganz bedeutende; es kommt darin die besonders günstige Geschäftslage der Jahre 1895, 1899, 1900 und 1905—1907 zum Ausdruck, welche zu Ausdehnungen ermunterte. Die großbetriebliche Entwicklung bringt wie in der Spinnerei so auch in der Weberei verschiedene Fortschritte in Richtung einer Verbilligung der Produktionskosten, indem die Generalunkosten nicht im selben Verhältnis wachsen als die gesteigerte Produktion. Die Kosten der Leitung verringern sich verhältnismäßig beim größeren Betrieb; die Erzeugung der mechanischen Kraft kommt billiger, je größer der Betrieb und sein Kraftbedarf ist; die Hilfsmaterialien der Produktion stellen sich billiger; die Anwendung arbeitssparender Maschinen rentiert sich erst mit Erreichung einer gewissen Betriebsgröße.

[1] Statist. Ermittelungen, Heft II, S. 61.
[2] S. 105.
[3] Mitgeteilt bei Graßmann S. 91.
[4] H.B. Augsburg, entsprechende Jahrgänge.

Was die wichtigsten technischen Fortschritte im einzelnen anbetrifft, so ist zu erwähnen, daß vor allen Dingen die Handstühle, welche in den sechziger Jahren noch hie und da in Betrieben anzutreffen waren, durch mechanische Stühle ersetzt wurden. Diese machten in den siebziger Jahren nicht mehr als 120 Schützenschläge in der Minute [1]. Mit der Zeit konnte die Geschwindigkeit gesteigert werden, einmal, weil die Gespinste, welche die Spinnerei lieferte, infolge der dortigen technischen Fortschritte besser wurden, dann weil die Geschicklichkeit der Arbeiter zunahm. Um 1890 machte der Stuhl im Elsaß bei 85 cm breiter Ware 150—160 Schläge in der Minute [2]. Die Fortschritte der Webereitechnik gehen aus folgender Aufstellung auf Grund der Ergebnisse eines Betriebs hervor [3]: 1875 produzierte ein Webstuhl jährlich 8966 m Rohkattun, 130 cm breit; es trafen dabei 0,494 Arbeiter auf einen Stuhl; die Produktion pro Arbeiter betrug 18153 m. 1891 dagegen betrug die Produktion 9202 m, die Arbeiterzahl war gesunken auf 0,43, die Produktion pro Arbeiter war gestiegen auf 21447 m.

Die Entwicklung der Produktionsverhältnisse 1865—1890 — größere Massenhaftigkeit der Produktion, Steigerung der menschlichen Arbeitsleistung unter gleichzeitiger Verbilligung der Arbeitskosten pro produzierte Einheit infolge Ersetzung der menschlichen Arbeit durch mechanische Kräfte, endlich verhältnismäßige Verringerung der Generalunkosten — hatte eine Verbilligung der Produktionskosten zur Folge, welche die Marge besonders 1865—1880 stark minderte. Das Herabgehen der Marge war auch dadurch gefördert, daß der Unternehmergewinn pro Einheit (Meter) infolge der großen Produktionssteigerung sich senkte; durch diese Steigerung ließ sich auch bei verringertem Fabrikationsnutzen pro Meter dieselbe Rente erzielen. Die Verringerung des Nutzens pro Einheit war eine Folge der stark gesteigerten Konkurrenz, die das Anwachsen der Großbetriebe brachte.

Seit 1890, besonders seit 1900, fanden verschiedene technische Verbesserungen in der Weberei Eingang, vielleicht bedeutendere, als es bei der Spinnerei im gleichen Zeitraum der Fall war. Ihnen allen ist das Bestreben gemeinsam, den Effekt der menschlichen Arbeit, wo sie unentbehrlich war, zu steigern, sie dagegen auszuschalten, wo maschinelle Vorrichtungen sie zu ersetzen imstande waren. In der eigentlichen Weberei wuchs das Bestreben, den Webprozeß noch mehr automatisch zu gestalten, den Arbeiter noch mehr zum geistigen Leiter der Produktion zu machen.

---

[1] Graßmann S. 61.

[2] Schulze-Gävernitz S. 142.

[3] Graßmann S. 96.

Nach dieser Richtung hin bedeutete der automatische Northrop-Webstuhl, 1888 erfunden von einem Amerikaner dieses Namens, einen großen Fortschritt. Der Northrop-Webstuhl weist gegenüber dem gewöhnlichen mechanischen Webstuhl zwei bedeutende Verbesserungen auf; ein sinnreicher Mechanismus stellt den Stuhl selbsttätig ab, wenn ein Kettenfaden bricht und macht die Bruchstelle deutlich sichtbar — der gewöhnliche Stuhl stand nur still bei Reißen des Schußfadens —, und eine revolverwalzenartige Einrichtung bewirkt eine automatische Auswechslung der leeren Schußspule gegen eine neue. Der gewöhnliche mechanische Webstuhl bleibt dagegen stehen, bis der Weber die Auswechslung selbst vornimmt. Durch diese Verbesserungen, die alle auf eine Ersetzung von menschlicher Arbeit durch mechanische Kräfte hinauslaufen, wurde es ermöglicht, einem Arbeiter die doppelte Anzahl von Stühlen zu unterstellen wie bisher. In einer Zeit steigender Löhne und verkürzter Arbeitszeit mag die Bedeutung dieses Produktionsfortschrittes genügend hervortreten. In der deutschen Baumwollweberei kam der Northrop-Webstuhl erst seit 1900 langsam in Aufnahme, was daher kommen mag, daß auch die gewöhnlichen Stühle noch eine Reihe technischer Entwicklungsmöglichkeiten boten, besonders hinsichtlich der Geschwindigkeit.

In den letzten Jahren fanden auch bei den dem Weben vorangehenden Prozessen umwälzende Neuerungen statt. Das alte Spulverfahren wurde durch die Erfindung des sogenannten Patentzettelrahmens vollständig ausgeschaltet: Die Garne werden jetzt unmittelbar von den Copsen mittelst des Patentzettelrahmens auf die Scherbäume geschert. Die Vorteile sind geringerer Arbeiterbedarf, größere Leistung, geringer Raumbedarf, geringerer Garnverlust. Das Garn leidet weniger durch Streckung und schlechte Fäden werden durch die große Geschwindigkeit der Aufwickeltrommel ausgeschieden. Dadurch werden wiederum die Störungen beim nachfolgenden Webprozeß vermindert.

Der sogenannte Andrehprozeß, der verhältnismäßig viel Arbeit kostete — eine Andreherin brauchte zum Knüpfen eines einfach (ca. 80 cm) breiten Baumes 2—2½ Stunden —, wurde vollständig umgeschaltet durch die sogenannte Kettenknüpf- oder Andrehmaschine (eingeführt seit 1907 ungefähr). Sie knüpft vollständig automatisch, d. h. ohne Handgriffe zu erfordern, die neue Kette mit den Enden der alten zusammen und zwar in kurzer Zeit (ungefähr in 12 Minuten bei 80—90 cm Breite). Die Arbeitsersparnis mittelst der neuen Maschine ist so groß, ihre Leistungsfähigkeit so bedeutend, daß sich ihre Verwendung erst bei einer Weberei von mindestens 800 Webstühlen als rentabel erweist.

Aus einem Vergleich von Angaben aus der Zeit um 1890 und solchen aus jüngster Zeit[1] gehen die Wirkungen, welche die fortschreitende Technik auf die Weberei ausübte, deutlich hervor. Um 1890 machte ein Kraftstuhl im Elsaß bei Rohgeweben von 80—85 cm Breite 160 Schützenschläge in der Minute als theoretische Leistung[2]. Der Verlust ihr gegenüber betrug damals 20—30 % (Stillstand des Stuhls durch Fadenbruch, Störungen). Dabei stand das Elsaß in bezug auf Technik und Leistungsfähigkeit der Arbeiterschaft damals an der Spitze.

Jetzt machen die gewöhnlichen Stühle 200—220 Touren in der Minute, die Northrop-Stühle 160—180. Dabei rechnet man für erstere 90 %, für letztere 95 % Nutzeffekt[3]. In diesen Fortschritten bezüglich der Geschwindigkeit kommt nicht nur die technische Entwicklung, sondern auch die gestiegene Leistungsfähigkeit der Arbeiter zum Ausdruck, welche die Anwendung technischer Fortschritte erst nutzbringend machte.

Verbesserungen am Webstuhl ermöglichten es, dem Weber mehr Stühle zur Bedienung zu übertragen. „In Deutschland versieht ein Weber fast nirgends mehr als zwei, in Mülhausen und der Schweiz bei glatten Geweben öfters 3 Webstühle“, schrieb Schulze-Gävernitz[4] 1892. Die höchste Leistung in Bayern sei, daß man 4 Webstühle vereinigt und sie zwei Arbeitern, wovon der eine jugendlich ist, übergibt.

Heute versieht ein Weber ohne Gehilfen in bayerischen Webereien öfters vier, mindestens aber drei Stühle, oder 12—16 Northropstühle mit einem Gehilfen[3]. Von welchem Einfluß die Vervollkommnung des Webstuhls auf die Produktion war, zeigt folgender Vergleich: 1891 betrug die Jahresproduktion eines mechanischen Webstuhls in einer Augsburger Weberei 9202 m (Rohkattun 130 cm breit), die eines Arbeiters 21 447 m[5]. Nach Angaben aus jüngster Zeit[3] lieferte in einer bayerischen Weberei ein Stuhl rund 12 000 m Rohgewebe, 80—90 cm breit, das macht bei drei Stühlen pro Arbeiter 36 000 m.

Wie in der Spinnerei, so läßt sich auch in der Weberei die Wahrnehmung machen, daß die technischen und wirtschaftlichen Fortschritte, welche seit 1890 stattfanden, einen Einfluß auf die Marge in Richtung einer weiteren Senkung nicht mehr ausübten, vielmehr augenscheinlich nur dazu dienten, die Wirkung produktionsverteuernder Faktoren zu kompensieren.

[1] Eigene Information.
[2] Schulze-Gävernitz S. 143.
[3] Eigene Information.
[4] S. 145.
[5] Graßmann S. 96.

Zur selben Zeit wie bei der Spinnerei tauchen auch bei der Weberei Klagen über erhöhte Herstellungskosten durch Steigerung der Generalunkosten auf [1]. Man klagt in den Handelskammerberichten über die erhöhten Preise der Kohlen, des Eisens, Holzes, Leders, nicht zuletzt über die Erhöhung der sozialen Lasten sowie der Reichs- und Landessteuern. Daß die Gesamtheit dieser erhöhten Materialpreise und Spesen einen Einfluß auf die Kosten gehabt hat, ist möglich; doch ist nicht zu vergessen, daß bei der durch die technischen Fortschritte ermöglichten Mehrproduktion steigende Generalunkosten sich auf eine größere Produktion verteilen und daher nicht unbedingt die Kosten der einzelnen produzierten Einheit verteuern müssen. Auch die Betriebsvergrößerung, bei der die Generalunkosten nicht im selben Verhältnis wie die Produktion wachsen, führt eine Verteilung steigender Generalunkosten auf eine größere Produktionsmenge herbei.

Bei der Behandlung der Garnmarge wurde festgestellt, daß die letzte Verkürzung der Arbeitszeit bei dem augenblicklichen technischen Stand der Spinnerei ungünstige Wirkungen hervorgebracht hat in Richtung einer Erhöhung der Kosten. Auch bei der Weberei ist nunmehr die Frage zu besprechen, ob die Verkürzungen der Arbeitszeit produktionsverteuernd wirkten, in der Weise, daß die Produktion vermindert wurde, die Generalunkosten dadurch pro Einheit stiegen und die Löhne als Ausgleich für den Produktionsausfall, der für den Arbeiter einen Lohnausfall bedeutet, erhöht werden mußten. Ein Ausgleich der Verkürzung der Arbeitszeit kann dadurch erfolgen, daß technische Neuerungen, Betriebsorganisationen vorgenommen werden, und daß die Leistungsfähigkeit der Arbeiter infolge der Verkürzung der Arbeitszeit steigt. Die günstige Wirkung des letzteren Faktors kann besonders in der Weberei, wo der Arbeiter durch seine Leistungsfähigkeit die Produktion stark beeinflußt, erwartet werden. Es wurde schon früher auf die verschiedene Rolle hingewiesen, welche die menschliche Arbeitskraft in der Spinnerei und Weberei spielt. In der Spinnerei herrscht die passive Betätigung der Überwachung vor, in der Weberei die aktive Tätigkeit im Produktionsprozeß, besonders bei den Vorarbeiten. Bei der Spinnerei mußte der Ausgleich also vorwiegend durch technische Verbesserungen erfolgen, bei der Weberei konnte es im weitgehenden Maße auch geschehen durch bessere Arbeitsleistungen. Thun [2] (Die Industrie des Niederrheins) hatte schon bemerkt, daß eine

[1] H.B. Augsburg 1900, S. 4; 1906, S. 7; 1907, S. 6; 1909, S. 6. München-Gladbach 1906, S. 34; 1907, S. 24.

[2] S. 185.

Verkürzung der Arbeitszeit in der Weberei durch gesteigerte Aufmerksamkeit und Fähigkeit der Arbeiter ausgeglichen werden konnte.

Graßmann[1] teilt bezüglich der Verkürzung der Arbeitszeit durch die Gewerbeordnungsnovelle vom 30. Juni 1891 mit, daß ein Weber ihm mitgeteilt habe, daß die Verkürzung der Arbeitszeit eine Zunahme der Leistungsfähigkeit seiner Arbeiter um 4—5 % gebracht habe.

In einem Betriebe bei Reichenberg (Böhmen) hatte man versuchsweise die Arbeitszeit von elf auf zehn Stunden auf ein Jahr herabgesetzt und merkte, daß in der Spinnerei eine nennenswerte Veränderung der erzeugten Menge pro Arbeitsstunde nicht wahrzunehmen war, daß dagegen in der mechanischen Weberei eine Vermehrung in der Arbeitsleistung während der Arbeitsstunde stattgefunden hat[2].

Was die jüngste Herabsetzung der Arbeitszeit von 65 auf 58 Stunden anbetrifft, so scheint sie, den Handelskammerberichten und privaten Informationen nach zu urteilen, bei den Webern eine günstigere Aufnahme gefunden zu haben als bei den Spinnern. Man läßt die Möglichkeit offen, daß in der Weberei ein Ausgleich erfolgt[3].

Vergleicht man die vorher mitgeteilten Produktionsziffern, wonach in Augsburg ein Weber 1875 bei Zwölf-Stunden-Arbeitszeit 18153 m, 1895 bei elf Stunden 21447 m, 1912 bei zehn Stunden 36000 m durchschnittlich produzierte, so läßt sich daraus folgern, daß die Leistung der Arbeiter bei fortgesetzter Verkürzung der Arbeitszeit unter stetigem Fortschreiten der Produktionstechnik fortwährend gestiegen ist.

Zusammenfassend kann man sagen, daß in der Weberei die Verkürzung der Arbeitszeit eine nachteilige Folge auf Produktion und Kosten nicht hatte, da ein Ausgleich durch bedeutend erhöhte Leistungsfähigkeit der Arbeiter und durch bedeutende Fortschritte in der Technik der Erzeugung möglich war und fast durchweg erfolgte.

Zum Schlusse ist zu untersuchen, wie sich die Löhne in ihrer Einwirkung auf die Produktionskosten verhielten. Es entspräche der normalen wirtschaftlichen Entwicklung, wenn sie, soweit Stücklöhne in Betracht kommen, sinken würden oder doch gleich blieben, unter gleichzeitiger Verkürzung der Arbeitszeit und dabei infolge der gleichzeitigen technischen Fortschritte einen erhöhten Wochenverdienst der Arbeiter ermöglichen würden. In der Spinnerei traf dies nicht zu, wie schon festgestellt. Anders ist

---

[1] S. 173.

[2] Wochenberichte der Leipziger Monatsschrift 1899, Nr. 29.

[3] H.B. Augsburg 1905, S. XIII.

es in der Weberei. Die Form der Akkordlöhne überwiegt auch in der Weberei sowohl bei den Vorwerken wie an den Webstühlen. Hier erfolgt die Bezahlung nach Schußzahl und Meter.

Angaben von Sachverständigen zufolge wurden in der Weberei seit Jahrzehnten die Akkordgrundlöhne nicht mehr erhöht [1]. Auch nach der letzten Herabsetzung der Arbeitszeit von 65 auf 58 Stunden sind in den Berichten der Handelskammer selten Mitteilungen zu finden, wonach die Löhne in der Weberei erhöht wurden. Das würde die schon vorher ausgesprochene Ansicht bestätigen, wonach die letzte Einschränkung der Arbeitszeit in der Weberei kompensiert wurde. Die Produktion ging durch die Einschränkung nicht dauernd zurück, dadurch konnte der Arbeiter auch bei gekürzter Arbeitszeit ebensoviel und mehr verdienen als früher, ohne daß die Akkordsätze erhöht wurden.

In einer bayerischen Weberei [1] betrug der Durchschnittslohn eines Arbeiters

1890	. . .	602 Mk.
1900	. . .	635 „
1910	. . .	720 „

Frauen und jugendliche Arbeitskräfte sind dabei inbegriffen.

Im Gegensatz zur Spinnerei kann man in der Weberei feststellen, daß die Verteuerung seit 1905 bei weitem nicht in dem Maße erfolgt ist wie bei der Spinnerei, ja vielfach überhaupt nicht eingetreten ist. Als verteuerndes Moment kamen die absolut gestiegenen Generalunkosten in Betracht. Da in der Weberei die Ausbildung des Großbetriebs besonders seit 1905 erhebliche Fortschritte gemacht hat, war es möglich, durch die infolgedessen eingetretene Produktionssteigerung die absolut gestiegenen Generalunkosten relativ, d. h. pro produzierte Einheit, auf dem gleichen Stand zu halten. Die letzte Abkürzung der Arbeitszeit hatte, wie nachgewiesen, keine erhebliche Minderung der Produktion zur Folge, konnte infolgedessen die Generalunkosten relativ nicht erhöhen. Die Kosten der Arbeit pro produzierte Einheit blieben im wesentlichen dieselben.

In der Weberei sind also die verschiedenen Faktoren, welche in der Spinnerei eine Verteuerung der Kosten herbeigeführt haben, durch entgegenwirkende Momente, wie fortschreitende Ausbildung zum Großbetrieb, gestiegene Leistungen der Arbeiter und technische Fortschritte, kompensiert worden. Dadurch wurde eine erhebliche Verteuerung der Kosten verhindert; die Marge, die sich seit 1890 weder in auf- noch absteigender Entwicklung bewegt, ist der Ausdruck dieser Tatsache.

[1] Eigene Information.

Gewebezölle und Gewebepreise.

Zum Schlusse ist auch bei den Gewebepreisen die Frage zu untersuchen, ob die Gewebezölle irgendwelchen Einfluß auf die Preise hatten.

Der deutsche Zolltarif von 1879 unterschied die Baumwollgewebe zum Zwecke der Verzollung in dichte und undichte, mit Zuschlägen für gebleicht, appretiert, gefärbt und bedruckt. Die Zölle waren:

Gewebe, dichte, roh	80	Mk. für den Doppelzentner
gebleicht und appretiert . . .	100	" " " "
gefärbt und bedruckt	120	" " " "
Gewebe, undichte (Tüll usw.), roh	120	" " " "
gebleicht, gefärbt, bedruckt . .	200	" " " "

Die undichten Gewebe kommen hier weniger in Betracht.

Die summarische Unterscheidung in dichte und undichte Gewebe berücksichtigte nicht den oft sehr verschiedenartigen Wert des Produktes, so daß der Zollschutz sehr ungleich war. Schwere Ware war mehr geschützt als feinere Gewebe [1]. Es wurde daher als ein großer Fortschritt begrüßt, als mit dem Zolltarif vom 25. Dezember 1902 eine verbesserte Klassifikation in Kraft trat, eine kombinierte Unterscheidung nach Gewicht und Fadenzahl statt in dichte und undichte Gewebe.

Die Zölle sind folgende (Tarifposition 452—457):

Gewicht 80 g und mehr auf 1 qm; Fadenzahl in Kette und Schuß zusammen auf 5 mm im Geviert	dz
bis 35 Fäden	50 Mk.
35—44 "	70 "
über 44 "	90 "
Gewicht 40—80 g auf 1 qm	
bis 35 Fäden	90 Mk.
35—44 "	120 "
über 44 "	150 "
Gewicht weniger als 40 g auf 1 qm	
bis 35 Fäden	120 Mk.
35—44 "	150 "
über 44 "	170 "

[1] Anlageband IV, S. 258.

Zuschläge: gebleicht, auch appretiert + 20 Mk.
gefärbt, bedruckt, bunt + 50 „

Die Wünsche der Interessenten waren natürlich erheblich weiter gegangen [1].

Die große Masse der gröberen Gewebe, also auch die hier behandelten Standardartikel, fallen in die Unterposition „über 80 g".

Um die Wirkung des Zolls auf die Preise zu untersuchen, ist hier wie bei den Garnen zu unterscheiden zwischen den geringwertigen Artikeln des Massenverbrauchs und den hochwertigen feineren Geweben. Die deutsche Baumwollweberei beherrscht, was die gröbere Ware anbetrifft, den inländischen Markt vollständig. Daneben unterhält sie einen beträchtlichen Export auf dem Weltmarkt.

1897 betrug nach den Produktionserhebungen [2] der gesamte Produktionswert der Baumwollweberei, (Rohweberei und Buntweberei sowie dichte und undichte Gewebe) rund

448 Millionen Mark.

Die Werterhöhung durch Bleichen, Färben und Bedrucken ist in dieser Summe nicht enthalten bzw. nur bei der Buntweberei, welche schon veredelte Garne verarbeitet.

Die Ausfuhr betrug 1897 [3]:

1. Dichte Gewebe:

a) roh	1,3 Mill. Mark
b) gebleicht, appretiert . . .	6,4 „ „
c) gefärbt, bedruckt, bunt . .	62,7 „ „
	70,4 Mill. Mark

2. Undichte Gewebe:

a) Tüll, roh, ungemustert .	gering
b) Gewebe, undichte, rohe .	0,2 Mill. Mark
c) Gebleicht, gefärbt, bedruckt	5,2 „ „
	5,4 Mill. Mark

Also Gesamtausfuhr . . . . 75,8 Mill. Mark

[1] H.B. Augsburg 1901, S. 116.
[2] Nachrichten für Handel und Industrie, 1900, Beilage zu Nr. 45.
[3] Gothein S. 215, 220, 232.

Die Einfuhr betrug 1897 (nach Gothein):

1. Dichte Gewebe:

a) roh	15,9	Mill. Mark[1]
b) gebleicht, appretiert	1,3	„ „
c) gefärbt, bedruckt, bunt	2,2	„ „
	19,4	Mill. Mark

2. Undichte Gewebe:

a) Tüll, roh, ungemustert	9,0	Mill. Mark[1]
b) Andere undichte Gewebe, gebleicht, gefärbt u. bedruckt	gering	
	9,0	Mill. Mark
Also Gesamteinfuhr	28,4	Mill. Mark

Fügt man der Summe des Produktionswertes 20 % als Werterhöhung durch die Veredelung hinzu, um den Produktionswert mit den Einfuhr- und Ausfuhrzahlen, die in der Hauptsache veredelte Ware enthalten, vergleichen zu können, so läßt sich ausrechnen, daß von der Produktion der Weberei fast 15 % auf den Export fallen; die übrige Produktion reicht zur Deckung des Inlandbedarfs fast vollständig hin; die Einfuhr in dichten Geweben ist verhältnismäßig gering und fällt zum größten Teil auf den zollfreien aktiven Veredelungsverkehr, der den inländischen Markt nicht berührt. Der übrige Teil des Imports besteht aus feineren dichten und undichten Geweben, welche in Deutschland selbst nicht hergestellt werden.

Leider steht für einen späteren Zeitpunkt eine Produktionserhebung über die Weberei nicht mehr zur Verfügung — 1907 wurde nur die Spinnerei erfaßt — so daß eine zahlenmäßige Untersuchung des Verhältnisses von Produktion, Einfuhr und Ausfuhr in neuerer Zeit nicht mehr durchgeführt werden kann; doch wird man annehmen dürfen, daß die verhältnismäßige Beteiligung sich nicht stark verändert hat: Sowohl Produktion, inländischer Konsum, Ausfuhr und Einfuhr werden im gleichen Verhältnis gewachsen sein.

Die deutsche Ausfuhr an baumwollener Ware hat eine steigende Entwicklung genommen. So betrug die Ausfuhr dichter Gewebe (gefärbt und bedruckt):

[1] Zum größten Teil auf den aktiven Veredelungsverkehr für Rechnung eines Inländers entfallend, der seit 1897 im Spezialhandel aufgeführt ist; 1896 betrug die Einfuhr dichter Gewebe roh 2,3 Millionen Mark, die undichter roh 5,5 Millionen Mark.

1890 . . .	134 313 dz.
1900 . . .	204 312 „
1905 . . .	268 340 „

Mit diesen Ziffern soll ein annäherndes Bild der Warenproduktion, des Anteils des inländischen Verbrauchs, der Ausfuhr und der Einfuhr in der Weberei gegeben werden, ein Hintergrund für die Beurteilung des Einflusses des Zolls auf die Preise. Exakte Feststellungen sind auf dem komplizierten Gebiet der Handelsstatistik und Produktionsstatistik unmöglich, infolgedessen sind auch Schlüsse mit Vorsicht zu ziehen. Feststehen dürfte, daß die deutsche Baumwollrohweberei den Inlandmarkt in gröberer Ware vollständig versorgt und noch dazu einen beträchtlichen Teil der Produktion exportiert. Der starke Export deutet auf eine dem ausländischen Konkurrenten gleichstehende Leistungsfähigkeit hin. In der Produktion herrscht freie Konkurrenz. Eine Kartellierung der Weberei besteht nicht, der Export ist nicht etwa als Schleuderexport aufzufassen unter Ausbeutung des Inlands vermittelst des Zolls; daher dürfte anzunehmen sein, daß der Zoll keinen Einfluß auf die Gewebepreise hat, vielmehr nur dem Weber den inländischen Markt garantiert.

Bei den wertvolleren dichten wie undichten Geweben, welche in Deutschland bei weitem nicht in einer dem Bedarf genügenden Menge hergestellt werden, ist die Sachlage eine andere. Der Bedarf muß fast vollständig aus dem Auslande eingeführt werden, der Zoll kommt voll zum Ausdruck.

D. Die ausgerüstete Ware im Großhandel.

Das Rohgewebe stellt noch kein marktreifes Produkt dar; es muß erst durch weitere Verarbeitung in ein konsumreifes Erzeugnis umgewandelt werden. Dementsprechend folgt auf den Webprozeß das Veredelungsverfahren. Durch dasselbe werden aus dem Rohgewebe durch Bleichen, Appretieren, Färben oder Bedrucken verschiedene, dem Konsum dienende Erzeugnisse hergestellt. Der Fabrikationsprozeß in engerem Sinn ist mit dem Weben zu Ende, die Veredelung dient nur dazu, die Ware gebrauchsfertig zu machen. In wirtschaftlicher Beziehung ist mit der Fertigstellung des Rohgewebes ebenfalls ein wichtiger Abschnitt erreicht; die Ware geht jetzt vom Produzenten in die Hände des Handels über.

Die Hauptabnehmer des Rohwebers bilden die Baumwollwarengroßhändler, auch „Ausrüster" genannt. Sie stehen dem unmittelbaren Konsum um eine Stufe näher. Sie überblicken den Markt und seine Bedürfnisse und lassen dementsprechend die Veredelung der Ware auf ihre

Rechnung und Gefahr je nach den Erfordernissen des Gebrauchs durch Bleichen, Färben oder Bedrucken vornehmen. Der Typenartikel „Rohgewebe" wird dadurch in weitgehendem Maße individualisiert.

Das „Ausrüsten" der Ware besorgt die Veredelungsindustrie. Sie ist eine Lohnindustrie, sie arbeitet nicht auf eigene Rechnung, sondern führt die Ausrüstung der Gewebe für den Händler auf Bestellung und gegen Lohn aus, ohne an der Ware ein Eigentum zu erwerben. Sie trägt kein Marktrisiko, sondern nur ein Fabrikationsrisiko. Das Preis- und Marktrisiko trägt der Großhandel. Während der Färber, Bleicher und Drucker seine ganze Aufmerksamkeit auf die Technik der Veredelung konzentriert, beobachtet der Großhandel den Markt und trifft je nach der Lage desselben seine Dispositionen.

Der Ausrüster muß seinen Bedarf an Rohgewebe sehr zeitig eindecken. Einmal beansprucht die Herstellung des Gewebes eine beträchtliche Zeit und die Veredelung selbst nimmt je nach Ausführung, Muster usw. auch je nach dem Beschäftigungsgrad der Betriebe ein bis zwei Monate in Anspruch. Im allgemeinen rechnet man sechs Monate zur Deckung mit Rohgewebe, in der Weise also, daß z. B. der Frühjahrsbedarf im Herbst, der Herbstbedarf im Frühjahr aufgegeben wird. Bei den großen Schwankungen, die der Rohgewebemarkt zeigt, ist mit dem Ausrüstungsgeschäft eine beträchtliche und riskante Festlegung von Kapital verbunden. Es hat schon Zeiten gegeben, wo die Lage des Marktes zwang, sich auf 1—1½ Jahre voraus mit Rohgewebe zu decken, wie z. B. 1906—1908. Das Preisrisiko nimmt damit ungeheuer zu und damals wurden, als der große Rückgang der Preise auf dem Rohgewebemarkt eintrat, vom Großhandel gewaltige Summen verloren. Dabei muß der Ausrüster jederzeit ein wohlassortiertes Lager besitzen, denn die Kunden, die Manufakturwarengrossisten, die Konfektionäre, Wäschefabriken und größeren Detaillisten verlangen sofortige Lieferung, um ihrerseits den rasch wechselnden Ansprüchen des Konsums stets folgen zu können. Legt der Ausrüster seinen Kunden, bald nachdem er sich mit Rohgewebe gedeckt hat, seine Muster für veredelte Ware vor und macht mit ihnen Abschlüsse, dann ist an und für sich das Preisrisiko gering, wenn die Deckung in Rohgewebe nicht auf zu lange hinaus erfolgte. Nun verlangen die Kunden meist in den Lieferungsverträgen die sogen. „Baisseklausel", d. h. bei fallendem Markt hat ein entsprechender Preisnachlaß auf die gekaufte Ware einzutreten. Dadurch ist das Risiko des Ausrüsters, seine Verlustgefahr, sehr erhöht, und er versucht seinerseits bei den Rohwebern die gleichen Konzessionen zu erlangen für den Fall, daß der Markt gegen ihn geht. (Vgl. die Klagen der Weber Teil II. C. S. 85.)

Der Baumwollwarenausrüster ist der wichtigste Abnehmer des Webers und der wichtigste Auftraggeber der Veredelungsindustrie; daneben haben sich aber aus alter Zeit einige andere Formen der Herstellung und des Vertriebs veredelter Ware entwickelt.

Der größte Teil der Druckware, besonders der besseren Qualitäten, wird nicht von den Ausrüstern im Lohn an Druckereien vergeben, sondern die Drucker kaufen Rohgewebe selbst ein, bedrucken es und setzen es direkt ab an Grossisten und größere Detaillisten („Kattunmanufakturen"). Sie vereinigen in sich das Fabrikations- und Marktrisiko. Auch die lohnindustrielle Färberei, Bleicherei und Druckerei betreibt oftmals, wenn Aufträge der Ausrüster fehlen, das Veredeln auf eigene Rechnung, besonders im zollfreien aktiven Veredelungsverkehr. Sie beschäftigt dadurch ihr Kapital in der stillen Zeit, übernimmt aber zugleich damit das manchmal gefährliche Marktrisiko.

Vielfach haben sich auch Rohweber, Wäschefabriken und Großkonfektionäre auf die Ausrüstung von Rohware auf eigene Rechnung verlegt, besonders um sie dann zu exportieren. Des öfteren sind auch größere Detaillisten unter Umgehung des Großhandels in direkten Verkehr mit den Veredelungsanstalten getreten, besonders wenn es infolge der Marktlage billiger kam, Rohware selbst zu kaufen und dann auf eigene Rechnung veredeln zu lassen, als sich durch den Großhandel zu versorgen.

Abgesehen vom Kattundruck auf eigene Rechnung haben alle diese Nebenformen des Ausrüstungsgeschäftes neben dem Baumwollwarengroßhandel eine geringere Bedeutung; vermöge seines größeren Kapitals, das er nicht in kostspieligen Fabrikationseinrichtungen, sondern ganz in Ware festlegt, ist er in höherem Grade befähigt, das infolge der großen Preisschwankungen auf dem Rohgewebemarkt gefährliche Marktrisiko zu tragen und in der Ausübung kaufmännischer Funktionen dem auf eigenes Risiko ausrüstenden Färber, Bleicher oder Drucker wie dem Rohweber überlegen. Alle Versuche, den Baumwollwarengroßhandel teilweise auszuschalten, werden somit scheitern an der Unmöglichkeit, gleich tragfähige Schultern für das große Marktrisiko zu finden.

Die Ursachen der Preisentwicklung.

Die Untersuchung der Preisentwicklung der veredelten Ware im Großhandel stößt auf Schwierigkeiten; durch die Veredelung verliert das Rohgewebe seinen Standardcharakter, es wird stark individualisiert und gelangt als gebleichte („weiße"), gefärbte, ein- und mehrfarbig bedruckte Ware auf den Markt. Je nach der herrschenden Geschmacksrichtung wechselt die Ausstattung der Muster. Bei der großen Verschiedenheit der Qualitäten kann hier von börsenfähigen Standardartikeln keine Rede sein, daher fehlen auch allgemein gültige typische Preise. Bei der Unmöglichkeit, durch private Erkundigung brauchbares und vergleichbares Material, besonders auf längere Zeit zurück, zu erhalten [1], bleibt nichts anderes übrig, als die Rohgewebepreise als Basis der weiteren Untersuchung zu nehmen und von der Gestaltung der wirtschaftlichen Verhältnisse im Großhandel und in der Veredelungsindustrie auf die Preisbildung und die Preisgestaltung der veredelten Ware zu schließen.

Die Gesichtspunkte, welche bei der Preisbildung der veredelten Ware zu beachten sind, sind folgende: In erster Linie wird die Preisentwicklung der Rohware auf die Preisbildung der ausgerüsteten Ware wirken; die Bewertung derselben auf dem Markt wird den Preisen des Rohgewebes Rechnung tragen. Die 1890—1899 fallende Richtung der Rohgewebepreise, sowie der seit dieser Zeit steigende Verlauf wird also in der ausgerüsteten Ware zum Ausdruck gelangt sein. Die veredelte Ware wird auch in großen Zügen die Schwankungen der Rohgewebepreise mitmachen. Der Großhandel wirkt dabei gewissermaßen als Reservoir, welches die Schwankungen etwas mindert und ausgleicht. „Im allgemeinen macht bei einer starken plötzlichen Hausse die fertige Ware den Aufschlag der Rohware nicht in entsprechender Weise mit. Der Zwischenhandel ist infolge der großen Konkurrenz nicht imstande, den Preisen der Rohware sich so schnell anzupassen. Bei einem Heruntergehen der Konjunktur ist es eine allgemeine Erscheinung, daß auch der Zwischenhandel den Bewegungen der Börse für das Rohgewebe stets folgen muß [2]."

Die Preisspannung zwischen Rohware und ausgerüsteter Ware ist bedingt:

a) durch die Kosten der Ausrüstung,
b) durch die Spesen des Ausrüsters,
c) durch seinen Gewinn.

Der normale Gewinn des Ausrüsters am einzelnen Meter ist sehr bescheiden. Sein Gesamtgewinn muß durch einen großen Umsatz erzielt werden. Infolge der Notwendigkeit, sich auf weithinaus mit Rohgewebe zu decken, ist die Möglichkeit, Spekulationsgewinne zu machen, oft vorhanden, andererseits aber die Gefahr, bei Umschwung der Marktlage Verluste zu erleiden, sehr nahe. Der Gewinn ist das mit der Konjunktur schwankende Element

[1] Verschiedene vom Verfasser nach dieser Richtung hin unternommene Versuche verliefen ergebnislos.

[2] Private Mitteilung eines Ausrüsters.

der Spannung. Die Spannung wechselt mithin sehr stark und ist individuell verschieden, je nach den Einkaufs- und Verkaufsoperationen des einzelnen Ausrüsters.

Die Spesen spielen verhältnismäßig eine geringe Rolle. Es fallen darunter die rein kaufmännischen Betriebsspesen (Kontor, Reisende, Lager), die Steuern, Versicherung usw. Es ist kaum anzunehmen, daß sie prozentual zum Umsatz gestiegen sind, nachdem sich bei dem stark steigenden Bedarf nach Baumwollartikeln die Umsätze selbst stark erhöht haben. Im Laufe der letzten 20 Jahre hat die Mannigfaltigkeit der Artikel sehr zugenommen infolge der größeren Anforderungen an die Reichhaltigkeit der Auswahl, welche der Konsum heute stellt und infolge der Fortschritte, welche das Veredelungsverfahren gemacht hat. Damit ist das Steigen der Musterungsspesen, worüber in der letzten Zeit berichtet wird, zu erklären. Die Anforderungen an die Beschaffenheit der Kollektionen sind im Wachsen[1], dadurch ist aber wieder auf der anderen Seite der Ausdehnung des Absatzes eine Unterlage gegeben.

Die Zahlungsverhältnisse im Verkehr mit der Kundschaft spielen ebenfalls eine Rolle für die Höhe der Gesamtspesen. Der Verkauf an die Kundschaft erfolgt in der Regel mit dreimonatlicher Kreditgewährung. In guten Zeiten werden diese Fristen im allgemeinen eingehalten, bei schleppendem Geschäftsgang jedoch werden vom Ausrüster weit längere Zahlungsziele beansprucht, worüber regelmäßig geklagt wird[2]. Der lange Kredit stellt an den Grossisten hohe Anforderungen, besonders nachdem die Zahlungsbedingungen der zum größten Teil kartellierten Veredler[3] wie der mit den Spinnern in Verbänden geeinten Rohweber (2 %, 30 Tage) sehr streng geworden sind. Im Laufe der Zeit sind die Zahlungsverhältnisse freilich bessere geworden. Im Elberfelder Großhandel lautete vor 50 Jahren die Kondition: „Kassa (ein bis drei Monate!) 5 %, sechs Monate netto." Heute sind die Konditionen im Verkehr zwischen dem Großhandel und seiner Kundschaft bedeutend strenger. Am weitesten geht wohl heute die sogen. Elberfelder Kondition, sie lautet: Rein netto Kasse, Ziel 30 Tage, mit gegenseitiger Zinsberechnung von 5 % bei Überschreitung. Dadurch fallen alle Sonderrabatte, Kassaskonten, franko Lieferung fort. Für die Gesamtspesen ist jede Verbesserung der Zahlungsverhältnisse von Bedeutung. Der Ausrüster ist nicht gezwungen, mit so viel fremdem Geld zu arbeiten, was von Bedeutung ist bei hohen Diskontsätzen; er

[1] H.B. Augsburg 1903, S. 9.
[2] H.B. München-Gladbach 1897, S. 37; 1907, S. 30.
[3] Der Manufakturist, Fachblatt für Konfektion und Mode, Nr. 3, 1913.

spart Zinsen und kann seinerseits die Zahlungsziele besser einhalten und sich den Genuß von Kassaskonten sichern.

Von höchster Wichtigkeit für die Preisspannung sind die Kosten der Veredelung, die Druck-, Farb- und Bleichlöhne, welche die Ausrüster zahlen. Die „Ausrüstungslöhne" haben für die Veredelungsindustrie eine ähnliche Bedeutung, wie sie die Spinn- und Webmarge für den Spinner bzw. Rohweber besitzt. (Vgl. die ältere Bezeichnung „Spinnlohn", die auf die frühere lohnindustrielle Organisation der Spinnerei hinweist.) Die Ausrüstungslöhne sollen dem Unternehmer die Kosten der Veredelung ersetzen und ihm daneben einen Gewinn übrig lassen. Wie die Spinn- und Webmarge, sind sie nicht allein von den Kosten abhängig, sondern auch von einer ganzen Reihe von Momenten, die daneben wirken. Die Schwankungen sind aber nicht so ausgeprägt wie bei der Spinn- und Webmarge, was wohl daher kommt, daß die Veredelung nur ein Arbeitsrisiko, nicht aber ein Verkaufsrisiko in sich schließt[1].

Die Kosten der Veredelung sind etwa folgende: Arbeitslöhne, Farbmaterialien, andere Hilfsmaterialien, Kohlen, Generalunkosten, Amortisation und Zinsen. Die prozentuale Verteilung ist nach der Reichsenquete 1878 folgende[2]: Arbeitslöhne 20—30 %, Kohlen 10—13 %, Füll- und Farbmaterialien 30—37 %, Generalunkosten 10—22 %, Zinsen, Amortisation 8—20 %. Dazu kann man noch 3—5 % als Fabrikationsverlust ansetzen.

Die Kosten der Ausrüstung sind in den letzten 20 Jahren gestiegen, besonders seit 1900. Die Arbeitslöhne gingen beträchtlich in die Höhe. Ihr Anteil dürfte jetzt 35—40 % betragen[2]. Die Lohnsteigerung ist besonders seit 1900 eingetreten[3]. Was die Produktionsmittel, wie Kohlen, Farbmaterialien, sowie sonstige Chemikalien betrifft, so hatte hier die Veredelungsindustrie besonders zu leiden unter der fortschreitenden Kartellierung der Industriezweige, welche diese Stoffe liefern. Die Teuerung der Kohlen machte sich bei der großen Bedeutung derselben im Fabrikationsprozeß empfindlich bemerkbar[4]. Die Kohlen dienen in der Veredelung nicht nur zur Krafterzeugung für den Betrieb der verschiedenen Maschinen,

---

[1] Tschierschky, Wesen und Entwicklung der Textilkartelle, Kartellrundschau 1909, S. 773.

[2] Landauer, Produktion und Handel in der Baumwollindustrie, Stuttgart 1912, S. 96.

[3] H.B. Augsburg 1902, S. 15; 1906, S. 10/11; 1909, S. 14; 1910, S. 7. München-Gladbach 1899, S. 38; 1900, S. 42. Chemnitz 1905, S. 138; 1909, S. 113.

[4] H.B. Augsburg 1906, S. 10/11. Chemnitz 1900, S. 126. Schweidnitz 1900, S. 16; 1905, S. 16.

Druckpressen usw., sondern auch zur Erzeugung des großen Bedarfs an Dampf und heißem Wasser für die verschiedenen Prozesse des Bleichens, Appretierens und Färbens. Ferner sind die verschiedenen Produktionsmaterialien und Chemikalien, wie Soda, Stärke, Farben, teilweise durch die Kartellierung dieser Artikel, in die Höhe gegangen [1].

Die Verkürzung der Arbeitszeit machte sich für die Zeit des Übergangs von der längeren zur kürzeren Arbeitszeit vielfach fühlbar bei der Ausführung der Aufträge und mußte durch Betriebserweiterung ausgeglichen werden.

Auch hat einigen Berichten nach zu schließen die jüngste Einschränkung der Arbeitszeit in der Veredelungsindustrie eine Steigerung der Herstellungskosten verursacht.

Im Ganzen ist auch in der Veredelungsindustrie eine Steigerung der Herstellungskosten, besonders seit 1900, eingetreten. Dem hat aber nicht immer eine entsprechende Erhöhung der Ausrüstungspreise entsprochen. Jahrelang wurde über ungenügende „Façonlöhne“ geklagt [2].

Nach einer, privater Quelle entstammenden Aufstellung ergibt sich für die Zeit 1890/1910 ein ständiges Sinken. Setzt man die Druck-, Farb- und Bleichlöhne von 1890 = 100, dann betrugen:

	1900	1910
die Drucklöhne . . .	88 %	82 %
„ Farblöhne . . .	82 %	70 %
„ Bleichlöhne . . .	79 %	69 %

In der betreffenden privaten Mitteilung heißt es noch weiter: „Seit 1910 beginnen infolge der kolossal steigenden Herstellungskosten die Druck-, Farb- und Bleichlöhne zu steigen.“ Das Sinken der Ausrüstungslöhne bis 1900 war begünstigt durch die verschiedenen wirtschaftlichen und technischen Fortschritte, welche der Herstellungsprozeß seit 1890 gemacht hatte.

Die seit 1900 steigenden Herstellungskosten hatten auf die Bildung der Ausrüstungspreise, der obigen Aufstellung nach zu schließen, keinen Einfluß. Es müssen andere Faktoren vorhanden gewesen sein, welche daran schuld waren, daß sich bis 1910 die Kostenerhöhung nicht durchsetzte.

In der Ausrüstungsindustrie trägt, wie schon bemerkt, der Unternehmer nur ein Arbeitsrisiko und muß sein Kapital nicht in Waren

[1] Außer den schon genannten H.B. noch Augsburg 1904, S. 10; 1905, S. 9. München-Gladbach 1907, S. 30.

[2] H.B. München-Gladbach 1890, S. 33; 1896, S. 38; 1897, S. 37. Chemnitz 1905, S. 138; 1908, S. 116; 1909, S. 113; 1910, S. 70. Schweidnitz 1910, S. 5.

festlegen. Infolgedessen ist der Kapitalbedarf geringer, was das Entstehen verschärfter Konkurrenz sehr begünstigt. Die mit den Jahren verschärfte Konkurrenz selbst wirkte nun als ein preisdrückendes Moment. „.... die Preise waren nicht diktiert von den Herstellungskosten, sondern von dem Anerbieten der konkurrierenden Firmen, daher kommt es, daß die Preise Anfang der achtziger Jahre bessere waren als später, da die Konkurrenz, die mit den Jahren aufgetaucht war, durch Unterbietungen das Geschäft zu machen suchte." (Private Mitteilung einer Firma.)

Die Konkurrenz wurde besonders dadurch erhöht, daß der Kundenkreis der Veredelung durch die allmähliche Einschränkung des zollfreien aktiven Veredelungsverkehrs sehr verringert wurde[1]. So wurden infolge der Einschränkungen des zollfreien aktiven Veredelungsverkehrs mit Österreich 1878 und 1883 besonders die an der Grenze liegenden Veredler in Schlesien, Sachsen, dann aber auch die süddeutschen, besonders elsässischen Unternehmer betroffen; sie suchten jetzt für das ausgefallene Veredelungsgeschäft nach dem Ausland Beschäftigung auf dem inländischen Markt — wo sie ungünstig lagen, mit Hilfe billiger Eisenbahnausnahmetarife für Rohware und veredelte Ware[2] — und erhöhten dort den Wettbewerb.

Ein weiterer Faktor ist die Gestaltung der Mode, welche die Nachfrage in qualitativer wie quantitativer Weise beeinflußt. Die vielseitigen Möglichkeiten der Ausrüstung baumwollener Gewebe erfreuen sich nicht immer der gleichen Wertschätzung bei der herrschenden Geschmacksrichtung: daher ist es auch zu erklären, daß in der Veredelung die die Kosten verringernde Spezialisierung des Betriebs so wenig ausgebildet ist. Die technisch grundverschiedenen Prozesse des Bleichens, Appretierens, Färbens und des Druckens (soweit geringere Ware wie z. B. Futterstoffe in Betracht kommen) werden meist in einem Unternehmen betrieben, um die Schwankungen der Mode auszugleichen und einen rationellen ununterbrochenen Betrieb zu ermöglichen. Ist schwarz modern, dann leidet die Bleicherei. Ist umgekehrt weiß Mode, wie es in den letzten Jahren der Fall war, dann ist die Färberei schlecht beschäftigt.

Seit einer Reihe von Jahren zeichnet sich bekanntlich die Damenmode durch geringen Stoff- oder Futterverbrauch aus, wodurch die Veredelung sehr in Mitleidenschaft gezogen wurde. Die Aufträge der Ausrüster fielen sehr bescheiden aus. Ein gewisser Ersatz dafür stellte sich in letzter

---

[1] Tschierschky, Der zollfreie Veredelungsverkehr in der Textilindustrie, Düsseldorf 1901, S. 35/36. Gothein, Der deutsche Außenhandel, Berlin 1901, S. 216.

[2] Vgl. H.B. Schweidnitz 1891, S. 11; 1904, S. 18.

Zeit durch die Bevorzugung bedruckter Stoffe vor buntgewebten ein [1]. Die Vorliebe für die Erzeugnisse der Buntweberei hatte schon 1900 ihren Höhepunkt überschritten. Bedruckte Waren begannen sie mehr und mehr zu verdrängen infolge der Fortschritte, welche der Kattundruck in letzter Zeit gemacht hat. Die bedruckten Waren übertreffen an Reichhaltigkeit der Ausmusterung jetzt vielfach die Erzeugnisse der Buntweberei, die Ausführung der Muster ist eine bessere wie früher, und in bezug auf Farbenechtheit und Waschbarkeit erheben sich auch keine Zweifel mehr. Infolgedessen sind für die Buntweberei schlechte Zeiten angebrochen, während der Druck, besonders der Kattundruck, gut beschäftigt ist.

Vor 1900 also war die Mode der Ausrüstung von Rohgewebe nicht günstig und trug so zum Fall der Ausrüstungslöhne bei. Seit 1900 war der Kattundruck von der Mode begünstigt, dagegen war die Färberei und Bleicherei infolge des durch die Mode bedingten geringen Verbrauchs besonders seit 1908 etwas benachteiligt.

Verschiedenartige Einflüsse, wie scharfe Konkurrenz, Ungunst der Nachfrage hatten einer Erhöhung der Ausrüstungspreise entgegengewirkt. Es ist begreiflich, daß man es, dem Zug der Zeit folgend, auch in der Veredelung versuchte, die Konkurrenz durch die Koalition zu ersetzen, durch Kartellierung dem Moment der Herstellungskosten wieder mehr als bisher einen Einfluß auf die Preise zu sichern. Der Zusammenschluß ist in der Veredelungsindustrie nicht schwierig. Tschierschky [2] erklärt die leichte Möglichkeit der Kartellierung damit, daß in der Veredelung kein Verkaufsrisiko, sondern nur das Arbeitsrisiko in Betracht komme. Auch begünstigt die seltene Gewährung des passiven Veredelungsverkehrs, die eine Art Zollschutz für die Veredelung bedeutet, die Kartellierung. Die ausländische Veredelungskonkurrenz ist damit auf dem Inlandmarkt ausgeschaltet.

Bestrebungen des Zusammenschlusses sind schon alt. In München-Gladbach und Rheydt hatten um 1891 die bedeutenderen Druckereifirmen eine lose Vereinigung gebildet, welche mit kleinen Unterbrechungen seit dieser Zeit besteht und einen erfolgreichen Einfluß auf die Preise geltend machte [3]. Neben diese lokale Vereinigung trat in jüngster Zeit eine Reihe verschiedener Verbände, die fast die gesamte Textilveredelungsindustrie umfassen. Für die Veredelung baumwollener Gewebe kommen besonders in Betracht der „Verband der Veredelungsanstalten für baumwollene Gewebe“ und der „Verein deutscher Ausrüstungsanstalten“. Die Haupttätigkeit dieser

[1] Vgl. die Textilwoche 1912, Nr. 50, S. 11.

[2] Wesen und Entwicklung der Textilkartelle, S. 773.

[3] H.B. München-Gladbach 1891—1910.

Verbände liegt neben der Durchführung strengerer Zahlungs- und Lieferungsbedingungen auf dem Gebiete der Preisverabredung. Infolge der großen Verschiedenheiten der Verfahren, der Warengattungen bei den einzelnen Firmen ist eine Einheitspreisliste, wie sie in der geeinigten Kattundruckerei besteht, nicht möglich; die Verabredungen bestimmten lediglich, daß gewisse Aufschläge auf die bisherigen Preise der einzelnen Firmen in Kraft treten sollten. Die Kartelle haben zweifellos einen Einfluß auf die Bildung der Ausrüstungspreise gehabt, wie aus den verschiedenen Handelskammerberichten hervorgeht [1]. Die Preise wurden entsprechend den gestiegenen Herstellungskosten erhöht. Eine private Mitteilung sagt darüber: „. . . . durch diese Organisation war es möglich, eine gewisse Stabilität in die Preise zu bringen und langsam an deren Verbesserung zu arbeiten."

Zusammenfassend ist über die Preisentwicklung der veredelten Ware folgendes zu sagen: als Basis der Preise kommen die Rohgewebepreise in Betracht. Ihre Bewegung tritt in den Preisen der veredelten Ware in der Weise zutage, daß sie die Preisentwicklung der veredelten Ware bis ungefähr 1901 in der Richtung nach unten, seit dieser Zeit in der Richtung nach oben beeinflußt hat. Daneben ist für die Preisbildung der veredelten Ware die Bewegung der Ausrüstungspreise von Bedeutung gewesen. Das Sinken derselben wirkte bis 1900 parallel mit den Rohgewebepreisen, also preismindernd, und milderte auch bis ungefähr 1908 die durch das Rohgewebe verursachte Steigerung der Preise. Seit dieser Zeit fingen auch die Ausrüstungspreise zu steigen an und haben zugleich mit den steigenden Rohgewebepreisen zur Preissteigerung der veredelten Ware beigetragen.

E. Die ausgerüstete Ware im Kleinhandel.

Mit dem Übergang der veredelten Ware vom Großhandel in den Kleinhandel gelangt das Baumwollfabrikat unmittelbar an den Konsum.

Aufgabe des Kleinhandels ist es, den Konsum zu überblicken, seinen mannigfachen Bedürfnissen die entsprechenden Waren zur Verfügung zu stellen. Gelingt ihm diese Aufgabe, dann leistet er damit produktive Arbeit und nimmt den vorhergehenden Produktionsstufen einen Teil des Marktrisikos ab.

Der Bedarf an Erzeugnissen der Textilindustrie ist nicht derartig gleichmäßig wie etwa der Bedarf an den notwendigen Artikeln des Lebensunterhalts, sondern schwankt je nach der allgemeinen wirtschaftlichen Lage

[1] Augsburg 1908, S. 14. München-Gladbach 1908 S. 18; 1910, S. 17. Schweidnitz 1907, S. 21.

ziemlich stark, da er minder dringlichen Bedürfnissen dient. Der Kleinhandel spürt die Schwankungen des Bedarfs, welche sich, wie schon gezeigt wurde, bis in die Anfangsstadien des Produktionsprozesses fortpflanzen, in allererster Linie und muß sich ihnen anzupassen versuchen.

Schon die Verfolgung der Preisentwicklung im Großhandel begegnete Schwierigkeiten. Noch mehr ist dies beim Kleinhandel der Fall. Es ist hier unmöglich, die beiden Rohgewebe 16/16 fädigen Cretonne und 19/19 fädigen Kattun zu verfolgen. Sie haben beide ihren Typencharakter, der auf ihrer webtechnischen Beschaffenheit beruhte, völlig verloren und sind in der Veredelung zu einer unübersehbaren, stetig dem Wechsel der Mode unterworfenen Menge individueller Qualitäten geworden. Allgemein gültige Preise einer Qualität sind bei den verschiedenen Arten des Betriebs (Spezialgeschäft, Warenhaus), bei den verschiedenen Formen des Einkaufs und Verkaufs schwer aufzustellen. Es bleibt nichts übrig, als unter Verzicht auf tatsächliche Preise die verschiedenen Momente der Preisbildung im Detailhandel und ihre Änderungen zu analysieren und daraus ein Bild der Preisentwicklung im Laufe der letzten 20 Jahre zu entwerfen zu suchen.

Die Preisbildung der Baumwollfabrikate im Detailhandel ist einmal abhängig vom Einkaufspreis der Ware, dann von der Höhe der Spannung zwischen Einkaufs- und Verkaufspreis, dem Spesen- und Gewinnaufschlag des Detaillisten. Die nationalökonomische Theorie[1] vertritt bezüglich der Detailpreise den Standpunkt, daß dieselben nicht in dem Maße Schwankungen aufweisen wie die Großhandelspreise. Sie folgen einem Rückgang der Großhandelspreise nicht unmittelbar nach, machen aber andererseits einen Aufstieg nicht so schnell mit.

Der Einkaufspreis der ausgerüsteten Ware ist, wie im vorigen Abschnitt festgestellt wurde, erheblich in die Höhe gegangen. In ausgerüsteter Ware existieren keine Börsenartikel, also auch keine einheitlichen Preisfestsetzungen für alle Käufer. Die Preisfestsetzung ist für jeden Verkauf fast eine andere. Schon die verschiedene Beschaffenheit der Kundschaft zwingt den Ausrüster zu einer Differenzierung in der Preisfestsetzung. Er hat in seinem Kundenkreis große und kleine Abnehmer; der letztere verursacht ihm im Verhältnis zu seinen Bestellungen oft mehr Mühe und Spesen als der große Abnehmer und wird daher meist teurer einkaufen als dieser. Seine Kunden sind teilweise gute, teilweise faule und unsichere Zahler. Die letzteren entziehen ihm sein Betriebskapital und verschlechtern

[1] Vgl. Eulenburg, Die Preissteigerung des letzten Jahrzehnts, S. 70/71.

seine Zahlungsverhältnisse dem Weber und Veredeler gegenüber; er wird sich daher durch Einrechnung einer Risikoprämie und des Zinsverlustes möglichst schadlos zu halten versuchen. Dem schnell und pünktlich regulierenden Kunden dagegen kann er durch Gewährung von Kassaskonten eine Vorzugsbehandlung zukommen lassen. Die Gesamtheit aller dieser Vergünstigungen macht für den pünktlich zahlenden Kleinhändler viel aus.

Die Zahlungsweise des Kleinhandels hängt natürlich sehr ab von der Zahlungsweise des Konsumenten. Im Textildetailhandel hat zwar das Kreditgeben, das Borgen als Verkaufssystem, wohl nie dieselbe Ausdehnung gehabt wie in anderen Zweigen des Kleinhandels, immerhin deuten die Klagen des Großhandels über schleppenden Zahlungseingang, besonders in Jahren wirtschaftlichen Niedergangs darauf hin, daß noch vieles zu bessern ist. Alle Bestrebungen, den Kauf auf Kredit beim Konsumenten einzuschränken und auszurotten, kommen in letzter Linie dem Großhandel zu statten.

Die Arten des Einkaufs des Detaillisten sind verschiedene. Regulär ist es, den Bedarf für eine Saison immer um ein halbes Jahr früher beim Großhändler einzukaufen. Der Großhändler bietet durch Reisende und Agenten seine Ware beim Detaillisten an, der Kauf erfolgt nach Muster. In den Konzentrationspunkten des neuzeitlichen Baumwollgroßhandels ist die alte Form des Meßhandels, wo der Kleinhändler zum Grossisten oder Produzenten kam und seinen Bedarf dort für längere Zeit, oft das ganze Jahr, deckte, in moderner Gestalt wieder erstanden. Die Großhändler arrangieren zu bestimmten Zeitpunkten große Lagerausstellungen besonders gesuchter Ware und laden den Detailhandel zur Besichtigung und zum Einkauf ein. Hierher gehören z. B. die Verkaufstage in München-Gladbach, Köln, Frankfurt a. M., die Elberfelder Weihnachts- und Sommer-engros-Messe. Diese Sonderangebote des Großhandels dienen besonders dazu, den Detaillisten für die Veranstaltung besonderer Verkaufsgelegenheiten zur Belebung des Geschäfts, wie z. B. von Inventurausverkäufen, weißen Wochen usw. preiswerte Ware zur Verfügung zu stellen. Neben dem Kauf beim Großhändler kommt noch der Warenbezug auf genossenschaftlichem Wege in Betracht. Es existieren im Textilhandel seit längerer Zeit große Einkaufsgenossenschaften (z. B. Handelszentrale deutscher Kaufhäuser, E. G. m. H., u. a.); ihre Bedeutung liegt darin, daß durch den gemeinsamen Einkauf der kleine Abnehmer, welcher fast nie beim Ausrüster, sondern aus zweiter Hand beim Manufakturwarengrossisten kauft, die Vorteile des großen Kunden erhält. Der größere Abnehmer wird meist schon so billig bedient, daß er den genossenschaftlichen Einkauf entbehren kann.

Die Grundlage des Detailpreises, der Einkaufspreis der veredelten Ware, ist also je nach der Einkaufsquelle, je nach der Beschaffenheit des Käufers verschieden.

Die Spannung zwischen Einkaufs- und Verkaufspreis ist das zweite Moment der Preisbildung im Detailhandel. Ihre Veränderung in den letzten 20 Jahren hat zusammen mit der Veränderung der Preise der ausgerüsteten Ware die Gestaltung der Detailpreise der Baumwollwaren beeinflußt. Der Spannung zwischen Einkaufs- und Verkaufspreis liegt die Kalkulation des Detailhandels, umfassend die Geschäftsunkosten und den Gewinnaufschlag, zugrunde. Die Höhe des Gesamtaufschlags ist verschieden, je nach der Kalkulationsweise. Zwei Prinzipien standen sich hier früher scharf gegenüber: das Spezialgeschäft kalkulierte in jede einzelne Verkaufseinheit einen erheblichen höheren Spesen- und Gewinnaufschlag ein, als die jüngere Art des Kleinhandels, das Warenhaus. Der kleine Detaillist suchte seinen Geschäftsgewinn durch einen relativ hohen Gewinnaufschlag am einzelnen Stück Ware zu erhalten, das Warenhaus verfuhr nach dem Prinzip „großer Umsatz, kleiner Nutzen", kalkulierte einen geringen Verdienst auf das einzelne Stück, suchte den Umsatz stark zu steigern und so die Spesen auf einen großen Umschlag zu verteilen. Gerade im letzten Jahrzehnt ist dieses Kalkulationsprinzip auch im Spezialgeschäft durchdrungen; auch hier macht sich das Bestreben geltend, durch Umsatzsteigerung Spesen- und Gewinnaufschlag pro Einheit zu verringern, um niedriger kalkulieren zu können.

Die Warengattung, sowie die Art des Verkaufs hat ebenfalls auf die Spannung Einfluß.

Spezialartikel, Modeneuheiten pflegen besonders, wenn sie neu aufkommen, höher kalkuliert zu werden als Massenartikel, schon mit Rücksicht darauf, daß die Nachfrage nach ihnen schnell nachläßt und daher die Gefahr einer Entwertung des noch übrigen Vorrats eingerechnet werden muß.

Endlich richtet sich die Spannung auch nach Art des Verkaufs. Das reguläre Geschäft wird unterbrochen durch Sonderverkäufe, wie z. B. Weihnachtsverkäufe, Inventurverkäufe und weiße Wochen und eine Reihe anderer verschiedenartiger Veranstaltungen mit „herabgesetzten Preisen", „Ausnahmepreisen" usw. Gerade in den letzten Jahren haben die Sonderveranstaltungen das reguläre Geschäft sehr in den Hintergrund gedrängt, so sehr, daß manche Betriebe überhaupt den größten Teil ihres Umsatzes auf diese Weise abwickeln. All diese Sonderveranstaltungen, die jetzt sowohl im Warenhausbetrieb wie im Spezialgeschäft üblich sind, haben ihren tieferen Grund in dem Bestreben, den Umsatz zu steigern. Der moderne

Detailhandel, besonders in den größeren Städten, muß ein großes Kapital in einem reichhaltigen Lager in gut ausgestatteten Verkaufslokalen, in kostspieligen Einrichtungen für Verpackung und Zusendung der Ware festlegen. Das Kapital erfordert eine ununterbrochene Beschäftigung, die nur durch oftmaligen Umschlag erreicht werden kann. Dem stehen nun im Detailhandel die verschiedenen stillen Geschäftszeiten, z. B. nach Weihnachten und im Hochsommer entgegen; auf dem Wege der Veranstaltung von Sonderverkäufen suchte man nun auch das Geschäft in der stillen Saison zu beleben, um einen das ganze Jahr über gleichmäßig hohen Umsatz zu erzielen. Mit der Zeit haben nun die Sonderverkaufsveranstaltungen sich immer mehr verbreitet und werden in allen Zeiten des Geschäftsjahrs abgehalten. Sie sollen für das Publikum außergewöhnlich billige Einkaufsgelegenheiten bedeuten; verdrängen sie nun den regulären Absatz in einer so weitgehenden Weise wie es oftmals der Fall ist, dann sind sie allerdings keine Sonderveranstaltungen mehr im Sinne eines außergewöhnlich billigen Angebots. Andernfalls wäre ja eine allgemeine Herabdrückung der Verkaufspreise der Grossisten wie des Aufschlags der Detaillisten damit verbunden.

Die Höhe der Spannung im Detailverkauf selbst hat im Laufe der Zeit Änderungen erfahren. „Die Zeiten sind vorbei, wo der Detaillist mit einem generellen Aufschlag von 33,33 % sein Schäfchen ins Trockene bringen konnte." „Noch mancher unter uns begann vor 30—40 Jahren sein Detailgeschäft mit einem Spesensatz von 10 % und weniger, ist aber mit der Zeit gegangen und hat allmählich 12, 15, 20 und mehr Prozent Unkosten vom Umsatz in seinen Büchern stehen [1]." Diese beiden Zitate charakterisieren treffend die Veränderungen, welche der Textildetailhandel in den letzten 20—30 Jahren durchgemacht hat und deren Niederschlag die Preisbildung ist. Sie besagen, daß in den letzten Jahrzehnten die Unkosten des Detailhandels stark in die Höhe gegangen sind. Die wichtigsten Kostenfaktoren sind die Ladenmiete, die Kosten des Personals, Heizung, Beleuchtung, sonstige Ausstattung, Versicherung, Steuer, soziale Lasten, Reklame, Warenfrachten usw. In den Geschäftsvierteln der Großstädte sind besonders die Ladenmieten im letzten Jahrzehnt gewaltig in die Höhe gegangen. Fast ebenso wichtig sind die Kosten der Ausstattung, der Organisation des Verkaufs. Die Ansprüche des kaufenden Publikums sind in bezug auf Ausstellung und Darbietung der Ware sehr gestiegen, nicht zuletzt infolge des allseitigen Wetteifers der Betriebe, in bezug auf glänzende Aufmachung des Verkaufs einander zu übertreffen. Allenthalben

[1] Manufakturist 1913, Nr. 11, Dr. Lion, „Im Wandel der Zeiten".

verschwinden die anspruchslosen Läden und Geschäftshäuser der älteren Zeit und machen prunkenden Geschäftsbauten Platz, deren luxuriöse Einrichtung oft in seltsamem Kontrast steht zu den geringwertigen Stapelartikeln, die in den Regalen lagern und der Käufer aus bescheidenem Milieu harren.

Gerade die stark gestiegenen Spesen des Verkaufs haben die Unkosten sehr erhöht. Der Steigerung der allgemeinen Unkosten suchte man durch Umsatzsteigerung, d. h. entsprechender verhältnismäßiger Verringerung der Selbstkosten entgegenzuarbeiten, wie schon geschildert wurde. Vielfach ist dies auch sicherlich erreicht worden, doch ist immerhin zu bedenken, daß die Bestrebungen, den Umsatz zu steigern, bei der starken Konkurrenz im Detailhandel zur Voraussetzung haben außerordentliche Aufwendungen zur Anpreisung der Ware, Überbietung der Konkurrenz durch Reklame usw., die bei erhöhtem Umsatze eine neue Belastung bilden. „. . . . Daß mit der zunehmenden Höhe des Umsatzes auch die Unkosten steigen, ist ja selbstverständlich, jedoch sollten beide in gleicher Progression zunehmen. Unsere modernen Warenhäuser machen jedoch die Erfahrung, daß mit jeder Zunahme des Warenumsatzes die Unkosten prozentual viel stärker gestiegen sind als die Einnahmen[1]“.

In den letzten Jahrzehnten ist somit eine starke Steigerung der Verkaufsspesen eingetreten, welche die prozentualen Aufschläge auf den Einkaufspreis vergrößert hat und zusammen mit den gestiegenen Einkaufspreisen eine nicht unbedeutende Erhöhung der Detailpreise herbeigeführt hat.

[1] Manufakturist 1913, Nr. 11.

Ergebnis.

Wir sind bei der Verfolgung der Preisentwicklung der Baumwollfabrikate und der Untersuchung der Ursachen derselben beim Übergang der veredelten Ware in den endgültigen Konsum angelangt. Es erscheint angezeigt, vom Standpunkt des Konsumenten aus, dessen Bedürfnisbefriedigung ja Endzweck aller Produktion sein soll, noch einmal rückschauend all die Momente zu überblicken, welche in ihrem Einfluß auf die Preisgestaltung der Baumwollfabrikate auch für die Kosten der Deckung seines Bedarfs von Bedeutung waren.

Nachdem 1865—1890 bei den Baumwollfabrikaten ein allmählicher Preisfall eingetreten war, erleben wir seit 1900 etwa wieder eine steigende Richtung der Preise. Sie nimmt ihren Ausgang beim Rohprodukt der Baumwolle und setzt sich in verstärktem Maße fort durch alle Stadien des Produktionsprozesses und des Vertriebs bis zum Übergang in den Konsum.

Von grundlegender Bedeutung ist die Steigerung des Rohstoffpreises; sie hat sich geltend gemacht bis zu den Kleinhandelspreisen, freilich in abgeschwächtem Maße, da einerseits durch die aufeinanderfolgenden Werterhöhungen im Verlaufe des Produktionsprozesses der prozentuale Anteil des Rohstoffs am Gesamtwert des Produktes immer mehr zurückgeht, andererseits noch andere verteuernde Faktoren hinzugetreten sind, welche in ihrer Einwirkung auf die Preise der konsumfertigen Ware schwerer wiegen, als die Steigerung der Rohmaterialpreise, welche in erster Linie eine Sorge der nächstbeteiligten, den Rohstoff unmittelbar verarbeitenden Produktionsstufen bildet. Eine interessante Berechnung mag den durch den Produktionsprozeß verminderten Einfluß der Rohstoffpreise auf die Detailpreise zeigen[1].

Preis: Baumwolle middling .	8 cts. (ca. 45 Pf.) Pfd.
Detailpreis pro Meter Gewebe	55 Pf.
Baumwolle	14 cts. (76,5 Pf.)
Detailpreis Meter	62,4 Pf.

[1] Kühlmann, Der Terminhandel in nordamerikanischer Baumwolle, S. 66.

Bei einer Erhöhung des Baumwollpreises um 31,5 Pf. beträgt die Erhöhung des Gewebedetailpreises nur 7,4 Pf.

Bei den Garnen und Rohgeweben sind keinerlei Momente zu konstatieren gewesen, welche auch für die Detailpreise von Belang waren. Die großen Schwankungen der Garn- und Gewebepreise, welche einerseits durch die Preisbewegung des Rohstoffs, andererseits durch die wechselnde industrielle Lage verursacht waren, haben für die Konsumpreise eine geringe Bedeutung, sie verwischen sich in den zwischen Weberei und Konsum liegenden Produktions- und Vertriebsstufen.

Von größerer Wichtigkeit dagegen ist die Preissteigerung, die bei der an und für sich durch die erhöhten Garn- und Gewebepreise verteuerten veredelten Ware infolge der Steigerung der Ausrüstungspreise eingetreten ist.

Endlich hat die im Kleinhandel erfolgte Erhöhung der Preise den Konsum unmittelbar berührt.

Steigerung des Rohmaterialpreises einerseits, Steigerung der Kosten der Veredelung und des Vertriebs andererseits sind also die Faktoren, welche die baumwollene Ware für den Konsum heute gegen die Zeit vor 10—15 Jahren verteuert haben.

Die Kosten der Lebenshaltung sind innerhalb derselben Zeit bedeutend gestiegen. Auch das große wichtige Gebiet des Bekleidungsbedarfs ist nicht verschont geblieben, denn neben der Baumwolle haben sich auch Wolle, Leinen, Seide, Jute stark verteuert[1]. Die Steigerung des Preises der baumwollenen Waren ist um so bemerkenswerter, als die Baumwollfabrikate von jeher ein wohlfeiles und brauchbares Surrogat für die teueren Woll- und Leinenfabrikate in verschiedenen Verwendungsarten, besonders für die breiten Schichten des Volkes, bildeten.

---

[1] Vgl. Vierteljahrshefte zur Statistik des Deutschen Reiches, fortlaufende Statistik der Preise wichtiger Waren seit 1879.

Anhang.

Tabelle I. Preise 1890—1912.

Datum	Upland middling ½ kg Pf.	Oomra ½ kg Pf.	8 I a ½ kg Pf.	20/20 ½ kg Pf.	36/42 ½ kg Pf.	19/18 f. Meter Pf.	16/16 f. Meter Pf.
21. Juni 1890	61	46	67	86—89	99—101	24—24½	28½—28¾
24. Jan. 1891	48¾	41½	63	81—84	91—93	20—20¼	25½—26
14. Mai 1892	38½	32	49	64—67	69—71	17—17½	22—22½
14. Jan. 1893	50	43½	60	73—77	88—91	21¼—22	25¾—26¼
16. Febr. 1895	26¾	24½	50	58—62	68—70	16—16½	21½—22
12. Okt. 1895	46	38	61	70—74	86—88	21½—22	24¼—24¾
19. Dez. 1896	37½	34¼	54	64—68	80—81	17—17½	22¼—22¾
18. Dez. 1897	30	25¾	49	55—59	66—67	15½—16	20¾—21
19. Nov. 1898	28¼	24	46	51—53	62—63	15¼—15½	19½—20
2. Dez. 1899	40¾	32¾	54	63—65	76—77	18¾—19	23—23¼
22. Sept. 1900	63½	44¼	—	79—81	92—94	22—22½	26—26½
12. Jan. 1901	51¾	39½	—	76—78	90—92	20—20¼	24¼—24¾
16. Nov. 1901	38½	35¼	51	59—61	71—73	16—16¼	20½—20¾
3. Dez. 1902	43½	36¼	51	67—69	78—79	18½—18¾	23½—23¾
30. Jan. 1904	82	61½	79	105—106	123—125	25¾—26¼	32¾—33¼
21. Jan. 1905	36¼	33½	58	69—71	82—83	18—18¼	23¼—23½
20. Jan. 1906	60¾	46	64	87—89	99—101	24—24½	29¾—30¼
16. Aug. 1907	67	41½	—	109—112	130—132	30—30½	34¾—35¼
15. Jan. 1909	47½	38¾	—	72—74	86—88	18½—19	24—24½
30. Dez. 1909	79	55¾	74	98—100	111—113	25—25½	31½—32
2. Dez. 1910	76¼	62¼	78	102—105	115—117	24½—25	31½—32
Juni 1911	80¼	—	—	—	118—120	25⅛	32⅛
Dez. 1911	47¼	—	—	77—79	93—95	21⅝	27⅛
30. Aug. 1912	60½	53½	73	86—89	104—106	24¼—24¾	30¼—30¾
13. Dez. 1912	66¾	56	76	94—97	111—113	25½—25¾	31½—31¾

Anmerkung: Das Datum bezeichnet den Tag der Baumwollnotierung; die Garn- und Gewebepreise sind am gleichen oder einem nächstfolgenden Tage notiert.

Quelle: Wochenberichte, Handelsteil der Leipziger Monatsschrift für Textilindustrie 1890—1912, Theodor Martin, Leipzig.

Tabelle II. Margen 1890—1912.

Datum: Garnnotierung	Upland-20/20 Pf.	Upland-36/42 Pf.	Oomra-8 I a Pf.	36/42—19/18 f. Pf.	20/20—16/16 f. Pf.	Datum: Gewebenotierung
21. Juni 1890	27	39	21	7½	5¼	21. Juni 1890
24. Jan. 1891	34¼	45¼	21½	4¾	3¾	24. Jan. 1891
15. Okt. 1892	25½	30½	14½	7¾	6¼	5. Nov. 1892
14. Jan. 1893	25	40	16½	6¼	6¼	14. Jan. 1893
9. Dez. 1893	33½	46½	27½	8½	7¼	9. Dez. 1893
—	—	—	—	4½	5¾	15. Dez. 1894
19. Jan. 1895	31½	40½	26	7	6¾	14. Dez. 1895
19. Dez. 1896	28½	42½	19¾	4	5	19. Dez. 1896

(Tabelle II. Fortsetzung.)

Datum: Garnnotierung	Upland-20/20 Pf.	Upland-36/42 Pf.	Oomra-8 I a Pf.	36/42—19/18 f. Pf.	20/20—16/16 f. Pf.	Datum: Gewebenotierung
—	—	—	—	$3\frac{1}{2}$	$5\frac{1}{4}$	3. Juli 1897
4. Sept. 1897	23	34	—	4	$4\frac{3}{4}$	4. Sept. 1897
16. Sept. 1899	20	30	17	$5\frac{1}{2}$	$6\frac{1}{4}$	12. März 1898
8. Sept. 1900	14	27	18	$7\frac{3}{4}$	$6\frac{1}{2}$	12. Mai 1900
24. Nov. 1900	25	39	26	—	—	—
24. Aug. 1901	$16\frac{1}{2}$	$27\frac{1}{2}$	15	$4\frac{1}{4}$	$3\frac{3}{4}$	25. Mai 1901
13. Dez. 1902	$22\frac{1}{2}$	$34\frac{1}{2}$	$16\frac{1}{2}$	$5\frac{1}{2}$	$5\frac{1}{4}$	13. Dez. 1902
14. Nov. 1903	$28\frac{3}{4}$	$45\frac{3}{4}$	$20\frac{1}{4}$	$5\frac{1}{2}$	$4\frac{3}{4}$	14. Nov. 1903
21. Jan. 1905	$33\frac{3}{4}$	$45\frac{3}{4}$	$24\frac{1}{2}$	$4\frac{1}{2}$	$4\frac{3}{4}$	21. Jan. 1905
14. Dez. 1906	$39\frac{3}{4}$	$59\frac{3}{4}$	—	$8\frac{3}{4}$	$7\frac{1}{2}$	13. Juli 1906
18. Okt. 1907	49	69	$35\frac{1}{4}$	$7\frac{1}{2}$	5	18. Okt. 1907
18. Dez. 1908	$27\frac{1}{2}$	$41\frac{1}{2}$	—	$4\frac{1}{4}$	$4\frac{3}{4}$	18. Dez. 1908
30. Juli 1909	$20\frac{1}{2}$	$31\frac{1}{2}$	—	$6\frac{1}{2}$	$5\frac{1}{2}$	17. Dez. 1909
12. Aug. 1910	$16\frac{3}{4}$	$29\frac{1}{4}$	$14\frac{1}{4}$	$4\frac{3}{4}$	$4\frac{1}{4}$	12. Aug. 1910
16. Dez. 1910	$27\frac{1}{2}$	$40\frac{1}{2}$	$17\frac{3}{4}$	$5\frac{1}{4}$	$4\frac{1}{2}$	16. Dez. 1910
Dez. 1911	$30\frac{3}{4}$	$46\frac{3}{4}$	—	$5\frac{3}{4}$	$6\frac{1}{2}$	Dez. 1911
30. Aug. 1912	$27\frac{1}{2}$	$44\frac{1}{2}$	$19\frac{1}{2}$	$6\frac{3}{4}$	$7\frac{1}{2}$	30. Aug. 1912

Anmerkung: Die Garnmargen wurden berechnet aus den Notierungen der Preistabelle für Baumwolle und Garne, welche entweder auf einen Tag zusammenfielen oder nur wenige Tage auseinanderlagen. Die Gewebemargen wurden berechnet aus Notierungen am gleichen Tage.

Tabelle III. Die Baumwolle in den Vereinigten Staaten.

Jahr	Anbaufläche acres	Produktion Ballen	Inländ. Konsum Ballen	Export amerikan. Baumwolle Ballen	Import fremder Baumwolle Ballen	Export % der Produktion	Durchschnittsertrag Pfd. engl. pro acre	Durchschnittspreis cts. pro Pfund
1890/91	20 175 270	8 652 597	2 604 491	5 850 219	45 580	68,30	187,0	11,77
1891/92	—	9 035 379	2 846 753	5 896 800	64 394	65,95	179,4	8,60
1892/93	—	6 700 365	2 415 875	4 485 251	85 735	67,36	205,0	7,41
1893/94	19 525 000	7 493 000	2 300 276	5 307 295	59 405	71,40	149,0	8,56
1894/95	23 687 950	9 901 251	2 983 665	6 961 372	99 399	69,43	192,0	6,94
1895/96	20 184 808	7 161 094	2 499 731	4 761 505	112 001	66,63	156,0	7,44
1896/97	23 273 209	8 532 705	2 841 394	6 126 185	114 712	71,94	124,1	7,93
1897/98	24 319 584	10 897 857	3 472 398	7 839 467	105 802	71,36	181,9	7,00
1898/99	24 967 295	11 189 205	3 672 097	7 655 281	103 223	66,95	219,0	5,94
1899/00	23 403 497	9 507 786	3 687 253	6 221 541	134 778	65,77	184,0	6,68
1900/01	25 758 139	10 245 602	3 603 516	6 860 917	116 610	66,82	194,0	9,25
1901/02	27 220 414	9 748 546	4 080 287	6 928 697	190 080	71,61	169,0	8,75
1902/03	27 114 103	10 784 473	4 187 076	6 960 880	149 113	64,29	188,0	9,00
1903/04	28 016 893	10 015 721	3 980 567	6 290 245	100 298	62,62	174,0	11,18
1904/05	30 053 739	13 697 310	4 523 208	9 119 614	130 182	66,66	204,9	11,75
1905/06	26 117 153	10 725 602	4 877 465	6 975 494	133 464	64,56	186,1	9,80
1906/07	31 374 000	13 305 265	4 974 199	8 825 237	202 433	64,91	202,5	11,50

(Tabelle III. Fortsetzung.)

Jahr	Anbaufläche acres	Produktion Ballen	Inländ. Konsum Ballen	Export amerikan. Baumwolle Ballen	Import fremder Baumwolle Ballen	Export % der Produktion	Durchschnittsertrag Pfd. engl. pro acre	Durchschnittspreis cts. pro Pfund
1907/08	31 311 000	11 325 882	4 493 028	7 779 508	140 869	68,39	178,3	12,10
1908/09	32 444 000	13 432 131	5 198 663	8 889 724	165 451	66,18	194,9	10,62
1909/10	30 938 000	10 386 209	4 551 589	6 491 842	151 395	62,93	156,8	12,68
1910/11		11 965 962			231 191	66,85		15,11

Quellen: Statistical Abstract of the United States. 1911, S. 566; Anbaufläche bis 1900 St. A. 1902, S. 394, ab 1900 St. A. 1911, S. 142. Preise bis 1896 St. A. 1902, S. 460, seit 1896 St. A. 1911, S. 548.

Tabelle IV. Baumwollproduktion in Britisch-Indien.

Jahr	Anbaufläche acres	Produktion Ballen 500 Pfund	Durchschnittsertrag pro acre Pfund
1897	13 683 487	2 122 968	78
1898	14 602 892	2 512 104	86
1899	11 884 576	1 674 817	70
1900	14 231 150	2 162 918	76
1901	14 506 295	2 648 586	91
1902	16 581 046	3 000 439	90
1903	18 025 000	2 863 714	79
1904	19 918 000	3 060 800	77
1905	20 401 000	3 389 600	83
1906	22 488 000	3 926 400	88
1907	21 630 000	2 497 600	58
1908	19 739 000	2 914 400	74

Quelle: Veröffentlichungen des Reichskolonialamtes Nr. 1: Die Baumwollfrage, Jena 1911, Tabelle S. 57.

Tabelle V. Entwicklung des Verbrauchs in Britisch-Indien.

Jahr	Spindelzahl	Verbrauch Ballen à 392 Pfund
1890	3 274 196	1 008 462
1895	3 809 929	1 341 714
1900	4 945 783	1 453 352
1905	5 163 486	1 879 244
1909	6 053 231	2 109 000

Quelle: Die Baumwollfrage, Tabelle S. 63.

Tabelle VI. Baumwollproduktion in Ägypten.

Jahr	Fläche feddan = 0,42 ha = ca. 1 acre	Ernte Kantar = 45 kg	Durchschnittsertrag pro feddan Kantar
1895/96	977 735	5 256 128	5,38
1899 00	1 153 306	6 509 645	5,64
1904 05	1 436 708	6 313 370	4,39
1907/08	1 603 224	7 234 669	4,51
1908/09	1 640 415	6 751 133	4,12
1909/10	1 597 055	5 000 772	3,33
1910/11	1 642 610	—	—

Quelle: Die Baumwollfrage, Tabelle S. 46.

Tabelle VII. Entwicklung der Industrie und des Verbrauchs.

Länder	Spindelzahl 1909	Spindelzahl 1900	Baumwollverbrauch (Ballen) 1909	Baumwollverbrauch (Ballen) 1900
Vereinigte Staaten . . .	28 018 000	19 472 000	5 199 000	3 873 000
Baumwollstaaten } . . .	10 429 000	4 368 000	2 476 000	1 523 000
Übrige Staaten } . . .	17 589 000	15 104 000	2 723 000	2 350 000
Großbritannien	53 312 000	45 500 000	3 512 000	3 330 000
Deutschland	10 163 000	8 000 000	1 765 000	1 400 000
Rußland	8 076 000	7 500 000	1 514 000	1 350 000
Frankreich	7 000 000	5 500 000	970 000	700 000
Indien	5 800 000	4 945 000	1 661 000	1 162 000
Italien	5 000 000	1 940 000	941 000	475 000
Japan	1 732 000	1 274 000	910 000	7 000 000
Österreich-Ungarn	4 352 000	3 300 000	795 000	675 000
China	800 000	550 000	400 000	200 000
Übrige Länder der Welt .	9 114 000	2 830 000	1 730 000	1 320 000
Total	133 377 000	105 661 000	19 397 000	15 185 000

Quelle: Die Baumwollfrage, Tabelle S. 165.

Tabelle VIII. Abgeschätzte Gesamtzahl der Spinnspindeln.

Länder	31. Aug. 1905	31. Aug. 1908	31. Aug. 1910	1. März 1913
Großbritannien	46 000 000	52 817 582	53 397 466	55 576 108
Deutschland	8 800 000	9 882 505	10 200 000	10 920 426
Rußland	—	7 855 210	8 234 137	8 950 000
Frankreich	6 200 000	6 731 316	7 100 000	7 400 000
Indien	—	5 500 000	5 657 231	6 400 000
Vereinigte Staaten . . .	—	27 846 000	28 349 000	30 579 000

Quelle: Die Baumwollfrage, Tabelle S. 162. Auswahl nach der Statistik des Internationalen Verbandes der Baumwollspinner- und Webervereinigungen; die letzte Spalte stammt aus den Wochenberichten der Leipziger Monatsschrift Nr. 16 vom 16. April 1913.

Altenburg, S.=A.
Piererſche Hofbuchdruckerei
Stephan Geibel & Co.

FSC
www.fsc.org
MIX
Papier | Fördert gute Waldnutzung
FSC® C083411

Kolibri 360 GmbH
Ferdinand-Jühlke-Straße 7
99095 Erfurt, Deutschland
produktsicherheit@kolibri360.de

Druck:
CPI Druckdienstleistungen GmbH
im Auftrag der
Kolibri 360 GmbH
Ferdinand-Jühlke-Str. 7
99095 Erfurt